Gudrun Gleba

Klöster und Orden im Mittelalter

Geschichte kompakt

Herausgegeben von
Martin Kintzinger, Uwe Puschner, Barbara Stollberg-Rilinger

Herausgeber für den Bereich *Mittelalter*:
Martin Kintzinger
Beratung für den Bereich *Mittelalter*:
Heribert Müller, Bernd Schneidmüller, Stefan Weinfurter

Gudrun Gleba

Klöster und Orden im Mittelalter

Wissenschaftliche Buchgesellschaft

Die Deutsche Bibliothek – CIP-Einheitsaufnahme
Ein Titeldatensatz für diese Publikation ist bei
Der Deutschen Bibliothek erhältlich.

© 2002 by Wissenschaftliche Buchgesellschaft, Darmstadt
Gedruckt auf säurefreiem und alterungsbeständigem Papier
Printed in Germany

Besuchen Sie uns im Internet: www.wbg-darmstadt.de

ISBN 3-534-15156-9

Inhalt

Geschichte kompakt

In der Geschichte, wie auch sonst,
dürfen Ursachen nicht postuliert werden,
man muss sie suchen. (M. Bloch)

Das Interesse an Geschichte wächst in der Gesellschaft unserer Zeit. Historische Themen in Literatur, Ausstellungen und Filmen finden breiten Zuspruch. Immer mehr junge Menschen entschließen sich zu einem Studium der Geschichte, und auch für Erfahrene bietet die Begegnung mit der Geschichte stets vielfältige, neue Anreize. Die Fülle dessen, was wir über die Vergangenheit wissen, wächst allerdings ebenfalls: Neue Entdeckungen kommen hinzu, veränderte Fragestellungen führen zu neuen Interpretationen bereits bekannter Sachverhalte. Geschichte wird heute nicht mehr nur als Ereignisfolge verstanden, Herrschaft und Politik stehen nicht mehr allein im Mittelpunkt, und die Konzentration auf eine Nationalgeschichte ist zugunsten offenerer, vergleichender Perspektiven überwunden.

Interessierte, Lehrende und Lernende fragen deshalb nach verlässlicher Information, die komplexe und komplizierte Inhalte konzentriert, übersichtlich konzipiert und gut lesbar darstellt. Die Bände der Reihe „Geschichte kompakt" bieten solche Information. Sie stellen Ereignisse und Zusammenhänge der historischen Epochen des Mittelalters und der Neuzeit verständlich und auf dem Kenntnisstand der heutigen Forschung vor. Hauptthemen des universitären Studiums wie der schulischen Oberstufen und zentrale Themenfelder der Wissenschaft zur deutschen und europäischen Geschichte werden in Einzelbänden erschlossen. Beigefügte Erläuterungen, Register sowie Literatur- und Quellenangaben zum Weiterlesen ergänzen den Text. Die Lektüre eines Bandes erlaubt, sich mit dem behandelten Gegenstand umfassend vertraut zu machen. „Geschichte kompakt" ist daher ebenso für eine erste Begegnung mit dem Thema wie für eine Prüfungsvorbereitung geeignet, als Arbeitsgrundlage für Lehrende und Studierende ebenso wie als anregende Lektüre für historisch Interessierte.

Die Autorinnen und Autoren sind jüngere, in Forschung und Lehre erfahrene Wissenschaftler und Wissenschaftlerinnen. Jeder Band ist, trotz der allen gemeinsamen Absicht, ein abgeschlossenes, eigenständiges Werk. Die Reihe „Geschichte kompakt" soll durch ihre Einzelbände insgesamt den heutigen Wissensstand zur deutschen und europäischen Geschichte repräsentieren. Sie ist in der thematischen Akzentuierung wie in der Anzahl der Bände nicht festgelegt und wird künftig um weitere Themen der aktuellen historischen Arbeit erweitert werden.

Martin Kintzinger
Uwe Puschner
Barbara Stollberg-Rilinger

I. Die Anfänge: *in communitate*

Denn wo zwei oder drei in meinem Namen versammelt sind, da bin ich mitten unter ihnen (Matthäus 18, 20)

1. *In communitate* – in der Gemeinschaft

Die christliche Glaubensgemeinschaft konstituierte sich anfänglich in ihren Zusammenkünften und im Bekenntnis zu gleichen geistlichen Inhalten ohne jegliche institutionelle Ausformung. Eine kleine Gruppe jüdischer Männer und Frauen in Judäa, das im Jahr 33 Annex der römischen Provinz Syrien war, erkannten in dem gekreuzigten Jesus von Nazareth den verheißenen Sohn Gottes, in menschlicher Gestalt geboren, der als Mensch gelebt und gewirkt hatte, zur Erlösung der sündigen Menschheit gestorben und schließlich nach dem Sieg über den Satan in den Himmel aufgefahren war, um an der Seite seines göttlichen Vaters zu herrschen.

Die räumliche Expansion des Christentums bzw. die Verbreitung christlicher Lehrsätze erfolgte schnell, ohne dass aber größere zusammenhängende Bevölkerungsgruppen davon erfasst worden wären. Kleine Gruppen Christgläubiger lebten verstreut in den verschiedenen Provinzen des römischen Reiches und übten den Kult ihres Glaubens als klandestine Gemeinschaften aus. Klöster, bewohnt von Mönchen und Nonnen, gab es in den frühchristlichen Gemeinden der ersten Jahrhunderte des Christentums nicht – weder dem Inhalt noch der Form nach.

Christliche Gemeinden entstanden bereits wenige Jahrzehnte nach dem Kreuzestod Jesu in Kleinasien, Ägypten und Griechenland, schließlich noch im ersten Jahrhundert in Rom, dem Zentrum des römischen Reiches. Die Briefe des Paulus z.B., die in den heutigen Bibelausgaben unter den Lehrtexten zu finden sind, richteten sich an die

Gemeinden von Korinth, Galathea, Ephesus, Philippus, Colossa und Thessaloniki, und seine Vita – die mittelalterliche Lebensbeschreibung eines Heiligen – nennt viele dieser Orte als Stätten seines Martyriums. In Nordägypten wuchs insbesondere die Gemeinde von Alexandria zu großer Bedeutung heran, die möglicherweise mit verschiedenen Philosophenschulen der Stadt in Austausch stand.

Die Christgläubigen weigerten sich, den Kulten der Roma und des Augustus durch entsprechende kultische Handlungen die geforderte formale Anerkennung zu leisten. Die Verehrung der Göttin Roma als Personifikation der Stadt Rom und des Kaisers als Gott war essentieller Bestandteil des römischen Kaiserkultes seit den Zeiten des Kaisers Augustus (63 v. Chr.–14 n. Chr.), der sich als Sohn des vergöttlichten Cäsars (100–44 v. Chr.) verstand. Die Akzeptanz oder eben die Verweigerung der Ausübung des Kaiserkultes wurde in den folgenden Jahrhunderten zu einem staatlichen Kontrollmittel: Die Akzeptanz war gleichbedeutend mit der Loyalität gegenüber dem römischen Staat, die Verweigerung wurde als Opposition geahndet. Die Nichtausübung des Kaiserkultes durch die Christen erklärt sich durch das Gebot ihrer monotheistischen Religion, das verlangt, nur einen einzigen Gott zu verehren. Doch ihre konsequente Haltung in dieser Frage machte sie zu Staatsfeinden und lieferte die Legitimation für ihre Verfolgung. Am Ende des 1. Jahrhunderts der christlichen Zeitrechnung setzten die ersten systematischen Christenverfolgungen ein. Allein das Bekenntnis zum christlichen Glauben rechtfertigte eine Verurteilung. Eine erste größere Verfolgungswelle im Jahr 64 unter Kaiser Nero (54–68) beschränkte sich auf römisches Stadtgebiet, so auch die Verfolgung unter Domitian im Jahr 65. Die nächsten Wellen unter den Kaisern Decius (249–251) im Jahr 249, Valerian (253–260) im Jahr 257 und Diokletian (293–306) im Jahr 303 erfassten das ganze Reich. Nach römischem Denken bestrafte man mit der Verurteilung von Christen notorische Gesetzesbrecher, nach christlichem Verständnis starben Märtyrer für ihren Glauben.

Erklärungen für die Bereitschaft zum Martyrium, eine endgültige und sicherlich nicht leichte Entscheidung, sind gewiss nicht ohne Schwierigkeiten zu finden und lassen sich wohl nur nachvollziehen, wenn man akzeptiert, dass einige essentielle Glaubensinhalte im Bewusstsein eines Menschen alles andere überlagern können. Ein theologischer Erklärungsversuch lautet: Die Bekehrung zum Christentum bedeutete eine Hinwendung des ganzen Menschen zu seinem Gott und dessen Geboten, innerlich und äußerlich, in seinem Verhalten, in seiner Lebensweise und in seinem Verhältnis zu Anderen. Sie veränderte ihn grundlegend, machte geradezu einen anderen Menschen aus ihm, einen Menschen, der sein ganzes Fühlen, Denken und Handeln auf seinen Gott ausrichtete und damit alle anderen Bindungen familiärer oder gesellschaftlicher Art aufgab. Es scheint auch diese Bereitschaft zum Martyrium, zur Aufgabe des leiblichen Lebens bis zur letzten Konsequenz gewesen zu sein, die einen Teil der Faszination des Christentums ausmachte. Dieses Martyrium wurde scheinbar problemlos als Bestandteil der Glaubensausübung akzeptiert. Der Glaube an den einen Gott verlieh offenbar die enorme seelische Kraft, die notwendig war, um allen Widerständen – und allem, wenn auch vielleicht nur formalen Einlenken – zu trotzen. Ein zweiter Ansatz nennt als Erklärung ein Angebot, das sonst keine andere der im Imperium Romanum ausgeübten Religionen machen konnte: Mit der Hinwendung zum Christentum erreicht der Mensch seine eigene Vergöttlichung, da jedem einzelnen Menschen Christus innewohnt, wenn er denn diesen Gott und seine Liebe in sich aufnimmt.

Trotz der schnellen Ausbreitung christlicher Ideen war die Wirkmächtigkeit dieser Religion in den ersten drei Jahrhunderten ihrer Existenz eher begrenzt. Das Christentum stellte nur eine unter vielen anderen Glaubensgemeinschaften des römischen Reiches dar. Man schätzt, dass noch zu Beginn des 4. Jahrhunderts erst etwa 5–7% der gesamten Bevölkerung des römischen Imperiums dem christlichen Glauben angehörten und selbst zur Mitte des 4. Jahrhunderts lediglich mit 15–20% Christen zu rechnen ist. Mit dem offiziellen Ende der Verfolgungen konnten die christlichen Gemeinden fortan zwar ihren Glauben öffentlich ausüben, die Zahl ihrer Anhänger stieg deshalb jedoch nicht sprunghaft an, sondern wuchs weiterhin kontinuierlich.

Gerade aber weil die Gemeinschaften bis in das 4. Jahrhundert klein waren, verstreut über größere Entfernungen, illegal und teilweise kriminalisiert, bedurfte es eines engen sozialen Zusammenhaltes sowie intensiver Kontaktpflege der Mitglieder untereinander, durch die sie sich gegenseitig stets aufs Neue in ihren Glaubensauffassungen bestätigen konnten. Schutz gegen die immer wieder aufbrandenden Verfolgungswellen konnte nur die Solidarität der Gemeinschaft bieten, in der man vielleicht auf Unterstützung, sei es in Form aktiver Fluchthilfe oder gebotener Verschwiegenheit, hoffen durfte. Den eigentlichen inneren Zusammenhalt jedoch dürften das liturgische Zeremoniell in der gemeinschaftlich begangenen Messfeier und die gegenseitige Unterweisung in der Glaubenslehre geschaffen haben.

2. Die Entwicklung des Christentums zur „Staatsreligion"

Die Entwicklung des Christentums zu einer „Kirche" entschied sich sowohl im oströmischen wie im weströmischen Reich im 4. Jahrhundert. Der Schwerpunkt lag zunächst im oströmischen Reich. Im Jahr 311, noch kein Jahrzehnt nach der letzten großen Verfolgungswelle, ließen die Kaiser Galerius (284–311) und Lizinius (306–337) per Edikt das Christentum als erlaubte Religion, *religio licita*, anerkennen, unter der Bedingung, dass seine Anhänger nichts gegen die öffentliche Ordnung unternehmen und Kaiser und Reich in ihre Gebete einschließen würden. Bis dahin waren Christen von Positionen in der Armee, im Hofdienst und in der Administration ausgeschlossen gewesen. Dem folgte 313 als sicherlich einschneidendstes Ereignis für die Etablierung und Durchsetzung des Christentums das Toleranzedikt von Mailand. Es garantierte völlige Religionsfreiheit und die Anerkennung des Christentums als gleichberechtigte Religionsgemeinschaft neben allen anderen, dazu die Rückgabe des christenkirchlichen Eigentums und die Abschaffung der Kulte der Roma und des Augustus.

Der nächste bedeutsame Schritt zur Festigung der christlichen Religion war das **Konzil von Nicäa** im Jahr 325, eine kirchliche Vollversammlung der geistlichen Amtsträger. Laien nahmen an den Konzilien nicht teil, rezipierten aber deren Ergebnisse in ihrer praktischen Umsetzung durch die geistlichen Würdenträger. Auf dem Konzil von Nicäa formulierte man ein Glaubensbekenntnis, das große Bedeutung für die weitere Entwicklung insbesondere der lateinischen Christenheit erlangte. Es richtete sich gegen den **Arianismus**, eine Ausprägung des Christentums, die sich in Kleinasien, aber eben auch in Europa ausgebreitet und zahlreiche Anhänger gewonnen hatte. Nach der Lehre des Arianismus haben Gottvater und Sohn nicht eine gleiche Wesenheit, sondern es handelt sich letztlich um zwei Wesenheiten. In Nicäa dagegen hieß es abschließend: „Sohn und Gott sind wesensgleich, bilden eine Einheit." Damit wurde die Wesensgleichheit von Gottvater und Gottsohn festgeschrieben. Ein Jahr später, 326, erhob Kaiser Konstantin der Große (288–337) das Christentum zu einer allgemein anerkannten Glaubenslehre; unter Kaiser Theodosius (347–395) wurde es zur Staatsreligion.

Konzil von Nicäa

Das Konzil wurde 325 vom römischen Kaiser Konstantin einberufen. Zwei wichtige Punkte erfuhren eine definitive Klärung. Der erste war die Festlegung des Termins des Osterfestes auf den ersten Sonntag nach dem Frühlingsvollmond, wobei der Frühlingsbeginn auf den 21. März festgesetzt wurde. Auf diese Weise sollten alle Christen die Auferstehung Christi gemeinsam am gleichen Tag feiern. Der zweite Punkt war die Klärung der Wesensart Jesu Christi. Das Konzil definierte Jesu Christi als wesensgleich mit Gott und damit als fähig, die Menschheit zu erlösen.

Arianismus

Die Entscheidung des Konzils von Nicäa, dass Jesu Christi wesensgleich mit Gott anzusehen sei, beendete die Auseinandersetzung mit dem Arianismus, einer Lehre des Presbyters Arius (ca. 250–337) aus Alexandria. Sie ging von der Wesensverschiedenheit von Gott und Jesus Christus aus, dergestalt, dass Jesus Christus zwar überwiegend eine göttliche, aber eben auch eine menschliche Wesenheit innewohne. Jesus Christus galt als ein von Gott geschaffenes Wesen, das wie alle Menschen der göttlichen Erlösung bedürfe.

In diesem Zusammenhang ist die Bekehrung Kaiser Konstantins von Interesse, über die bereits im Mittelalter verschiedene Versionen verbreitet wurden. Die Legenden erzählen von unterschiedlichen Beweggründen zur Bekehrung, führen aber beide Gottes gnädige Hilfe an. Nach der einen Version schloss Konstantin einen politischen „Deal" auf Gegenseitigkeit ab: Bekehrung gegen gewährtes Schlachtenglück. Nach der anderen Fassung wurde dem Kaiser ganz individuelle Hilfe zuteil, nämlich die Heilung vom Aussatz durch Papst Silvester (314–335). Insbesondere die Bekehrung aufgrund göttlicherseits zugestandener Schlachtenhilfe wurde später zum Vorbild schlechthin für eine der wichtigsten europäischen Herrscherbekehrungen: des Frankenkönigs Chlodwig im Jahr 496 (vgl. S. 12). Konstantin bekräftigte seinen Übertritt zum Christentum durch mehrere Kirchengründungen an symbolträchtigen Orten: Alt St. Peter in Rom, die Grabeskirche in Jerusalem, die Geburtskirche in Bethlehem, die Apostelkirche und die Sophienkirche (Hagia Sophia) in Konstantinopel.

Im 4. Jahrhundert entwickelte das Christentum also bereits ambivalente Züge, die es auch in den nächsten Jahrhunderten prägten: Auf der einen Seite stand das gemeinschaftliche Leben aller Gläubigen als Mitglieder ihrer jeweiligen Gemeinde, mit Formen von Mitsprache und gegenseitiger Fürsorge. Auf der anderen Seite spiegelte die Monarchie auf Erden das Königtum Gottes im Himmel und rechtfertigte somit die Herrschaft eines Einzelnen. Für einen Herrscher war das Christentum damit nicht nur eine Frage der inneren Überzeugung, sondern auch der politischen Nützlichkeit.

381 bestätigte das Konzil von Konstantinopel die Beschlüsse von Nicäa. Dies wiederholte sich auf den weiteren Konzilien von Ephesus 431 und Chalcedon 451. Diese höchst wichtigen Kirchenversammlungen fanden alle auf dem Boden des oströmischen Reiches statt; ihre Beschlüsse galten aber ebenso gut im westlichen Teil. Sie alle fanden in Kleinasien statt, und zwar aufgrund der Initiative und unter dem Schutz der Kaiser, die mittlerweile nicht mehr in Rom, sondern in Konstantinopel residierten und regierten. Ihre Aufgaben waren einerseits die Formulierung eines verbindlichen Glaubensbekenntnisses und die Weiterentwicklung des Glaubens zu einer festen Lehre, andererseits die Ausarbeitung von Disziplinarvorschriften, die das Leben in den christlichen Gemeinschaften regeln sollten.

3. *In eremo* – in der Wüste

„Die Geschichte christlicher Askese ist eine Geschichte verlassener Räume und Menschen: der Flucht aus den Städten mit ihren vielfältigen sozialen Verbindungen, des Ausbrechens aus der durch den pater familias regierten domus, des Verlassens der steinernen Tempel und des Rückzugs vor der Masse in Theater und Zirkus. Mit dem Exodus in die in mehrerer Hinsicht leeren Räume von Wüste, Gebirge und Einöde entäußerte sich der asketisch lebende Mensch auch der Koordinaten seiner sozialen Verortung, war nicht mehr länger Sohn oder Tochter, nicht mehr Vater oder Mutter, Ehemann oder Ehefrau." (Zeddies, S. 10)

Vornehmlich in Nordägypten entwickelten sich zwei verschiedene Ausprägungen christlichen Gemeinschaftslebens: 1. die Formierung der Gemeinden zu einer Kircheninstitution hierarchischer Ordnung und 2. das asketisch-eremitische Leben.

Zur Selbstorganisation der wachsenden christlichen Gemeinden erwies es sich bald als notwendig, einzelne Mitglieder mit bestimmten Aufgaben zu betrauen. Um das liturgische Zeremoniell zu wahren und die kontinuierliche Bildung der Gemeindemitglieder in Glaubensfragen zu gewährleisten, bedurfte es der Schaffung von Zuständigkeitsbereichen und der Benennung von Verantwortlichen: die Vorbereitungen für den Gottesdienst, der Erwerb und die Instandhaltung der dazugehörigen liturgischen Gerätschaften, das Abhalten der Messen in korrekten Formen und angemessenen Inhalten, die Unterweisung von Kindern und Erwachsenen, die Kontaktpflege zu anderen Gemeinden oder herrschaftlichen Organen. Oberhalb der Ebene der einfachen Mitglieder entwickelte sich innerhalb der Gemeinden zügig eine professionalisierte Hierarchie vom Diakon bis zum Bischof. Die Gemeindemitglieder waren in das städtische Milieu integriert, sie gingen ihren verschiedenen Berufen nach und bekannten sich mehr oder weniger aktiv zu ihrem Glauben, den sie zwar als Bestandteil, aber nicht als ausschließlichen Sinn ihres Lebens und Strebens, ihres ganzen Seins ansahen.

Allein für den Glauben und die Erkenntnis Gottes zu leben, war dagegen Ziel und Zweck eremitischen Daseins, das sich zeitgleich und teilweise in Konkurrenz zu den, zunächst auf Gemeindeebene beschränkten, kirchlichen Institutionen entfaltete.

Die historischen und die theologischen Betrachtungen des Eremitentums finden unterschiedliche Erklärungen für diese Bewegung. Von historischer Seite wird das Spannungsverhältnis betont, das sich aus zwei differierenden Verständnisformen des Glaubens entwickelte. Auf der einen Seite organisierte und institutionalisierte sich die christliche Glaubensgemeinschaft in der sie umgebenden Welt, suchte und fand (außerhalb der Verfolgungswellen) einen Platz innerhalb des bestehenden Staatswesens. Auf der anderen Seite stieß genau diese Anpassung, das Sich-Einfinden und Einfädeln in die existierenden politischen, wirtschaftlichen und sozialen Strukturen, auf die Kritik einzelner Gläubiger. Sie erachteten gerade das urbane Ambiente mit seinen vielfältigen Angeboten – und Verführungen – für Leib und Seele als Gefahr für die Reinheit des Glaubens. Das Ausweichen in die Wüste war danach weniger Flucht als Protest gegen die Institutionalisierung des Glaubens.

Von theologischer Seite werden als Gründe für die Entstehung einer Askesebewegung eher die Vorgehensweise bei der Gewinnung neuer Glaubensanhänger durch die kirchlichen Institutionen und die mangelnde Erfüllung ihrer Aufgaben angeführt: Die kirchlichen Funktionsträger überprüften kaum das Wissen um die Inhalte des Glaubens bei potentiellen neuen Mitgliedern; es war viel zu einfach geworden, Christ zu werden; die Beachtung der christlichen Lehren im gemeindlichen Alltag wurde nicht ausreichend kontrolliert, viele Gebote zu großzügig ausgelegt bzw. ein Verstoß nicht streng genug geahndet. In salopper Form zusammengefasst: Die Kirche hatte es zugelassen, dass der christliche Glaube verwässerte. Nach dieser Sichtweise verließen die Asketen die städtischen christlichen Gemeinden aus Protest gegen die zu große Toleranz gegenüber vielen Mitgliedern und deren moralischer Laxheit.

Asketentum und Einsiedlertum gingen zunächst eine enge Verwandtschaft ein. In Ägypten orientierte sich der Begriff der Askese an der griechischen Philosophie und wurde in christlicher Zeit in der Katechetenschule von Alexandria als Weg zur Vervollkommnung gelehrt. Ziel der Askese war die Befreiung von sittlicher Schuld. Dazu musste man einen Zustand absoluter Leidenschaftslosigkeit und vollkommener Genügsamkeit erreichen, in dem die Sorgen um körperliche Bedürfnisse auf ein Minimum reduziert waren. Askese bedeutete die vollständige Abkehr von der Welt, die größtmögliche Loslösung von allen menschlichen Bindungen, seien es die Forderungen des eigenen Körpers, verwandtschaftliche Beziehungen oder soziale Kontakte jedweder Art. Eine Voraussetzung für ein asketisches Leben konnte z. B. darin bestehen, räumlich sichtbar alle Beziehungen zu menschlichen Gemeinschaften abzubrechen, eben in die Wüste zu gehen. Äußere Härten sollten dabei nicht als Entbehrungen, sondern jede Möglichkeit des Überlebens als göttliches Geschenk angesehen werden. So erzählt es z. B. der Kirchenlehrer und Übersetzer griechisch-christlicher Werke Tyrannius Rufinus (345–410) in seiner Geschichte der Mönche, *Historia monachorum*, in der legendenhaft ausgeschmückten Vita des Einsiedlers und späteren Klostergründers Or, was sich mit gleichem Tenor in den Lebensbeschreibungen etlicher Wüstenheiliger wiederholt: In der Wüste nährte er sich von Kräutern und Wurzeln und diese schmeckten ihm süß. Wasser, wenn es welches gab, trank er unter Gebeten und Hymnen, die ihn alle Zeit, am Tag und in der Nacht beschäftigten. In dem Rückblick des heiligen Mannes auf seine Zeit in der Wüste berichtete er sogar, dass er keinerlei irdische Nahrung zu sich nahm, sondern dass ein Engel ihm alle drei Tage himmlische (= spirituelle) Kost gebracht habe, die ihm Speise und Trank war.

Die Asketen und Einsiedler, die später als Anachoreten bezeichnet wurden (abgeleitet vom griechischen Wort anachorein = ausweichen, sich zurückziehen), negierten in ihrer Wüsteneinsamkeit die Institutionen der Kirche. Sie kamen ohne Kultus, ohne Lehre, ohne Predigt, ohne Messe, ohne Abendmahl aus. Letzteres konstituierte zwar die christliche Gemeinschaft der Gläubigen, doch nach Ansicht der Eremiten war dies für sie nicht notwendig. Ihre Kirche war eine immaterielle, die sich v. a. in der geistigen Auseinandersetzung realisierte.

a) *In eremo in communitate* – gemeinschaftlich in der Wüste

Bereits zu Beginn des 4. Jahrhunderts hatte Eusebius (313–339), Bischof von Caesarea in Palästina, den Gegensatz zwischen asketischem Leben und einem durchaus christlichen, letztlich aber doch nicht ganz so preiswürdigen Leben in der Gemeinde formuliert (**s. Quelle**)

Der Asket in der Wüste blieb nicht lange allein. Dauerhaft waren ihm Einsamkeit und Kontaktlosigkeit zur Vervollkommnung der eigenen Seele nicht vergönnt. Zunächst scheinen sich lockere Verbindungen zur gegenseitigen Unterstützung zwischen den einzelnen Eremiten gebildet zu haben. Sie lebten weiterhin allein, in einer Höhle, unter

Eusebius von Caesarea, über den Gegensatz zwischen asketischem Leben und einem christlichen Leben in der Gemeinde
(zitiert nach Legler, Sternenstraße und Pilgerweg, 1999, S. 143 f.)

Auch für die Kirche Christi sind zwei Lebensnormen festgesetzt worden. Die eine führt über die Natur hinaus, hat nichts zu tun mit der gewohnten und normalen Lebensweise. Sie gestattet die Ehe nicht noch das Zeugen von Kindern. Den Erwerb von Eigentum duldet sie nicht. Sie verwandelt die Lebensgewohnheiten der Menschen von Grund auf und macht, dass sie, von himmlischer Liebe angespornt, nur noch Gott dienen. Diejenigen, die sich zu dieser Art von Leben bekehrt haben, sind für die hergebrachte Lebensweise wie abgestorben und leben nur noch mit dem Körper auf der Erde, da ihre Seele auf geheimnisvolle Weise schon in den Himmel eingegangen ist …, indem sie dadurch die Gottheit günstig stimmen, erfüllen sie eine priesterliche Aufgabe zu ihrem Wohl und zum Wohl der anderen. Dies ist die Norm des vollkommenen christlichen Lebens. Doch gibt es ein anderes Leben, das die Rechte und Pflichten des staatlichen und sozialen Lebens des Menschengeschlechts nicht verwirft … Der Christ akzeptiert als durchaus empfehlenswert auch diese zweite Lebensweise.

einem Felsvorsprung, einem Erdloch, in einer einfachen Behausung aus Ästen und Laubwerk, aber sie waren füreinander erreichbar – zur konkreten Hilfeleistung im Notfall wie zum geistigen Austausch.

Legenden begannen sich um diese Menschen zu ranken: Sie ertrugen heiteren Sinnes Hunger, Durst, Kälte, Hitze, Schmerz und Einsamkeit; sie bekämpften und überwanden schreckliche Dämonen; sie erlangten die Freundschaft und Ergebenheit wilder Tiere. Sie waren definitiv etwas Besonderes, und das konnten sie nur sein, weil ihnen ihr Gott eine besondere Gnade erwies. Die Eremiten und Asketen wurden zu einer Attraktion. Sie zogen solche, die den Rat eines Gottbegnadeten suchten, ebenso an wie solche, die in den heiligen Männern ein Vorbild sahen, einen Vater, dem sie nachzueifern trachteten.

Zwei Namen können stellvertretend für das eremitische Mönchtum in Ägypten stehen: Antonius und Pachomius, die beide zunächst in der Wüste und schließlich weit darüber hinaus ihre Wirksamkeit entfalteten.

b) Der Eremit Antonius

Der Eremit Antonius (251–356) gilt als das Beispiel asketischen Mönchtums schlechthin. Das Wort Mönch leitet sich vom griechischen Wort monos = allein ab. Welche Informationen und welche Quellen liegen zum Leben und Wirken des Antonius vor? Die wichtigste und gleichzeitig umstrittenste Quelle ist seine Vita, die Athanasius (295–373), Bischof von Alexandria, schrieb, eine viel diskutierte Gestalt in der Frühzeit der christlichen Kirche. Athanasius schrieb die Vita wenige Jahre nach dem Tod des Antonius. Historiker wie Theologen merken an, dass diese Vita zum einen als Prototyp für die späteren lateinischen Beschreibungen von Heiligenleben gelten kann, dass aber der Text zum anderen durchaus auch die eigennützigen bischöflichen Interessen widerspiegelt: Die Vita präsentiert dem Rezipienten den einfachen Ägypter Antonius, der bekehrt wird, als er eine Predigt hört, die das Bekenntnis zur evangelischen Armut fordert. Er befolgt deren Befehl, entledigt sich allen Besitzes und zieht sich in eine Höhle in der Wüste zurück. Einen guten Teil der Schilderung nimmt seine Auseinandersetzung mit den wilden Dämonen ein, die ihm körperlich und geistig zusetzen. Diese Kämpfe wurden der zentrale Bestandteil aller späteren Adaptionen der Vita in schriftlichen Quellen, v.a. aber auch in der Transponierung des Textes auf die Bildebene wie es z.B. kaum eindrücklicher als in den großen Tafelgemälden von Hieronymus Bosch oder Matthias Grunewald vor Augen geführt werden kann – die Versuchung des hl. Antonius wurde nachgerade zu einem Standardmotiv der Malerei. Die Dämonen gewinnen eine eigene Realität in Form von körperlichen askesefeindlichen Versuchungen, z.B. in der Offerte einer luxuriösen Mahlzeit, ebenso wie in geistigen Anfechtungen wie dem Angebot, Eitelkeit, Stolz, Spitzfindigkeit und Intellektualität auszuleben. Außer dem Sieg über die Dämonen, den er nicht zuletzt durch strenge Askese, Enthaltsamkeit und den Verzicht auf lukullische Genüsse wie Fleisch und Wein erreichte, zeichnete sich Antonius nach der Vita des Athanasius darüber hinaus dadurch aus, dass er eine Vielzahl guter Taten und sogar etliche Wunder vollbrachte. Unerwähnt bleibt bei Athanasius, dass der angeblich einfache Eremit und Mönch Antonius eigentlich der gehobenen und gebildeten Schicht der ägyptischen Kopten angehörte und eine fundierte philosophische Ausbildung an den Schulen von Alexandria erhalten hatte. Seine aktive Parteinahme für seine christlichen Glaubensgenossen während ihrer Verfolgung unter Maximus im Jahr 311 wird nur angedeutet und in der Vita als individuelles Streben nach dem Martyrium interpretiert. Ein weiterer Aufenthalt in Alexandria 337/338 findet ebenso wenig Beachtung. Heiligkeit erlangte Antonius nach dem Wunsch seines ersten Biographen als weltabgeschiedener Eremit, fastend und betend.

Die Vita wäre demnach weit weniger eine Biographie als ein Modell, wie man sich in mehreren Schritten der Idealvorstellung christlicher Askese nähern könne; der Prozess von Abfassung und Rezeption des Textes käme dem „making of a saint" gleich. Hinzu kommt, dass Antonius in der Vita am Ende eines langen, über hundertjährigen Lebens, das er fast ausschließlich in der Gesellschaft anderer Eremiten verbracht haben soll, schließlich doch noch als der Gründer eines Klosters in Erscheinung tritt, das sich ganz in den institutionellen Rahmen der Kirche einfügte. Es wird noch diskutiert, ob diese Darstellung einer historischen Wahrheit nahe kommt oder ob sie nicht vielmehr dem Wunschdenken bzw. dem kirchenpolitischen Gestaltungswillen des Athanasius entsprungen ist. Denn dessen Anliegen als Bischof war es, diese außerhalb der kirchlichen Hierarchie lebenden Gemeinschaften in die ecclesiastische Organisation zu integrieren und unter episkopale Kontrolle zu zwingen.

Um es noch einmal zu wiederholen: Erst die Vita des Athanasius machte den gelehrten, gebildeten und zahlreiche Kontakte pflegenden Antonius zum fast einfältigen, gläubigen Eremiten und Heiligen. Diese Vita aber – theologisches Konstrukt zur Belehrung von Gläubigen – wird sich mit ihrer Konzeption von Heiligkeit zum Vorbild für viele weitere Heiligenleben entwickeln, die dann im schlechtesten Fall die wichtigsten biographischen Musterstücke mit einigen Überleitungen und Ergänzungen zu einem neuen, imaginären Heiligenleben zusammenstellen.

c) Die Gemeinden des Pachomius

Eine andere Form eremitischen Lebens, die sich fast zeitgleich ebenfalls in Ägypten entwickelte, waren Gemeinschaften, die sich zwar auch der weltflüchtigen Askese unterworfen hatten, aber im Zugriff kirchlicher Kontrolle blieben. Eine der Gründergestalten dieser streng lebenden Gemeinschaften war Pachomius (ca. 290–346/7). Wie Antonius kann man ihn als Zivilisationsflüchtling betrachten. Er verließ die städtische Umgebung und ging in die Wüste. Dort lebte er zwar abgeschieden, aber in einem gemeinschaftlichen Verband. Diese Lebensweise bezeichnet man als zönobitisch. Am Ort Tabennese wurde 320/25 eine solche gemeinschaftlich lebende Gemeinde gegründet. Die wachsende Anhängerschaft des Pachomius machte es jedoch bald erforderlich, Regeln des Zusammenlebens aufzustellen. In einer einzigen, durch die Zahl der Mitglieder unüberschaubaren Gemeinschaft ließ sich die Vorstellung von einem Leben in frommer Abgeschiedenheit nicht mehr verwirklichen. Angeblich waren es etwa zehntausend Menschen, die dem Aufruf des Pachomius zu weltflüchtigem, aber gemeinsamen Leben nachfolgten; sie mussten sich in zahlreiche Gruppen aufgliedern, die in dorfähnlichen Strukturen organisiert waren. Darunter waren auch zwei Frauengemeinschaften, die von Pachomius Schwester Maria geleitet wurden. Die Gründe, aus denen sich so viele Menschen den neuen Gemeinschaften anschlossen, sind vielfältig, aber noch lange nicht ausreichend erforscht. Neben echter religiöser Überzeugung und der allgemeinen und wenig befriedigenden Erklärung der Zivilisationsmüdigkeit könnten auch andere Motive eine Rolle gespielt haben: Die Flucht in die Wüste mochte vor Strafverfolgung bewahren, sei es, weil es unter bestimmten politischen Konditionen bereits ein kriminelles und verfolgungswürdiges Delikt war, überhaupt „Christ" zu sein, sei es, dass man tatsächlich die Ahndung begangener strafbarer Handlungen befürchten musste; die Sicherheit, das Aufgehobensein in einer gleich gesinnten Gemeinschaft konnte vielleicht vor dem sozialen Abstieg aufgrund von Krankheit oder Arbeitslosigkeit bewahren.

Die Pachomiusregel, nach der Tausende in den ägyptischen Wüstengemeinschaften lebten, ist nur eine von vielen Regeln, die für zönobitische Gemeinschaften in Nordafrika, Vorderasien und Südeuropa entwickelt wurden, bevor sie in der zweiten Hälfte des ersten Jahrtausends von der klösterlichen Lebensregel des Benedikt von Nursia (ca. 480–547) überlagert und schließlich abgelöst wurden (vgl. Kap. III).

Die vielköpfigen Gemeinschaften des Pachomius waren streng organisiert: Bevor eine Person sich einer solchen Gemeinschaft anschließen durfte, musste sie eine Probezeit absolvieren und vor der endgültigen Aufnahme bestimmtes Grundwissen in der christlichen Glaubenslehre nachweisen, wie z. B. die Kenntnis der wichtigsten Gebete und einiger Passagen aus der Heiligen Schrift. Jeder Einzelne wurde in die Klostervorschriften eingewiesen und musste sich während des Aufnahmerituals auf die gemeinschaftliche Regel und zu Disziplin und Gehorsam verpflichten. Zu den zeremoniellen Abläufen und den äußeren Zeichen der Gemeinschaft, die den inneren Zusammenhalt gewährleisten sollten, zählten die gemeinsame Einnahme der Mahlzeiten, die für alle gleiche Kleidung und der regelmäßige Empfang der Sakramente.

Auch Pachomius wurde durch seine Vita zum Heiligen. Die Übersetzung seines vorbildhaften Lebenswandels vom Griechischen ins Lateinische durch den Bischof und Kirchenvater Hieronymus (345–420), die oben bereits genannte lateinische Fassung der Antonius-Vita und die um 400 entstandene „Geschichte der Mönche oder Über das Leben der hl. Väter" des Tyrannius Rufinus bildeten einen Quellenkorpus, der nun auch den Westen und Norden des zerfallenden römischen Reiches mit den frühen Erscheinungsformen mönchischen Lebens vertraut machte.

4. Die Ausbreitung des Christentums im westlichen Teil des Imperiums

Die Christianisierung Europas setzte verstärkt in der zweiten Hälfte des 4. Jahrhunderts ein. Begünstigt wurde dies nicht zuletzt durch die Schaffung eines wirksamen Kanons von Texten, die elementare Funktionen im christlichen Kultus und in der Vermittlung der christlichen Lehre übernahmen. Die Männer, die diese Texte schufen, zählten als Bischöfe allesamt zur Spitze der Kirchenhierarchie. Ein Bischof von Rom ist im 4. Jahrhundert noch nicht unter den Kirchenlehrern.

Der bereits erwähnte Athanasius, Bischof von Alexandria, machte durch seine Vita des hl. Antonius die eremitische Lebensform des Christentums auch in Europa bekannt. Er musste Ägypten mehrmals während der Christenverfolgungen verlassen und ging nach Rom ins Exil. Seine Vorstellungen vom frommen Eremitentum begleiteten ihn, fassten dort Fuß, vermischten und überlagerten sich mit anderen Entwürfen zönobitischer Lebensgemeinschaften.

Ein anderer Vermittler christlicher Lehren im Westen war Hieronymus (345–420), der mit der Übersetzung der griechischen Bibel ins Lateinische, der Schaffung der *Vulgata*, einen entscheidenden Schritt tat, denn Latein wurde zur Sprache der westlichen Gelehrten schlechthin.

War die *Vulgata* ein grundlegender Text zum Verständnis der christlichen Lehre, schrieb Ambrosius (340–397), Bischof von Mailand, einen wichtigen Traktat über die Präsentation dieser Lehre im Kultus: *De officiis ministrorum*. Die Verehrung Gottes erhielt in festgeschriebener Form einen rituellen Rahmen.

Schließlich ist noch Augustinus (354–430) zu nennen, Bischof von Hipporegio in Nordafrika. Besonders zwei seiner Bücher erlangten in den sich später in Europa etablierenden Klöstern große Bedeutung. In den *Confessiones* gab er ein individuelles Zeugnis seiner Bekehrungsgeschichte ab, das künftig von vielen Christen nachvollziehend als Suche nach der Wahrheit gelesen werden konnte. In seinem Traktat über den Gottesstaat, *De civitate Dei*, entwickelte er Überlegungen, wie sich die christliche Gemeinschaft organisieren könne.

Zu Beginn des 4. Jahrhunderts entstanden im westlichen Teil des römischen Imperiums nach Rom und Mailand christliche Gemeinden auch in Marseille, Arles, Vienne, Lyon, Auxerre, Bordeaux, Trier und Köln, also in den großen Verwaltungszentren der römischen Provinzen Gallia und Belgica. Zönobitische Gemeinschaften entwickelten sich im Westen offenbar zunächst in Rom. Insbesondere Frauen der römischen Senatorenaristokratie initiierten, organisierten und leiteten christliche Hausgemeinschaften, die sich dann auf den außerstädtischen Latifundien – und damit ausgestattet mit allem wirtschaftlich Notwendigen – zu klösterlichen Gemeinschaften wandelten. Bereits 353 hatte Marcellina, die Schwester des Bischofs Ambrosius von Mailand, eine solche Gemeinschaft begründet. Aus den folgenden Jahrzehnten weiß man von Gründungen einer Marcella (385), einer jüngeren Melania (um 400), einer Ascella (405) und einer Paula.

Die Gruppen, die sich hier im christlichen Bekenntnis zusammenfanden, in relativ großer Abgeschiedenheit außerhalb des urbanen Zentrums in einer, wenn auch gemilderten Form der Weltentsagung, betrachteten ihre Entscheidung noch als eine Art Protesthaltung gegen die sie umgebende römische Zivilisation.

Eine andere Entwicklung jedoch nahm die Ausbreitung mönchischer Lebensweise im gallischen Raum. Zum Teil war sie im 4./5. Jahrhundert an die stadtbischöfliche

Herrschaft gekoppelt, wie es beispielhaft an der Gestalt des Martin von Tours (316–397) gezeigt werden kann. In seiner Funktion als Bischof hatte er die Aufgabe, die Gläubigen seiner Diözese zu erfassen, die Vermittlung der Glaubensinhalte und das gemeindliche Leben als solches zu organisieren. Darüber hinaus sollte er einerseits in seinem ihm unterstellten Gebiet gegenüber Nicht-Christen missionarische Überzeugungsarbeit leisten und andererseits seine Gemeinde in politischen Fragen nach außen vertreten. Als Klostergründer schuf er seinem Bistum in Tours ein geistiges Zentrum. Diesem konnte er zum einen geistliche Aufgaben übertragen. Zum anderen konnte dort das für die kirchlichen Institutionen notwendige Personal ausgebildet werden. Das Kloster entwickelte sich zur Stütze der bischöflichen Herrschaft und diese wiederum wurde in den Städten zu einem immer wichtigeren Stabilitätsfaktor, je mehr sich die römischen Verwaltungsstrukturen aufgrund der allgemeinen Zerfallserscheinungen des Imperiums auflösten.

Die auf Grund bischöflicher Initiative gegründeten monastischen Gemeinschaften folgten unterschiedlichen Regeln des Zusammenlebens. Sie alle enthielten, wie schon für die Pachomiusregel beschrieben, bestimmte gemeinsame Forderungen: das Absolvieren einer Probezeit, ein öffentliches Gelöbnis beim Eintritt in die Gemeinschaft, die Aufgabe weltlicher Bindungen, z. B. durch das Ablegen der weltlichen Kleidung und die Annahme eines neuen, einfachen und für alle in der Gemeinschaft gleichen Habits. Dies gilt auch für solche Klöster, die nicht als bischöfliche Stadtklöster, sondern, asketischen Idealen folgend, von Gleichgesinnten in eher menschenarmen, siedlungsfeindlichen Gebieten errichtet wurden.

Im 4. Jahrhundert hatte sich nach Verfolgung, dann Duldung und schließlich Bevorzugung durch den Kaiser selbst das Christentum im östlichen wie im westlichen Teil des römischen Reiches als legitime und gleichberechtigte Religion durchgesetzt. Bereits während des 3. Jahrhunderts hatten, in Zentralasien ihren Ausgang nehmend, große Wanderungsbewegungen ganzer Völkerstämme begonnen, die sich immer weiter nach Westen fortsetzten. Ewa 200 Jahre lang zwischen der Mitte des 4. und des 6. Jahrhunderts, hielt diese Wanderungsbewegung an und veränderte die Bevölkerungsstrukturen in vielen Teilen der römischen Provinzen. Auf dem Boden des alten römischen Imperiums, das zwar in seinen generellen Verwaltungsstrukturen noch bestand, seine innere Festigkeit aber längst verloren hatte und von demographischen, sozialen und politischen Umbrüchen erschüttert wurde, entstanden kleinere Reiche, deren führende Mitglieder sich an ihrer jeweiligen militärischen Leitfigur orientierten und die teilweise eine Akkulturation, eine Romanisierung, durchlebten. Der größere Teil der Bevölkerung dieser neuen Reiche gehörte nicht-christlichen Religionen an, einige zählten zu den Arianern. Am Ende des 5. Jahrhunderts war das Reich der Franken, die Francia, nur eines unter vielen anderen. Sein Kerngebiet lag in der ehemaligen römischen Provinz Belgica II zwischen den Mündungen von Seine und Somme in die Nordsee einerseits und den Mündungen von Maas, Mosel und Marne andererseits. Die militärischen Erfolge in Verbindung mit der Annahme des Christentums zeichnete es schließlich im 6. Jahrhundert vor allen anderen aus. Im Laufe seiner Herrschaft konnte der Frankenherrscher Chlodwig (481–511) das ursprünglich von ihm kontrollierte Territorium weit nach Süden und Osten ausdehnen. Seine frühen militärischen Erfolge erreichte er 486 gegen Syagrius (487), der sich vom römischen Statthalter zum König aufgeschwungen hatte und in einem Gebiet herrschte, das in etwa die Provinz Lyon und Teile der Belgica II umfasste. Mit seinem Sieg über Syagrius gewann Chlodwig deutlich bis über die Seine hinaus an Einfluss. Weniger überzeugend, als es der Bischof und Historiograph

Gregor von Tours (538/9–594/5) in seinem Werk zur Geschichte der Franken, *Historiarum libri decem*, glauben machen will, war wohl Chlodwigs Sieg im Jahr 491 gegen die Thüringer im Osten seines Reiches. Mit der letztlich erfolgreichen Schlacht von Zülpich gegen die Alamannen war der Höhepunkt der Herrschaft Chlodwigs und seiner Expansionsbestrebungen erreicht, die sich allerdings noch in kleineren Schritten gegen die Burgunder im Süden sowie die Goten südlich der Loire fortsetzten. Die größte Ausdehnung erreichte das Frankenreich um das Jahr 561: Im Norden erstreckte es sich dann bis in den friesischen und sächsischen Raum, im Osten schloss es Hessen, Thüringen und Teile von Bayern ein, im Süden reichte es bis zu den Alpen und zu den Pyrenäen bzw. zum Mittelmeer.

Die Ereignisse um Chlodwigs Bekehrung während der Schlacht von Zülpich und seine spätere Taufe sind deshalb von so einschneidender Bedeutung, weil sich durch die weiteren Erfolge des Herrschers und seiner Nachkommen das Christentum im westlichen Europa nördlich von Alpen und Pyrenäen durchsetzen konnte. Und zwar geschah dies nicht auf der Grundlage individueller Bekehrung, sondern als Entscheidung politischer Führungsgruppen, in einem Ineinandergreifen von politischer Herrschaft und Missionsbestrebungen.

Welches waren nun die Umstände von Chlodwigs Bekehrung und Taufe? Sie gelten als gesicherte Tatsache, ungesichert ist jedoch das Datum. Zur Diskussion stehen die Jahre 496, 497 und 506. Insbesondere drei Quellen geben dazu Auskunft.

Die Erste ist ein Absatz aus der fränkischen Geschichte des Gregor von Tours, im Abstand von ca. zwei Generationen nach den Ereignissen und in enger Anlehnung an die konstantinische Bekehrung verfasst. In aussichtsloser Lage ruft Chlodwig den Gott der Christen an, der seine Macht in der Schlacht unter Beweis stellen soll und dies auch zu Chlodwigs Gunsten tut. Chlodwig erfüllt im Anschluss seinerseits sein Versprechen und lässt sich taufen. Diese Taufe wird jedoch nicht als Bekenntnis aus innerer Überzeugung, sondern als politischer Akt dargestellt: Nach dem König lassen sich auch zahlreiche seiner militärischen und politischen Gefolgschaftsleute taufen – Gregor spricht von 3000 –, die damit ihre Treue und Anhängerschaft bezeugen. Die zweite Quelle ist ein anlässlich der Taufe abgefasstes Glückwunschschreiben des Bischofs Avitus von Vienne (494–518). Zum Ersten hebt er hervor, dass Chlodwig mit seiner Taufe vorbildlich innerhalb der eigenen Familie wirkte – seine Schwester Lantechildis schwor bei Chlodwigs Taufe dem Arianismus ab , zum Zweiten, dass die Taufe des Herrschers auch ein Signal für seine gesamte, nicht nur die verwandtschaftliche Anhängerschaft war, wie es später ja auch Gregor gesehen hat. Avitus erklärt: „In dem ihr für euch wählt, gebt ihr das Urteil für alle, so ist euer Glaube unser Sieg." Drittens betont Avitus die göttliche Stellvertreterrolle des Königs. Er verkörpere das Licht Christi auf Erden und trage den „Helm des Heils" in sich, d.h. ihm wird als König Gottes Hilfe zuteil. Mit diesem königlichen Heil mag sich einerseits Kriegsglück verbinden, andererseits weist es der Person des Königs aber auch persönliche Tugenden oder überirdische Kräfte zu; den französischen Königen schrieb man später heilende, wundertätige Hände zu. Als vierten Punkt spricht Avitus die dem König nun aufgegebene Missionspflicht an: „Gott werde durch ihn, den König, sich den Frankenstamm zu Eigen machen; ja, der König möge die Glaubenssaat auch unter den ferner wohnenden Stämmen ausstreuen." Bischof Remigius von Reims (458–525), der Chlodwig taufte, fügte in einem Brief darüber hinaus hinzu, der König möge Sorge tragen für die Bestellung guter Räte, die Anerkennung der Bischöfe, die Befolgung der bischöflichen Ratschläge, den

Schutz von Armen, Witwen, Waisen und Bedrückten, die Freilassung von Sklaven und Gefangenen sowie die Durchsetzung der Gerechtigkeit als Ausdruck höchster Herrschertugend.

Massentaufe und Missionsauftrag sind es nun, die die Bekehrung Chlodwigs an das Thema der Entwicklung der frühmittelalterlichen Klöster koppelt. Ähnlich wie die Bischöfe ließen es sich von da an die Könige angelegen sein, Klöster einzurichten und als geistige und geistliche Stützpunkte ihres Einflussgebietes zu nutzen. Sich an das Vorbild des Herrschers anlehnend, sollten es die Angehörigen der politischen und militärischen Führungsgruppen ihm gleichtun. Ebenso sollten bei den weiteren Expansionen, die vom Frankenreich ausgingen, oftmals die Bekehrungsversuche der militärischen Eroberung folgen und Klöster die dafür funktionalen Einrichtungen sein.

5. Zusammenfassung

Nach jahrhundertelangen, immer wieder auftretenden Verfolgungswellen erreichte das Christentum im 4. Jahrhundert zunächst seine Duldung als legitime Religion und schließlich sogar unter Kaiser Konstantin seine herrschaftliche Anerkennung. Damit konnten Christen ihre Kulthandlungen öffentlich in ihren Gemeinden ausüben. Gleichzeitig ermöglichte diese Öffentlichkeit eine Diskussion um die Inhalte des christlichen Glaubens und die Formen, den Glaubensinhalten gemäß zu leben. Zunächst in Nordafrika und Kleinasien setzte sich neben der Lebensform in der christlichen Gemeinde, bei der die Mitglieder weiterhin ihren üblichen Tagesgeschäften nachgingen, die Vorstellung einer asketischen Lebensführung durch, die von Einsiedlern (Eremiten) oder in weltflüchtigen, stadt- und zivilisationskritischen Gemeinschaften praktisch umgesetzt wurde. Asketisches Leben in der Gemeinschaft wurde auch in Italien und in den römischen Provinzen nördlich von Alpen und Pyrenäen zu einem Lebensideal männlicher und weiblicher Christen. Die Institutionalisierung von Gemeinschaften in Klöstern mit geregelten Lebensvorschriften – nicht mehr wie anfänglich nur in freier Übereinkunft außerhalb der kirchlichen Hierarchie – erfolgte seit dem 5. Jahrhundert auf bischöfliche, seit dem 6. Jahrhundert auch auf königliche und adelige Initiative.

In Verbindung mit der politischen Entwicklung des Frankenreiches und der dabei einhergehenden weiteren Christianisierung Europas unter herrschaftlicher Ägide und Zustimmung wuchs den Klöstern die Aufgabe zu, geistige und geistliche Zentren der führenden gesellschaftlichen Gruppen zu werden.

II. Asketische Heimatlosigkeit: Irisches Klosterwesen, iro-schottische und angelsächsische Mission

Darum gehet hin und lehret alle Völker und taufet sie im Namen des Vaters und des Sohnes und des Heiligen Geistes und lehret sie halten alles, was ich euch befohlen habe. Und siehe, ich bin bei euch alle Tage bis an der Welt Ende (Matthäus 28, 19–20)

431	Palladius wird von Papst Cölestin I. als Bischof nach Irland gesandt, um die dort lebenden Christen kirchlich zu organisieren
5. Jh.	Der hl. Patrick wirkt als Missionar, Bischof und Klostergründer im Norden und Nordosten von Irland
521/22–597	Columban der Ältere wirkt als Vertreter der asketischen Heimatlosigkeit z. B. mit der
563	Gründung des Klosters Iona (= Hy)
664	Synode von Whitby: Durchsetzung der Osterfestberechnung nach römischer Art für ganz England
543–615	Columban der Jüngere zieht ins Frankenreich
592/93	Gründung des Klosters Luxeuil
720	Gründung des Klosters St. Gallen als Grabstätte des Gallus, eines ehemaligen Anhängers Columbans
672/75–754	Hl. Bonifatius
716	erste Missionsreise nach Friesland
718	päpstlicher Missionsauftrag für Thüringen
723	Fällen der Donareiche
732	Ernennung zum Legaten Germaniens
ab 735	Gründung mehrerer Frauenklöster und ihre Unterstellung unter die angelsächsischen Nonnen Lioba (Tauberbischofsheim), Thekla (Ochsenfurt) und Walburg (Eichstätt)
744	Gründung des Klosters Fulda

1. Frühes Christentum in Irland – Palladius und Patrick

Als Palladius (ca. 363–432) im Jahr 431 von Papst Cölestin I. (422–432) nach Irland gesandt wurde, um die dort lebenden Christen kirchlich zu organisieren und ihnen als Bischof vorzustehen, traf er dort auf eine keltische Gesellschaft, die unbeeinflusst war von Erfahrungen mit römischer Eroberung und Herrschaft. Das Land hatte eine rein agrarische Prägung, es existierten keine urbanen Strukturen. Politisch war es in ca. 100 bis 150 kleine Königtümer zergliedert, ohne dass eines davon besonders herausragend gewesen wäre. Ein solches Königreich bestand aus dem König und seinen weiteren, zur Königsnachfolge fähigen Blutsverwandten, einer hochrangigen und einer niederrangigen Gefolgschaft, einer hierarchisch gestuften Gruppe von Freien und weiteren Gruppen von Minderfreien und Unfreien ohne Landbesitz oder Kriegsdienstverpflichtung.

An der Spitze standen neben dem König die Druiden und die Sänger, die die gelehrte Schicht des Landes bildeten. Auf welchen Wegen das Christentum Irland erreicht hat, ist unklar. Dass es aber im 5. Jahrhundert eine christliche Gemeinde gegeben haben muss, zumindest im Süden des Landes, zeigt die Ernennung von Palladius zum Bischof. Er gründete drei Kirchen und schuf damit Stützpunkte für die institutionelle Festigung des christlichen Glaubens.

Ebenfalls im 5. Jahrhundert wirkte der hl. Patrick als Missionar, Bischof und Klosterförderer. Seine Lebensdaten und die Zeit seines Wirkens sind umstritten, große Plausibilität scheint die zweite Jahrhunderthälfte zu haben. Erst etwa ein Jahrhundert später wurde er durch die Ausgestaltung seiner Vita allmählich zum Apostel der Iren. Eigentlich stammte er aus Britannien, war vielleicht der Sohn eines römischen Zivilbeamten. Als junger Mann, so erzählt seine Vita, wurde er nach Irland verschleppt und wandte sich dort – ob erstmalig oder nun nur bewusster, ist nicht bekannt – dem christlichen Glauben zu. Zwar gelang ihm die Flucht aus der Gefangenschaft und die Heimkehr nach Britannien, doch kehrte er aufgrund einer Vision bald auf die Nachbarinsel zurück, um hier gemäß dem Visionsauftrag missionarisch tätig zu werden. Als Missionar und Bischof nahm er unzählige Taufen vor und unterstützte die Einrichtung von Klöstern, offenbar vornehmlich im Norden und Nordosten der Insel. Das Kloster Armagh, das später eine Vorrangstellung beanspruchte, berief sich auf den hl. Patrick als seinen Gründervater. Seine beiden größeren Schriften, eine *Confessio* und ein Brief an die Soldaten eines tyrannischen Kleinkönigs beschreiben seine eigene Bekehrungsgeschichte, seine Erfolge, aber auch seine Ängste, Zweifel und Rückschläge bei der Arbeit als Bischof und Missionar.

Palladius und Patrick waren beide ursprünglich dem römischen Modell der episkopalen, der Bischofskirche verpflichtet. Dieses ging von einem urbanen, politischen wie wirtschaftlichen Zentrum aus, das den Sitz der episkopalen Gewalt beherbergte. Von dort wurde die kirchliche Gliederung eines Gebietes vorgenommen. Für ein städteloses Land war dieses Modell jedoch nicht geeignet. Statt Bischofssitzen, die sich auf städtische Strukturen stützten, übernahmen Klöster im ganzen Land die Aufgabe, als geistige und geistliche Zentren ihrer Umgebung zu wirken. Ihr Einfluss basierte gleichzeitig auf der Stärke der jeweiligen sie stützenden Adelsfamilie.

2. Aufbau und Funktion der irischen Klöster

Einige Klöster wurden bereits Ende des 5. Jahrhunderts gegründet. Eine regelrechte Welle von Klostergründungen erlebte Irland in der ersten Hälfte des 6. Jahrhunderts. Zu den bekanntesten Gründern zählten Brigit von Kildare († um 524), Enda von Aran († um 530), Finnian von Clonard († 549), Ciarán von Clonmacnois († 549). Diese Bewegung setzte sich in der zweiten Hälfte des Jahrhunderts und noch in der ersten Hälfte des 7. Jahrhunderts fort, so dass sich schließlich ein breites Band von Klöstern durch die Mitte des Landes von Südwesten nach Nordosten zog. Ihre Gründer stiegen alle in den Rang von Heiligen auf. Brendan (484–577) gründete Clonfert 559, Comgall (516–600) rief Bangor 555/59 ins Leben, Colum Cille (Columban der Ältere, 521–597) gründete Derry (549), Durrow (556) und Iona (563), Kevin (angebl. 470/80–618/622) baute die Zellen von Glendalough, um nur noch einige wenige weitere Namen zu nennen.

Es bildeten sich hauptsächlich zwei unterschiedliche Klosterformen aus. Die eine Gruppe fand ihre Heimstatt in den abgelegensten Gebieten, zum Teil auf den vielen kleinen, dem Festland vorgelagerten, felsigen Inseln. Dazu gehörten z.B. Scalic Rock vor der westirischen Grafschaft Kerry oder Inishmurray, eine heute unbewohnte Insel vor Sligo. Ein Ringwall umgab das dortige Kloster, von dem nur noch die Ruinen stehen, und umschloss eine steinerne kleine, fast fensterlose Kirche mit einem sehr steilen Dach und einem kleinen Eingang sowie mehrere Rundlinge. Diese Rundlinge findet man vorwiegend auf den Inseln oder den windumtosten Küstenstreifen. Die Mönche errichteten sie aus Stein, ohne Mörtel, mit einem falschen Gewölbe, d.h. sie ließen im oberen Bereich flache Steine sich Reihe um Reihe dergestalt überlappen, dass sie schließlich ein geschlossenes Dach bildeten. In ihrer Form boten sie Wind und Sturm kaum Angriffsfläche. Drei bis vier Mönche fanden in einer solchen Zelle Platz.

In einer zweiten Gruppe entwickelten sich einige der Klöster zum Zentrum einer *parochia*, die den Klosterverband und eine Kirchengemeinde umfasste. Deren Mitglieder wandten sich nicht nur in Glaubensfragen und Belangen der Seelsorge, sondern in allen Angelegenheiten des kirchlicherseits geregelten Miteinanders an den Abt, der der für sie zuständige Vertreter der Kirche war. Die erhaltenen Ruinen dieser Klöster zeigen nicht mehr den ursprünglichen Bauzustand der Gründungszeit, als mit einfachsten Materialien – Holz, Lehm und Flechtwerk – gearbeitet wurde, sondern die bereits steinernen Gebäudereste. Auch hier lassen sich in der Regel bestimmte architektonische Grundbestandteile ausmachen: Ein Ringwall umgab ein oder mehrere Kirchen, die in ihrer Form oftmals an Reliquienkästchen erinnern, einen Friedhof sowie die für die Funktionstüchtigkeit eines Klosters notwendigen Einrichtungen wie Refektorium (Speisesaal), Wohnzellen, Pilgerherberge und Schule. Wohl erst im ausgehenden 8. und 9. Jahrhundert kamen die für Irland typischen steinernen Rundtürme dazu, die man von Klosterbauten des europäischen Festlandes sonst nicht kennt. Sie dienten vielleicht als Wachttürme oder Vorratskammern, erfüllten jedenfalls keine Funktion im Rahmen liturgischer Zeremonien.

Einige der Kirchen bildeten, wie bereits gesagt, das Zentrum der monastischen Gemeinde ebenso wie der umliegenden gläubigen Laiengemeinden. Eine einzige große Gemeinschaft bildeten die Mönche, Nonnen und gläubigen Laien deshalb aber auch beim Gottesdienst keineswegs. Die sozialen Hierarchien wurden auch hier als die rechte und notwendige Ordnung in begehbare Architektur umgesetzt. Die Anlage der Kirche des von der hl. Brigit gegründeten Doppelklosters Kildare wird in ihrer Vita beschrieben: Sie trennte nicht nur Männer und Frauen, sondern deutlich auch Laien und Kleriker in strikter Ordnung voneinander (**s. Quelle**).

Das irische Erbrecht behinderte im Übrigen die Bildung von Frauenklöstern ganz erheblich. Wenn ein Mann die Entscheidung traf, sich als Mönch in ein Kloster zu begeben, behielt er das Erbe, das ihm von Seiten seiner Familie zustand und überführte es bei seinem Eintritt in den Besitz der Klostergemeinschaft. Wenn eine Frau den Nonnenschleier nahm, fiel ihr mobiler und immobiler Besitz an die Familie zurück.

Die Klöster waren, in Irland wie später auch auf dem Kontinent, betende Gemeinschaften. Sie waren in ihrem Tun auf das Jenseits ausgerichtet, aber sie waren keineswegs der Welt entrückt. Im Gegenteil spielten sie zur Festigung des politischen und sozialen Einflusses ihres Gründers bzw. ihrer Gründerfamilie eine wichtige Rolle. Denn das Kloster blieb über die eigentliche Gründung hinaus eng mit dieser Familie verbunden, die die klösterliche Kirche als ihre eigene betrachtete. Ein Gründer legte den wirtschaftlichen Grundstock, indem er der klösterlichen Gemeinschaft Landbesitz übertrug; er bekleidete oftmals als Erster das Amt des Abtes und diese Position wurde über Generationen fast wie in Erbfolge einem Sohn oder einer Tochter der Familie überantwortet;

die Familienmitglieder fanden dort ihre Grablege und damit eine Stätte, an der man sich ihrer und ihrer Taten erinnerte. Die Herrschaft über ein Gebiet beinhaltete auch die Nutzung der dortigen Klöster; die führende Position in einem Kloster war verbunden mit der herausragenden Stellung in einem Herrschaftsgebiet. Ein Abt war nicht nur der Vater seiner Mönchsgemeinschaft, sondern ein aktiver Organisator in der ihn umgebenden Laienwelt.

Zum Aufbau einer irischen Klosterkirche aus der Vita der hl. Brigit
(zitiert nach: Bieler, Ludwig: Irland. Wegbereiter des Mittelalters, S. 36)

Die Kirche hat … im Innern drei große Beträume. Sie sind durch Bretterwände abgeteilt, liegen aber alle unter einem einzigen Dach. Die eine Wand, mit Linnenvorhängen bedeckt und mit gemalten Bildern geschmückt, durchzieht den östlichen Teil der Kirche von einer Seite zur anderen. An ihren beiden Enden hat sie Türen: Durch die Tür zur Rechten betritt man das Heiligtum und geht zum Altar, wo der Bischof mit seiner Klosterschule und denen, die zur Feier der heiligen Mysterien bestimmt sind, dem Herrn das göttliche Opfer darbringt. Durch die andere Tür am linken Ende jener Querwand tritt die Äbtissin mit ihren Jungfrauen und mit frommen Witwen ein, um am Mahl des Leibes und Blutes Jesu Christi teilzunehmen. Die restliche Fläche des Hauses ist durch eine andere Wand, die sich von der Westseite bis zur Querwand erstreckt, in zwei gleiche Teile geteilt. Die Kirche hat viele Fenster. Durch ein Tor mit Verzierungen, zur rechten Seite, wird sie von Priestern und Laien männlichen Geschlechts betreten, durch ein anderes Tor zur linken Seite treten Frauen und Jungfrauen ein. So kann in ein und derselben geräumigen Basilika eine große Volksmenge, durch Teilungswände nach Stand, Grad und Geschlecht getrennt, doch einig im Geist, zum allmächtigen Herrn beten.

---

3. Asketische Heimatlosigkeit – der hl. Columban

Columban der Ältere (521/22–597) übernahm im Laufe seines Lebens nacheinander mehrere gesellschaftliche Rollen und bemühte sich um die Erfüllung der daran geknüpften Erwartungen. Er verkörperte sowohl den gebildeten Klostergründer aus einer herrschenden Adelsfamilie als auch den die Abgeschiedenheit suchenden Asketen. So beschreibt es sein späterer Verwandter und Nachfolger in der Abtswürde von Iona, Adamnanus (Abt von 679–704), etwa 100 Jahre nach Columbans Tod in seiner Vita. Columban stammte aus der Königsfamilie der Uí Néill. Er genoss eine gründliche Ausbildung durch mehrere geistliche Erzieher und gründete bereits als junger Mann die Klöster Durrow und Derry im Machtbereich seiner Familie. Er war schon über 40 Jahre alt, als er das Festland verließ und mit einigen Gleichgesinnten 563 ein drittes Kloster auf der Insel Iona gründete, die der schottischen Westküste vorgelagert ist. Dort lebte er mit seiner Mönchsgemeinde einfach und karg, aber mit ausreichenden Mitteln – die extreme körperliche Askese der Wüstenväter wurde hier als möglicher Auslöser für Stolz und Hoffart abgelehnt. Die Insel war durch widrige Wetterumstände oft von allen Kontakten abgeschlossen. Wenn es möglich war, kontaktierte der Abt aber regelmäßig seine beiden ersten Gründungen sowie die übrigen umliegenden Inselklöster. Iona war zurzeit Columbans durchaus noch kein Missionskloster, es entwickelte sich aber zügig zu einer Attraktion nicht nur für irische, sondern auch für einzelne piktische (schottische) und walisische Mönche, wohl nicht zuletzt aufgrund der regen literarischen Tätigkeit, die auch der Abt selbst auf Iona entfaltete. Im 7. Jahrhundert schließlich gingen Mönche von Iona aus in den Osten Englands und gründeten dort neue Klöster.

In Schottland und im Norden Englands breiteten sich Klöster irischer Prägung aus, die im Gegensatz zu den monastischen Gemeinschaften der südenglischen römischen Bischofskirche gleichzeitig Klosterverbände waren und die Seelsorge der gläubigen Laien der Umgebung übernahmen. Diese iroschottische Ausgestaltung monastischer Gemeinschaften konnte sich dauerhaft jedoch nicht durchsetzen. Dies wurde z. B. auf der Synode von Whitby im Jahr 664 durch ein wichtiges Indiz deutlich: die angelsächsischen Kleriker setzten dort für ganz England die Osterfestberechnung nach römischer Art durch, wie sie auf dem Konzil von Nicäa festgesetzt worden war. Sie bestimmten damit den Zeitpunkt des höchsten christlichen Festtages und zwangen die iro-schottischen Klöster in einen neuen liturgischen Rhythmus.

4. Klöster als Kulturträger – die Skriptorien

Zwischen dem 7. und 9. Jahrhundert erlebten die irischen Klöster als geistige und geistliche Zentren ihre größte Blüte. Sie schlug sich in schriftlichen und handwerklichen Erzeugnissen nieder; die englischen Klöster folgten. Neben Gebet und Gottesdienst waren die Mönche zu regelmäßigem Studium und zur Arbeit verpflichtet. Das bedeutete auch, dass die irischen Klöster Schulen einrichteten, in denen dafür ausersehene Mönche Lesen, Schreiben und natürlich Latein lehrten. Es wird immer wieder betont, dass das irische Mönchtum insbesondere rezeptive Studien betrieb und sich v. a. dem Abschreiben vorhandener Texte widmete. Die Klosterschulen stellten einen Lehrplan auf, der die *artes liberales*, also die freien Künste – Rhetorik, Grammatik, Dialektik, Arithmetik, Geometrie, Astronomie und Musik – zur Voraussetzung für weitere Studien erhob. Kenntnisse in den *artes liberales* sollten garantieren, dass sich beim Kopieren von Texten keine Fehler einschlichen, denn jeder sollte in der Lage sein, Latein so gut zu lesen, zu sprechen und zu schreiben, dass Verballhornungen lateinischer Texte nicht möglich sein würden. Dies galt insbesondere für das Abschreiben liturgischer Texte, die größtmögliche Einheitlichkeit erreichen sollten. Das Kopieren von Handschriften wurde mit Fleiß, Sachkenntnis und großer Kunstfertigkeit betrieben. Die besondere Qualität, die irische Mönche beim Kopieren und Illuminieren erreichten, erklärt man mit der Ehrerbietung, die sie dem Buch als einem fast heiligen Gegenstand entgegenbrachten. Ein Buch strahlte offenbar für sie geradezu charismatische Kraft aus und war quasi Reliquien vergleichbar, so dass man einem Buch auch die Wunderkräfte von Reliquien zuschreiben konnte.

In den irischen Skriptorien, den Schreibstuben der Klöster, entstanden neben Abschriften und Kommentaren der Bibel, Annalen (knapp gefasste Jahrbücher) sowie Texten zum weltlichen und kanonischen Recht als besondere Gattung zahlreiche Pönitentiale, Bußbücher, die man als eine Art geistliches Strafgesetzbuch auffassen kann. Geahndet wurden gedankliche ebenso wie tatsächlich begangene Sünden, z. B. sexuelle Vergehen, heidnische Zauberpraktiken oder Gotteslästerungen. Als Strafen verhängten die Seelsorger verschiedene Grade des Fastens, die Ableistung von Gebeten, körperliche Züchtigung oder eine Geldbuße. Manche auf lange Dauer angelegte Strafe konnte durch extreme Selbstkasteiung verkürzt werden. Entsprechend der Funktion der irischen Klöster galten die Bußkataloge gleichermaßen für Kleriker wie für Laien, wobei dem Kleriker bei gleichem Vergehen in der Regel eine strengere Strafe drohte als dem Laien.

Aus den unzähligen Schriften, die in den irischen und angelsächsischen Klöstern entstanden, ragen einige deutlich hervor: Der Abt von Iona etwa schrieb um 700 eine

Art Reiseführer, *De locis sanctis*, über die heiligen Orte in Jerusalem und dem übrigen Palästina. Selbst nie dort gewesen, informierte er sich über sein Thema mit Hilfe von Augenzeugenberichten und literarischen Quellen, die ihm zur Verfügung standen. Ebenfalls um 700 erarbeitete der Angelsachse Aldhelm von Malmesbury (ca. 650–709, ab 679 Abt) eine Abhandlung über Metrik und eine Sammlung von 100 Rätseln in Hexametern, die offenbar für den Schulunterricht eingesetzt werden sollten, damit die Schüler die lateinische Sprache mit größerer Sicherheit beherrschen lernten, wozu wohl auch die von ihm verfasste Grammatik diente. Des Weiteren schrieb er ein Werk über die Keuschheit als wichtigste Tugend von Mönchen und Nonnen.

Der sicherlich bekannteste Literat eines angelsächsischen Klosters war der Gelehrte Beda Venerabilis, der Ehrwürdige (672–735). Als sein wichtigstes Werk ist die Geschichte der englischen Kirche, *Historia ecclesiastica gentis anglorom*, zu nennen. Dazu kamen Bibelkommentare, eine Vita des Bischofs von Lindesfarne, und zwar in der Doppelfassung einer prosaischen und einer hexametrischen Version, ein Gedicht über die Schrecken des Jüngsten Gerichtes, Schriften über Metrik und rhetorische Figuren, eine Kosmologie, *De natura rerum*, und ein Buch über die Zeitrechnung, *Liber de temporibus*, bzw. ein zweites Buch mit ähnlichem Thema über die Prinzipien der Zeitrechnung, *De ratione temporum*, das offenbar etwas anspruchsvoller war. Diese beiden Abhandlungen in Verbindung mit einer Weltchronik und der üblichen Einteilung in sechs Zeitalter zeichneten sich dadurch aus, dass sie zum ersten Mal die Datierung nach Christi Geburt praktisch anwandten, d. h. also Christi Geburt tatsächlich an den Beginn einer „modernen" Zeitrechnung setzten. Besonders interessant ist Bedas Arbeitsweise bei der Zusammenstellung seiner Geschichte der englischen Kirche. Er arbeitete nämlich wie ein moderner Historiker, in dem er Quellen recherchierte, sie korrekt benannte und seine Aussagen darauf stützte: „Alles ist systematisch und mit großer Mühe und Aufwand nicht literarischen Quellen abgewonnen, Urkunden aller Art, mündlicher Tradition und Berichten von Zeugen. Ein Brief an Albinus, Abt von Canterbury, und v. a. die Dedikationsepistel an den König von Northumbria geben Auskunft über die Entstehung des Werkes. Albinus übermittelte Beda, was immer sich an Dokumenten und mündlicher Überlieferung im Sprengel von Canterbury auftreiben ließ. Ein Londoner Priester besorgte aus den päpstlichen Archiven zu Rom Briefe Gregors und seiner Nachfolger, und ringsum wurden die Äbte, Bischöfe und Mönche aufgefordert, Material zu schicken. Beda zählt in der Dedikationsepistel alle Männer auf, die ihm geholfen haben. Ein moderner Historiker könnte kaum besser verfahren – er würde lediglich in anderer Weise Sachkritik üben. Bedas Werk strotzt von Mirakeln" (Manfred Fuhrmann, S. 366).

Trotz aller Mirakel blieb Beda auch für die nächsten Jahrhunderte eine wichtige Informationsquelle für viele Historiographen, insbesondere für solche, die Beziehungen zu England pflegten. Auch seine moderne Zeitrechnung, die Datierung von Ereignissen nach Christi Geburt, wurde immer wieder aufgegriffen und abgeändert, bis sich allein diese Zeitzählung bei allen Geschichtsschreibern durchsetzte.

5. Asketische Heimatlosigkeit und Missionsauftrag

Im ausgehenden 7. und mit Beginn des 8. Jahrhunderts trat nach den Eremiten, Asketen und Zönobiten am Rande der ägyptischen Wüste, nach den Mönchen der bischöflichen Klostergründungen in Gallien und der den Herrschaftsfamilien verbundenen Gemeinschaften in Irland ein weiterer Mönchstyp auf, der in den erst teilweise oder gar nicht christianisierten Gebieten der ehemaligen römischen Provinzen und der östlich angrenzenden Lande von außerordentlicher Bedeutung wurde. Es war der Mönch, der die asketische Forderung, sich von allen Bindungen zu lösen, dergestalt realisierte, dass er seine angestammte Umgebung und damit alles verließ, was ihm Schutz oder Sicherheit gab: die monastische Gemeinschaft, das Land, dessen Lebensregeln er kannte, die gewohnte Sprache, die ihm jederzeit Kontakt ermöglichte. *Peregrinatio in eremo*: Was dem Eremiten die Wüste war, wurde den pilgernden Mönchen die Fremde. Sie traten die Nachfolge der Apostel an, denen Jesus den Missionsauftrag gegeben hatte, um sich als Gemeinschaft mit einem geistigen Führer auf eine Wanderschaft fern der Heimat zu begeben und in unbekannter, z. T. feindlicher Umgebung ausschließlich ihren Glauben zu leben bzw. ihn überzeugend vorzuleben.

a) Irische Missionare

Einer der ersten irischen Mönche, der zusammen mit einigen Gleichgesinnten diesen Weg einschlug, war Columban der Jüngere (ca. 543–615). Wie sein älterer Namensvetter war auch er aus vornehmer adeliger Familie und wie dieser traf er seine Entscheidung zur Pilgerschaft nicht aus jugendlicher Abenteuerlust, sondern im vorgerückten Alter von fast 50 Jahren, nachdem er bereits mehrere Jahrzehnte in dem großen und einflussreichen Kloster Bangor im Nordosten Irlands verbracht hatte. Um 590 brach er mit einer Gruppe von Schülern auf, überquerte das Meer und erreichte das fremde Frankenreich. Seine beiden ersten Klöster gründete er in den Vogesen im heutigen Department Haute-Saône auf römischen Ruinen, zunächst Anagrates 591 auf den Resten einer Festung und, nachdem Anagrates schnell zu klein geworden war, ein oder zwei Jahre später, 592/93 das Kloster Luxeuil, das bald eine große Ausstrahlungskraft gewinnen sollte.

   Columban unternahm diese Schritte im fremden Land nicht ohne königliche Zustimmung. Der merowingische König Childebert II. (575–96), der in diesem Teil des Frankenreiches herrschte, gewährte dafür seine Erlaubnis und Unterstützung. Columban geriet jedoch mit der Gründung von Klöstern nach irischer Prägung in Opposition zur fränkischen Kirchenorganisation. Weniger problematisch, wenn auch sicherlich irritierend, war wahrscheinlich der Umstand, dass die irischen Klöster einer anderen Berechnung des Osterdatums folgten, das höchste christliche Fest also von den irischen Mönchen und den fränkischen Christen an verschiedenen Tagen gefeiert wurde. Schwerer dürfte es ins Gewicht gefallen sein, dass die irischen Mönche die Aufsicht ihres Klosters durch einen fränkischen Bischof verweigerten und obendrein durch die Ausübung der Laienseelsorge in die Kompetenzen der weltkirchlichen fränkischen Kleriker eingriffen. Trotzdem genoss Columban auch noch unter Theuderich II. (587–612/13), dem Nachfolger Childeberts, königlichen Schutz. Unter Theuderich erfuhr Columban jedoch auf drastische Weise, wie sehr klösterliche und politische Geschicke miteinander verwoben sein konnten und dass seine monastische Existenz weit weniger von seinen geistigen Idealen als vom Wohlwollen seines herrschaftlichen Beschützers abhing. Als er sich nämlich weigerte, quasi als Gegenleistung für den königlichen Schutz die unehelichen Söhne Theuderichs zu segnen und sie durch diesen Akt für königsfähig zu erklären, zog er sich den Zorn des Königs und im Weiteren auch der einflussreichen Königingroßmutter Brunhild († 613) zu.

Columbans konsequente, aber politisch eher ungeschickte Haltung bedeutete für ihn und seine Gefährten die Verbannung aus dem Frankenreich. Sie folgten weiterhin dem Ideal der selbstgewählten Heimatlosigkeit und zogen zunächst in die noch heidnische Gegend am Bodensee. Ihre Missionsbemühungen dort waren aber offenbar so wenig erfolgreich – noch dazu gewann König Theuderich auch in diesem Gebiet an politischem Einfluss –, dass Columban mit den meisten seiner Anhänger kurze Zeit später über die Alpen nach Italien zog und dort das Kloster Bobbio gründete, das sich zu einem wichtigen geistlichen Zentrum in Norditalien entwickelte.

Columbans Schüler Gallus, der ihn von Irland bis an den Bodensee begleitet hatte, durfte nach einem offenbar sehr heftigen Streit mit seinem Lehrer diesen nicht weiter begleiten. Die Vita Columbans berichtet, dass Gallus vermutlich an einer schweren Krankheit litt, die ihm einen sofortigen Aufbruch gemäß Columbans Befehl unmöglich machte. Dieser – in dessen Regel die Demut und der strikte, bedingungslose Gehorsam gegenüber dem Älteren an oberster Stelle stand – sei daraufhin so sehr erzürnt gewesen, dass er dem Kranken untersagte, bis zu seinem Lebensende je wieder die Messe abzuhalten. Gallus blieb also zurück, lebte in einer Klause und predigte trotz des Verbots des ehemaligen Lehrers vor nichtchristlichen Zuhörern. Er scheint auf Dauer erfolgreicher gewesen zu sein als Columban, denn zwei Generationen nach seinem Tod (ca. 650) wurde um 720 in der Nähe seiner ehemaligen Klause ein Kloster gegründet, das seiner Fürsprache anheim gestellt wurde. Das Kloster St. Gallen stellte sich in die irische Klostertradition und wuchs zu einem der bedeutendsten, reichsten und bildungsmächtigsten Kloster heran, das weit über die Bodenseeregion hinaus ausstrahlte und dessen Bücherbestand schließlich zu den umfangreichsten der europäischen Klosterwelt im Mittelalter zählte.

Columban und Gallus blieben nicht die einzigen irischen Mönche, die auf dem Kontinent tätig waren. Ihnen folgten zahlreiche andere, die im 7. Jahrhundert sowohl im Zentrum des Frankenreiches als auch an dessen östlicher Peripherie als Missionare und Klostergründer auftraten. Zu den bekanntesten Iren, die im heutigen deutschsprachigen Raum wirkten, zählt ohne Zweifel Kilian († 689), der in Thüringen und, ausgestattet mit päpstlicher Predigterlaubnis zur Verbreitung des christlichen Glaubens, im ostfränkischen Gebiet um Würzburg agierte. Wie Columban fiel auch er, folgt man seiner Vita, einer familienpolitischen Herrschaftsvorstellung zum Opfer. Während Columban jedoch „nur" ein an ihn herangetragenes Anliegen abwies, mischte Kilian sich ungefragt ein und forderte wegen zu enger Verwandtschaftsverhältnisse die Auflösung der Ehe des herrschenden Herzogs, dessen Frau zuvor seine Schwägerin gewesen war – dies kostete ihn den Kopf.

b) Angelsächsische Missionare – das Beispiel des hl. Bonifatius

Neben den irischen waren es im 7./8. Jahrhundert insbesondere angelsächsische Mönche, die als heimatlose Wanderer, Gelehrte, Prediger, Missionare, organisierende Bischöfe und Klostergründer tätig waren.

Die Stationen auf dem Lebensweg des Bonifatius (672/75–754) zeigen, deutlicher noch als es bei Columban dem Jüngeren der Fall war, den notwendigen Zusammenhang zwischen klösterlicher Sozialisation und missionarischer Tätigkeit sowie die enge Verknüpfung zwischen Mission, römischer Kirchenorganisation und Konstellationen der politischen Herrschaft. Um 672/75 in der Nähe von Exeter geboren und auf den Namen Wynfreth getauft, wurde er bereits als Kind in die Obhut eines Klosters gegeben, dort ausgebildet und auf eine klösterliche Karriere vorbereitet. Gut vierzigjährig jedoch entschloss er sich zur *peregrinatio*. Seine erste Missionsreise nach Friesland 716 war ein Fehlschlag, er musste erfolglos nach England zurückkehren. Zwei Jahre später, 718, brach er erneut auf, dieses Mal allerdings zunächst nach Rom. Dort ließ er sich seine Pläne von höchster Stelle absichern – er erhielt einen offiziellen päpstlichen Missionsauftrag für Thüringen von Gregor II. (715–31) und seinen neuen Namen Bonifatius. Nach einem weiteren Zwischenspiel in Friesland mit dem dortigen Missionar Willibrod begann er, etwa ab 721, die Mission in Thüringen. Eine erneute Romreise machte aus dem ehemaligen Mönch und nunmehrigen Missionar einen Bischof. Bonifatius wurde von Papst Gregor III. (731–41) mit weltkirchlichen Befugnissen ausgestattet, die ihm z. B. neben der Gründung von Klöstern auch die Organisation der kirchlichen Institutionen und die Einsetzung kirchlicher Amtsträger in den neuchristianisierten Landen erlaubte. Darüber hinaus erbat er sich von Karl Martell (688–741), dem fränkischen Hausmeier und eigentlichen politischen und militärischen Führer des Frankenreiches, einen Schutzbrief, der seine Aktivitäten von herrschaftlicher Seite absicherte.

Wort- und Tatmission machten aus dem ehemaligen, einst hinter Klostermauern zurückgezogenen Mönch einen aktiven Streiter für den Gott der Christen. Er predigte, er taufte, er bekehrte vielleicht Einzelne zu seinem Glauben. Und er „bewies", dass sein Gott stärker und mächtiger war als andere Götter, indem er gleich zu Beginn seiner Missionsarbeit ein überzeugendes Zeichen setzte: Er fällte 723 die Donareiche bei Geismar, ohne dass der so geschändete Gott darauf irgendeine Reaktion gezeigt hätte.

Die Überlegenheit der eigenen Religion durch die Zerstörung fremder Heiligtümer offenkundig zu machen und gleichzeitig den Gegner in seiner Identität und seinem Selbstwertgefühl zu treffen, war keine Erfindung des Bonifatius. Schon römische Befehlshaber hatten germanische Kultstätten zerschlagen lassen: Germanicus ließ z. B. den Tempel der von den Marsern verehrten Tamfana ausgerechnet am Festtag dieser Göttin zerstören, wie Tacitus in seinen Annalen (1, 51) erzählt. In den späteren Sachsenkriegen Karls des Großen zu Ende des 8. Jahrhunderts wurde dieses Mittel zur Demoralisierung der Gegner, etwa durch die Zerschlagung der Irminsäule, ebenfalls angewandt. Dies sind nur zwei Beispiele von vielen, die den Symbolwert verdeutlichen, der identitätsstiftenden, gruppenverbindenden Zeichen innewohnt, und die für verschiedene gesellschaftliche Bereiche und alle geschichtlichen Epochen zahllos fortgeführt werden könnten.

732 wurde Bonifatius zum Erzbischof ernannt und 738/39 zum Legaten Germaniens, also zum päpstlichen Beauftragten für das ganze Gebiet. Fast ein viertel Jahrhundert lang agierte Bonifatius als Weltkleriker, als Reisender in Sachen der Glaubensverbreitung und -festigung, bevor er 744 in Fulda ein Kloster gründete, dem er selbst als Abt vorstand und mit dem er seiner Missionstätigkeit ein festes Zentrum gab. Dort wurden künftige Missionare und Priester ausgebildet, dort strebte man danach, liturgische Texte in einheitlicher Form zu verfassen, dort vergegenständlichten und visualisierten sich in der Kirche und den anliegenden Gebäuden für die erst oberflächlich christianisierte Umgebung die Vorteile, die der christliche Glaube der Elite seiner Anhänger, den Mönchen, brachte: Es waren dies v. a. körperliche und materielle Sicherheit in einer wohlorganisierten Gemeinschaft und die Teilhabe an einem heilbringenden Mysterium.

Als Erzbischof und Abt agierte Bonifatius weiterhin im Spannungsfeld kirchlicher Institutionen und weltlicher Herrschaft, wobei nach dem Tod Karl Martells 741 und der Abdankung Karlmanns 747 dessen Bruder Pippin (Hausmeier ab 741, König ab 751) die Organisation der kirchlichen Institutionen durchaus als seine eigene königliche Aufgabe ansah. Bonifatius starb 754, als er auf einer erneuten Missionsreise nach Friesland bei Dokkum von Räubern erschlagen wurde.

Bonifatius war kein Einzelkämpfer. Auf seinen Missionsreisen begleiteten ihn zahlreiche gleichgesinnte Gefährten. Sein Kloster Fulda sowie weitere klösterliche Gemeinschaften besetzte er mit Mönchen und Nonnen, deren monastische Lebensformen ihm völlig vertraut waren – er berief sie aus verschiedenen südenglischen Klöstern. Mit ihren Äbten und Äbtissinnen stand er in brieflichem Kontakt, um über Glaubensdinge zu diskutieren, kirchliche Rechtsangelegenheiten zu überdenken, Bücher auszutauschen oder Abschriften in Auftrag zu geben, Ermahnungen auszusprechen oder Fragen zum monastischen Gemeinschaftsleben zu beantworten. Die fast 90 erhaltenen und edierten Briefe des Bonifatius zeigen einen äußerst regen Schriftverkehr, der ihn mit diversen Klöstern, anderen Klerikern, dem päpstlichen Stuhl und dem reisenden Hof der fränkischen Herrscher vom Norden bis in den Süden Europas verband. Die Briefe erreichten ihre Adressaten und die Absender erhielten Antworten – ein ausgebildetes Straßennetz gab es nicht, aber innerhalb der schreibenden Elite funktionierte die Kommunikation offenbar problemlos.

Wichtig scheint Bonifatius insbesondere auch der Aufbau von Frauenklöstern gewesen zu sein. Er berief 735, also fast zehn Jahre vor seiner eigenen Gründung von Fulda, drei Nonnen aus adeligem Geschlecht in sein Missionsgebiet, die vermutlich alle ihre Erziehung und Ausbildung im südenglischen Doppelkloster Wimborne erhalten hatten. Lioba († 782) stand in verwandtschaftlichem Verhältnis zu Bonifatius, der ihr die Leitung des neugegründeten Nonnenklosters Tauberbischofsheim übertrug. Mit Lioba reiste ihre Verwandte Thekla († ca. 790) auf den Kontinent. Thekla lebte zunächst ebenfalls in Tauberbischofsheim, wurde dann jedoch von Bonifatius erst zur Äbtissin des Klosters Ochsenfurt ernannt, später noch zur Äbtissin von Kitzingen erhoben. Eine dritte von Bonifatius berufene Nonne war Walburga (ca. 710–790), die ab 761 das Doppelkloster Heidenheim bei Eichstätt leitete.

6. Zusammenfassung

Auf dem Kontinent setzte sich im 5. bis 7. Jahrhundert die Bischofskirche als kirchliche Organisationsform auf den römischen urbanen Reststrukturen durch. Die gläubigen Laien unterstanden der episkopalen Herrschaft ebenso wie die monastischen Gemeinschaften, die ihre Existenzen teilweise bischöflicher, teilweise königlicher bzw. adeliger Initiative verdankten.

Im agrarisch geprägten Irland entwickelten sich manche Klöster im Verband mit anderen, ihnen untergeordneten Mönchsgemeinschaften zu kirchenpolitischen Zentren. Dort war der Abt nicht nur der geistliche Vater und Repräsentant seiner Gemeinschaft nach außen, sondern er übernahm auch die Aufgaben eines Bischofs – z. B. die Kirchengerichtsbarkeit oder den Aufbau und die Organisation von Pfarrkirchen. Die Vertiefung der gelehrten Studien fiel ebenso wie die Laienseelsorge in den Kompetenzbereich der irischen Klöster.

Das Leben in der Sicherheit eines räumlich abgeschlossenen, mit allem Lebensnotwendigen ausgestatteten Klosters und in der sozialen Geborgenheit innerhalb des Konventes, also unter den Mitgliedern einer klösterlichen Gemeinschaft, machte es nach der Auffassung mancher Mönche unmöglich, zur Erkenntnis Gottes zu gelangen; diese wäre nur nach der Aufgabe aller Bindungen möglich. Während die ägyptischen Eremiten insbesondere durch die Reduktion ihrer körperlichen Bedürfnisse sich von allem Weltlichen zu lösen suchten, entschieden sich zahlreiche irische Mönche dafür, in die Fremde zu pilgern und in der asketischen Heimatlosigkeit nur auf göttliche Gnade angewiesen zu sein. Irische Klöster im Frankenreich unter der Regel des hl. Columban, die die Aufgabe aller Selbstbestimmung in Demut und Gehorsam verlangte, gewannen rasch an Zulauf und Einfluss, und die zweite Gründung Columbans, das Kloster Luxeuil, entwickelte sich zu einem monastischen Zentrum, an dessen Aufbau und Regel sich Dutzende anderer Klöster orientierten und aus dem im Laufe des 7. und 8. Jahrhunderts etliche Bischöfe und Äbte hervorgingen.

Die am Ende des 7. Jahrhunderts einsetzende Mission in den nördlichen und östlichen Gebieten des fränkischen Reiches, die besonders durch Mönche und Kleriker angelsächsischer Prägung getragen wurde, sah die Koppelung bischöflicher und klösterlicher Funktionen als einen ihrer wesentlichen Aufgabenbereiche an. Es galt, einerseits kirchenpolitische Ordnungsstrukturen zu schaffen – von der Erzdiözese bis zur Pfarrgemeinde – und andererseits die Klöster als geistige Zentren in neuchristianisierten Gebieten zum kulturellen, wirtschaftlichen und sozialen Mittelpunkt ihrer Umgebung zu machen, und zwar sowohl durch die überzeugende Dramatik des liturgischen Geschehens und die Präsentation von Bildungsgut als auch durch ihre praktischen landwirtschaftlichen Tätigkeiten und ihre aktive Armen- und Krankenhilfe. Militärische Eroberungen bislang heidnischer Gebiete und Christianisierung gingen dabei Hand in Hand.

Auch solche Klöster, die ursprünglich auf Missionsgebiet eingerichtet worden waren, blieben letztlich unter adeliger Führung, wurden zur Grablege und damit Erinnerungsstätte ihrer Gründer.

Die Männer und Frauen in den Führungspositionen der Klöster versicherten sich gegenseitig ihrer Vorstellungen durch häufigen Austausch in Form personeller und schriftlicher Kontakte. Auf diese Weise trugen sie erheblich zur Entwicklung eines Kommunikationsnetzes bei, das sich bereits im frühen Mittelalter über alle verchristlichenden Länder zu spannen begann.

III. Lebensregel, Lebensgewohnheit, Lebensort

Seht doch, wie gut und schön ist es, wenn Brüder miteinander in Eintracht wohnen
(Psalm 133,1)

1. Viertel des 6. Jhs.	Ausarbeitung einer klösterlichen Lebensregel durch Benedikt von Nursia
787	Auftrag zur Abschrift der Regel durch Karl den Großen für die fränkischen Klöster
816, 817, 818/19	Synoden in Aachen und
829	eine Synode in Paris, u. a. mit dem Ziel der Vereinheitlichung der vielfältigen geistlichen Lebensformen
1. Hälfte des 9. Jhs.	Entwurf des St. Galler Klosterplans

1. Notwendigkeiten einer Lebensregel

Pachomius-Regel, Basileus-Regel, Magister-Regel, Columban-Regel, Benedikt-Regel: Die verschiedenen Regelwerke, die für zönobitische Gemeinschaften aufgestellt wurden, verfolgten alle das gleiche Ziel. Es galt, für eine heterogene Gruppe eine Ordnung des Zusammenlebens zu entwerfen, zu dem sich ihre Mitglieder aufgrund einer gemeinsamen inneren Einstellung und geistigen Haltung entschlossen hatten. Das heißt, eine solche Ordnung musste einerseits erkennbare äußere Formen für diese innere Haltung erarbeiten, die für jeden Einzelnen verständlich und praktikabel, aber auch verbindlich waren. Sie musste andererseits der Tatsache Rechnung tragen, dass diese Gemeinschaft immer auch eine Gruppe inhomogener Einzelglieder blieb, ein sozialer Verband, in dem sich in kleinerem Rahmen gesamtgesellschaftliche Probleme widerspiegeln konnten. Es bedurfte der Regelung, welche politische Form ein solcher Verband haben und welche Position das einzelne Mitglied darin einnehmen sollte. Die Stellung des Einzelnen war von vielfältigen Faktoren abhängig: von seinem Lebensalter, seiner körperlichen Konstitution, seiner gesellschaftlichen Herkunft und der daraus folgenden kindlichen Sozialisation sowie den dabei übermittelten Wertvorstellungen, seiner Ausbildung und seinen dabei ausgebildeten Fertigkeiten oder Vorlieben. Die Sicherung der materiellen Bedürfnisse war die Voraussetzung für die dauerhafte Existenz einer solchen Gruppe. Aber ebenso wichtig war, deutlich zu machen, dass dies nur ein untergeordneter Aspekt war. V.a. anderen war es die Frage nach der geistigen Selbstvergewisserung, die Bereitschaft, die äußeren Formen für die innere Haltung eines Einzelnen als gemeinschaftsstiftendes Element zu akzeptieren und weiter zu entwickeln, um damit das eigentliche Ziel dieser Gemeinschaft, den Dienst an Gott, zum Zentrum ihrer ganzen Existenz zu machen.

a) Gewohnheiten

Ein Drittes kommt hinzu. Die zönobitischen Gemeinschaften, die seit dem 4. Jahrhundert in unterschiedlicher Ausprägung entstanden – als lockere Eremitengemeinschaft, als vielköpfige Wüstengesellschaft, als Gruppe frommer Gläubiger, als monastischer Verband –, lebten alle unter jeweils anderen klimatischen, politischen, wirtschaftlichen und sozialen Verhältnissen. Eine einzige, für alle gleiche Regel des Zusammenlebens hätte allein aus diesem Grund wohl kaum Zustimmung finden können. Und doch setzte sich in der zweiten Jahrtausendhälfte die *Regula Benedicti*, die der Abt **Benedikt von Nursia** für seine klösterliche Gemeinschaft entworfen hatte, im Norden, Westen und großen Teilen des Südens Europas als „die" monastische Lebensregel durch. Sie war, so lässt sich ihre allgemeine Akzeptanz vielleicht erklären, offen genug angelegt, um die Grundzüge klösterlichen Zusammenlebens dauerhaft strukturieren zu können und ließ auf der anderen Seite genügend Spielraum, um an wechselnde Gegebenheiten angepasst zu werden. Die Regel bedurfte also der regelmäßigen Aktualisierung; einzelne Abschnitte benötigten unter sich wandelnden allgemeinen Bedingungen erklärende Zusätze. Nicht alles mochte für die Gemeinschaften, die sich diese Lebensregeln wählten, in gleicher Weise zutreffen. Die notwendigen Anpassungen, Ergänzungen, Erläuterungen, Erweiterungen etc. ergaben sich erst in der alltäglichen Anwendung der Regel, der Umsetzung ihrer Bestimmungen in den klösterlichen Alltag, die nur nach entsprechenden Modifikationen funktionierte. Das, was unter wechselnden Umständen in der Praxis der Regelanwendung zur Gewohnheit wurde, hielten Klöster und Klösterverbände schriftlich in den sog. *consuetudines* fest.

> **Benedikt von Nursia** (480–547), oft als Vater des abendländischen Mönchtums bezeichnet, entstammte einer vornehmen Familie in Nursia, dem heutigen Norica. Während seiner Ausbildung in Rom stieß ihn das dortige städtische Leben so ab, dass er sich zunächst als Einsiedler in eine Höhle bei Subiaco zurückzog. Seine Vita will es, dass er zahlreichen Versuchungen widerstand und sich bereits dort etliche Wunder ereigneten, die ihn in seiner Glaubensfestigkeit bestärkten. Sein Ruhm als frommer Eremit bewog die Mönche von Vicovaro, ihn zu ihrem Abt zu berufen. Doch er überwarf sich mit den Mitgliedern des Konventes, die möglicherweise die Strenge seiner Lebensführung unterschätzt hatten. Benedikt kehrte in die Einsamkeit zurück, umgab sich jedoch mit einer kleinen Gruppe Gleichgesinnter und gründete später das Kloster Montecassino, dem er selbst ab 529 als Abt vorstand. Dort entwarf und schrieb er die *Regula Benedicti*, die sich als monastische Lebensregel über ganz Europa verbreitete. 1964 wurde Benedikt zum Patron Europas ernannt.

b) Lebensorte

Die Anachoreten Ägyptens hatten sich, so bevorzugen es jedenfalls die Darstellungen in ihren Viten, Höhlen, Bäume, Felslöcher u. Ä. als Wohnorte von großer Einfachheit gewählt. Die frommen Frauengemeinschaften in Rom und Mailand waren vor die Stadtmauern auf die Landgüter ihrer Gründerinnen gezogen. Die irischen und angelsächsischen Mönche und Missionare waren nach ihrer Wanderschaft doch stets wieder dazu übergegangen, sich einen festen Platz als Stützpunkt für ihre Tätigkeiten aufzubauen – ein *claustrum*, einen nach außen abgeschlossenen Ort. Für eine Gemeinschaft, die nach biblischem Vorbild im Idealfall zwölf Mitglieder und einen Vorsteher aufwies sowie mit bestimmten Aufgabenfeldern betraut war, konnte ein solcher Ort auf Dauer nicht nur eine kleine oder größere Ansammlung von Gebäuden sein. Ein Kloster musste seinen Angehörigen sowohl geistiges Zentrum sein als auch die Möglichkeiten bieten, ihre, wenn auch auf ein Weniges reduzierten, körperlichen Bedürfnisse zu befriedigen – schlafen, essen, sich kleiden. Da dem *claustrum* die Forderung innewohnt, die Kontakte zur Außenwelt so gering wie möglich zu halten, musste es auch Einrichtungen geben, die diese allgemeine Versorgung der Gruppe sicherstellte. In gewissem Rahmen war ein Kloster also auch eine Hauswirtschaft mit mehr oder weniger umfangreichen logistischen Aufgaben, je nach der Größe der Gemeinschaft. Wie ein solches *claustrum* im Idealfall aussehen konnte, um alle ihm zugedachten Funktionen erfüllen zu können, zeigt der im 9. Jahrhundert entstandene sog. St. Galler Klosterplan. Er macht deutlich, wie der innere geistige Aufgabenbereich und die äußeren sozialen und wirtschaftlichen Rahmenbedingungen architektonisch miteinander verzahnt wurden.

Die *Regula Benedicti*, die verschiedenen Fassungen von *consuetudines* und der St. Galler Klosterplan entstanden zeitlich und räumlich unabhängig voneinander. Trotzdem gewährt ihre gemeinsame Betrachtung einen Einblick in die inneren und äußeren Strukturen klösterlicher Gemeinschaften, die bei allen historisch bedingten Veränderungen doch bestimmte Merkmale über Jahrhunderte tradierten.

Die folgenden Abschnitte erläutern zunächst die verschiedenen Bestandteile der **Regula Benedicti** und die wichtigsten der dort geregelten Bereiche. Im nächsten Schritt wird am Beispiel des St. Galler Klosterplans aufgezeigt, wie man in der Idealarchitektur eines Klosters auf die in der Regel beschriebenen Anforderungen reagieren und dem gemeinschaftlichen Leben einen baulichen Rahmen geben mochte.

2. Lebensregeln des Klosters – die *Regula Benedicti*

Die *Regula Benedicti*

„… gehen wir mit Gottes Hilfe daran, den Koinobiten eine Ordnung zu geben." Eine Handschrift aus der ersten Hälfte des 9. Jahrhunderts, die in der Stiftsbibliothek von St. Gallen unter der Bezeichnung *Codex sangallensis 914* aufbewahrt wird, geht nach heutigen Erkenntnissen in direkter Linie auf das Autograph, d. h. den von ihm selbst geschriebenen Text, des Abtes Benedikt von Nursia für die Klostergemeinschaft von Montecassino vom Beginn des 6. Jahrhunderts zurück. D. h., dass dieses Manuskript von den zahlreichen überlieferten Fassungen dem Originaltext vermutlich am nächsten kommt. Es liegt den heute edierten Ausgaben der *Regula Benedicti* zu Grunde. Das Original wurde vermutlich um 577 von den Mönchen aus Montecassino, die vor den Langobarden flohen, nach Rom mitgenommen und dort in der vatikanischen Bibliothek verwahrt. Als nach 717 das Kloster Montecassino wieder aufgebaut wurde, kehrte die Schrift als päpstliches Geschenk dorthin zurück. Karl der Große begutachtete sie im Jahre 787 und gab eine Abschrift in Auftrag, die als Grundlage der Reform der fränkischen Kirche und ihrer Klöster dienen sollte. Diese Abschrift, das sog. Aachener Normalexemplar, nahmen zwei Mönche aus dem Bodensee-Raum als Vorlage für eine buchstabengetreue Kopie, die ihrerseits die Vorlage für eben jenen oben erwähnten *Codex sangallensis 914* bildete, den der Abt Grimoald 841 für sein Kloster anfertigen ließ.

a) Die Gliederung der Regel

Die Regel, die es sich zum Ziel gesetzt hat, mit Gottes Hilfe den Koinobiten – den in Gemeinschaft lebenden Mönchen – eine Ordnung zu geben, wie es im ersten Abschnitt heißt, gliedert sich in einen Prolog und 73 Kapitel. Sie erläutern die geistigen Fundamente, die diesem Gemeinschaftsleben zugrunde liegen, geben die Struktur für den mönchischen Tagesablauf vor, benennen die klösterlichen Ämter und die Aufgaben, die deren Inhabern übertragen werden, legen eine Aufnahmeordnung für neue Mitglieder fest, weisen auf potentielle Konfliktsituationen im sozialen Umgang miteinander hin und stecken für deren Entschärfung und für sonstige Verstöße gegen die klösterliche Ordnung einen Rahmen für mögliche Lösungskonzepte und Sanktionen ab. Sie regeln Fragen der Ernährung, der Kleidung sowie der Versorgung von Kranken und bestimmen die Form des Umgangs mit Pilgern und Gästen.

„Wir wollen eine Schule einrichten für den Dienst des Herrn", führt der Prolog der Benediktregel aus, die auch in heutigen benediktinischen Klöstern Gültigkeit hat. Dafür muss ein Mönch die elementaren Fähigkeiten ausbilden, die ihm durch regelmäßige und bewusste Übung zu einer inneren Grundhaltung werden sollen: 1. Gehorsam als permanenter Akt der Abkehr vom eigenen Willen und der Hinwendung zu Gott, 2. Schweigen, nicht so sehr als äußere Disziplinierung, denn als Ausdruck von Demut, und eben 3. Demut als Weg zur langsamen Reifung, die in zwölf Stufen allmählich auf den Weg zur Liebe Gottes führt. Armut und Keuschheit – oder in anderer Formulierung Askese –, erst im weiteren Verlauf der Regel genannt, sind nur äußere Ausdrucksformen dieser inneren Grundhaltung, die zur Erhöhung im Angesicht Gottes führen wird.

Die innere Grundhaltung muss gepaart sein mit dem richtigen Verhalten gegenüber anderen, wie es sich in der Liebe zum Nächsten, in Werken der Barmherzigkeit zeigen soll, in Wort und Tat, geprägt durch Aufrichtigkeit und Milde.

b) Gotteslob als Aufgabe

Zu den zentralen Elementen der klösterlichen Lebensgestaltung gehören das **opus dei**, also das kontinuierliche Gotteslob, die **lectio divina**, die Lesung heiliger Schriften, und die Arbeit. Für die *lectio divina*, die Schriftlesung, wie für die Arbeit sind bestimmte Zeiten des Tages vorgesehen.

> **Opus dei**
> Die wichtigste Aufgabe des Mönches ist das *opus dei*, der Dienst an und für Gott im Gebet. Entsprechend regelt sich der Tagesablauf nach Gebetszeiten, zu denen die Mönche zur Feier des Gottesdienstes zusammenkommen. Sie beginnen in der Nacht mit den Vigilien, den nächtlichen Gebeten, und setzen sich in kurzem Abstand von zwei bis drei Stunden siebenmal am Tag fort, von der *Matutin* bzw. den *Laudes*, dem frühmorgendlichen Lobgesang, über *Prim*, *Terz*, *Sext*, *Non*, *Vesper* bis schließlich zur *Komplet* vor der Nachtruhe. Ein guter Teil der Gebete und Gesänge sind dabei vorgegeben. Einer der wichtigsten Bestandteile ist der Psalter, dessen 150 Psalmen im Laufe einer Woche zu den verschiedenen acht Gebetszeiten einmal ganz absolviert werden soll. Am Sonntag und an anderen hohen Festtagen verlängern sich die Gebetszeiten beträchtlich; Gebete und Gesänge werden zu einem fast den ganzen Tag umspannenden Lobpreis.

Die in der *Regula Benedicti* erwähnte Arbeit bezieht sich auf solche Tätigkeiten, die die verschiedenen Klosterämter mit sich bringen, aber auch Küchendienste und handwerkliche Tätigkeiten werden erwähnt. In Ausnahmefällen konnten in einem mittelalterlichen Kloster wohl auch Erntearbeiten anstehen, wenn es ansonsten nicht über eine ausreichende Zahl von Hilfskräften verfügte. Die Herstellung von Büchern, das Schreiben, Abschreiben, Illuminieren und Binden von Schriften, erfährt keine explizite Erwähnung, wurde aber bereits in den ersten Jahrhunderten klösterlicher Lebensweise nach dem Gebet zur zentralen Arbeit schlechthin.

Lectio divina

Ziel der *lectio divina* ist die Selbstbildung der Lernenden, die sich idealiter in drei Stufen entwickelt: der *lectio*, dem eigentlichen Lesen, folgt die *meditatio*, das Überdenken und die Reflexion des Gelesenen, und dies wiederum gibt Nahrung für die *oratio*, die innerliche Hinwendung zu Gott im Gebet.

c) Hierarchien innerhalb des Konvents

An der Spitze einer Klostergemeinschaft steht nach der *Regula Benedicti* der Abt, der dort die Stelle Christi vertritt. Er fungiert als Vater und Vorbild, als Lehrer, Befehlshaber und Richter. V. a. aber soll er ein Vater sein in dem Sinne, dass er anleitet, straft und lobt, dass er die Fähigkeiten seiner Schutzbefohlenen richtig einschätzt und ihnen danach ihre Aufgaben zuweist, dass er mit *discretio* handelt, d. h. seine Entscheidungen mit gutem, differenzierendem Urteilsvermögen trifft.

Die Rangordnung unter den Klostermitgliedern ist in der *Regula Benedicti* relativ offen gehalten. Sie richtet sich nach dem Zeitpunkt des Eintritts ins Kloster, nach verdienstvoller Lebensführung oder nach der Weisung durch den Abt. Während einerseits ausgeschlossen wird, dass sie nach dem Lebensalter festgelegt wird, werden andererseits die Jüngeren zu stetem Gehorsam gegenüber Älteren ermahnt. Die Rangordnung bestimmt die Reihenfolge, in der die Mönche an den geistlichen Segnungen teilhaben: beim Friedenskuss, beim Gang zur Kommunion, beim Vortrag von Psalmen, bei der Platzzuweisung im Chor.

Stellvertreter des Abtes ist der Propst; in dessen Abwesenheit übernimmt der Dekan dieses Amt. Einige andere Ämter werden explizit, andere implizit aufgeführt. Der Cellerar ist mit seinen Helfern für die gesamte klösterliche Wirtschaft verantwortlich, für Vorräte, Speisepläne, liegende und fahrende Habe. Der Pförtner, zu dessen Amt meist ein älterer Bruder bestimmt wurde – weil ihm einerseits zugebilligt wurde, dass er über größere Lebenserfahrung verfügte, ihm aber andererseits keine körperlichen Anstrengungen mehr zugemutet werden sollten –, kontrolliert Eingänge und Ausgänge an der Pforte, überprüfte Pilger, Arme und Gäste und entscheidet über deren Zugang in den Klosterbereich. Dem Bibliothekar obliegt die Pflege des klösterlichen Buchbestandes und die Ausgabe der Schriften für die individuelle *lectio divina*. Der Novizenmeister unterweist die neuen Aspiranten in den Regelbestimmungen und übernimmt für die Zeit der klösterlichen Einweisung die Aufgaben des Abtes. Weitere Aufgabenbereiche sind die Sorge für Arme, Pilger und Gäste, die Verwahrung der Kleiderkammer und sonstiger kleiner Besitztümer der Mönche sowie die Versorgung der Kranken. Dienste, die reihum von allen Mönchen geleistet werden müssen, sind Küchen- und Waschdienste einerseits und die Übernahme der Tischlesung bei den Mahlzeiten andererseits. Weitere Arbeiten stehen in der Küche an, in den Vorratsräumen, in der Bäckerei, im Garten, in verschiedenen Handwerksbetrieben, ohne dass diese aber nach dem Text der Regel mit speziellen Ämtern verbunden sind.

d) Nahrung, Kleidung, Ausstattung

Die Formen klösterlicher Askese als Zeichen der Entäußerung von weltlichen Bindungen sind in den Bestimmungen zu Nahrung und Kleidung festgelegt. Die Ausstattung mit dem Notwendigen steht dabei im Vordergrund, nicht das Ertragen von Mangel. Es gibt eine Hauptmahlzeit um die frühe Mittagszeit und eine weitere Mahlzeit gegen Abend, die möglichst noch bei Tageslicht eingenommen werden soll. Zur Hauptmahlzeit werden zwei gekochte Speisen gereicht, dazu jahreszeitlich bedingt Obst oder frisches Gemüse.

Fleisch von Vierfüßlern ist dem gesunden Mönch untersagt; es wird nur kranken Konventsangehörigen gereicht, wenn es hilft, ihren Genesungsprozess zu beschleunigen. Anders formuliert: Geflügel und Fisch kann anstandslos die klösterliche Tafel bereichern und entsprechend liest man in späteren Jahrhunderten in den Rechnungsbüchern und den Verzeichnissen von Geschenken immer wieder vom Erwerb bzw. von der Schenkung von einfachem Fisch wie z. B. Hering für die Fastenzeit, aber auch von Edelfischen wie Zander und Hecht oder Edelgeflügel wie Fasan.

Als Getränk soll, wenn vorhanden, eine geringe Menge Wein ausgeschenkt werden, ansonsten sollen die Mönche aber nicht murren, wenn es nur Wasser gibt. In den nördlichen Regionen Europas ersetzte man vielfach den Wein durch Bier, das ja bekanntlich vielen Klosterbrauereien bis heute eine gewisse Berühmtheit sichert. Dazu gibt man täglich eine bestimmte Menge Brot an die Mönche aus, das sie sich selbst über den Tag einteilen.

Die Forderung nach Schlichtheit bezieht sich auch auf die Kleidung und die sonstigen Gegenstände zum persönlichen Gebrauch. Dem einzelnen Mönch stand in mittelalterlichen Jahrhunderten jeweils eine Sommer- und eine Winterkukulle, also ein weites, je nach Jahreszeit leinernes oder wollenes Obergewand mit Kapuze, zu, zwei Tuniken, also Untergewänder, die in der Nacht bzw. zum Waschen gewechselt werden konnten, ein Kittel, Socken und Schuhe sowie als notwendige Gebrauchsgegenstände ein Gürtel, ein Messer, ein Griffel, eine Nadel, ein Tuch und eine Schreibtafel. Wenn ein Mönch auf Reisen ging, wurde er in der Kleiderkammer mit etwas besserer Kleidung als üblich sowie mit Beinkleidern ausgestattet. Bei seiner Rückkehr musste er all dieses wieder abgeben. Auch das Bettzeug ist karg: eine Matte, ein Tuch, eine Decke, ein Kopfkissen. Kleidung, Ausrüstungsgegenstände und Bettzeug – nichts von alledem darf ein Mönch als seinen persönlichen Besitz betrachten oder beanspruchen; es ist samt und sonders Eigentum der Klostergemeinschaft und als solches jeweils nur geliehen.

e) Konfliktsituationen

Verstöße gegen die Regel sowie Konflikte der Mönche untereinander ahndet bzw. schlichtet der Abt je nach Schwere des Vergehens mit Hilfe eines abgestuften Sanktionskataloges. Zu den strafwürdigen Taten zählen sowohl Verstöße gegen die Gottesdienstordnung, wie z. B. Zuspätkommen, falsches Singen, unaufmerksames Gebet, als auch ungebührliches Betragen gegenüber anderen Mitgliedern der Klostergemeinschaft, wie z. B. Beleidigungen, Handgreiflichkeiten, oder andere grobe Regelverletzungen, wie z. B. das unerlaubte Verlassen des Klosters. Zu Gebote steht dem Abt erstens die individuelle Ermahnung, die im persönlichen Gespräch zwischen Abt und Mönch erfolgt. Zweitens darf er eine öffentliche, vor der gesamten Gemeinschaft formulierte Rüge vornehmen, die dadurch verschärft werden kann, dass der Delinquent z. B. durch die Zuweisung eines untergeordneten Platzes in der Kirche abgestraft wird. Drittens schließlich kann er einen Regelverstoß durch den Ausschluss von der Tischgemeinschaft, vom Oratorium oder im schlimmsten Fall durch die Ausweisung aus der Gemeinschaft überhaupt bestrafen. Auch körperliche Züchtigung, insbesondere gegenüber jüngeren Mönchen, sollte dazu dienen, die Bestimmungen der Regel buchstäblich „einzubläuen". Alles in allem haben der Abt und sein Vertreter hier relativ großen Entscheidungsspielraum.

f) Entscheidungsebenen – Abt und Konventsversammlung

Ein solcher Spielraum zeigt sich auch bei anderen Fragen. So hat der Abt die Möglichkeit, zu bestimmen, welche Angelegenheiten wichtig genug sind, um sie von allen Mitgliedern des Konventes beraten, diskutieren und entscheiden zu lassen, und für welche anderen Dinge er lediglich den Rat seiner Vertrauten einholt. In der Konventsversammlung haben im Prinzip alle Teilnehmer gleiches Stimmrecht, Ältere wie Jüngere, aber es liegt in der Verantwortlichkeit des Abtes, eine solche Versammlung überhaupt einzuberufen. So kann diese Bestimmung die Möglichkeit schaffen, dass sich innerhalb des Klosters eine Führungsgruppe herausbildet, quasi eine Art Gefolgschaft des Abtes.

g) Aufnahmeregelungen

Ein letzter Punkt soll noch angesprochen werden, nämlich die Frage der mittelalterlichen Praxis der Aufnahme in einen Konvent. Anders formuliert: wie wurde man Mönch oder Nonne? Es gab zwei grundsätzlich verschiedene Wege. Zum einen konnten Eltern sich dafür entscheiden, ihren Sohn oder ihre Tochter bereits im Kindesalter in ein Kloster zu geben, das Kind dem Kloster quasi zu schenken. Solche Kinder wurden Oblaten genannt. Dann bildeten die Ausbildung in der klösterlichen Schule und das sich anschließende Noviziat, also die Vorbereitung auf den endgültigen Eintritt ins Kloster, die wichtigsten Stationen der Sozialisation der künftigen Mönche bzw. Nonnen.

Doch auch als Erwachsener konnte man sich zu diesem Schritt entschließen. Dann galt es, gemäß der benediktinischen Regel, zunächst deutlich sichtbar zu machen, dass man in der Tat bereit war, sich allen Anforderungen mönchischen Lebens zu unterwerfen. Dies geschah z.B. durch tagelanges Ausharren vor der Klosterpforte. Es folgte die Prüfung des geäußerten Ansinnens und die Vorbereitung auf die endgültige Aufnahme. Diese Aufnahme vollzog sich in mündlicher, schriftlicher und sichtbarer Form. In einer besonders dafür angesetzten Feierlichkeit legte der Anwärter zum Ersten ein mündliches Gelöbnis ab, bekannte sich zu Gott und den Regeln des Klosters. Zum Zweiten wurde dieses Gelöbnis schriftlich, wie ein urkundliches Rechtsdokument, in der Professurkunde fixiert und zum Zeichen der Gültigkeit auf den Altar gelegt. Zum Dritten entäußerten sich die künftigen Konventsmitglieder ihres früheren Namens und ihres weltlichen Besitzes, tauschten die weltlichen Kleider gegen ein Klostergewand und erhielten mit einem neuen Namen auch eine neue, eine monastische Identität. Danach leisteten sie eine weitere Demutsbezeugung, indem sie sich vor jedem einzelnen Mitglied des Konventes auf den Boden warfen und mit diesem Unterwerfungsakt endgültig in die Klostergemeinschaft aufgenommen wurden.

3. Lebensort Kloster – der St. Galler Klosterplan

„Das Kloster soll, wenn möglich, so angelegt werden, dass sich alles Notwendige, näm-lich Wasser, Mühle und Garten, innerhalb des Klosters befindet und die verschiedenen Arten des Handwerks dort ausgeübt werden können. So brauchen die Mönche nicht draußen herumzulaufen, denn das ist für sie überhaupt nicht gut" (RB, 66).

Bereits die *Regula Benedicti* zeigt das Kloster, ohne dass dies ausdrücklich themati-siert würde, als ein in seinen Aufgabenbereichen und den damit verbundenen Räum-lichkeiten differenziertes Organisationsgebilde mit einem inneren Kern und einem äußeren Rahmen. Zu den zentralen Baulichkeiten, die dem Gottesdienst und dem Zu-sammenleben der Mönche vorbehalten waren, zählten das Oratorium (Gebetsraum), das Dormitorium (Schlafraum), das Refektorium (Speiseraum) und, eingeschränkt, der Novizenraum. Zu den äußeren, der Lebensorganisation zuzurechnenden Gebäuden ge-hörten Küche, Kleiderkammer, Gästehaus, Kranken- und Pilgerhaus.

Eine solche Aufteilung spiegelt auch der **St. Galler Klosterplan** als architektonische Umsetzung der Regelvorschriften. Und vielleicht kommt es nicht von ungefähr, dass so-wohl eine der verlässlichsten Abschriften der benediktinischen Mönchsregel als auch der detaillierte Plan einer Klosteranlage aus der ersten Hälfte des 9. Jahrhunderts stam-men und beide in St. Gallen entstanden. Die Kenntnis der Regel darf um 820, der Ent-stehungszeit des Planes, getrost vorausgesetzt werden.

> **St. Galler Klosterplan**
> Er entstand in der ersten Hälfte des 9. Jahrhunderts und ist aus mehreren Pergamentstreifen in der Größe von insgesamt 112 × 77 cm zusammengesetzt, mit einer farbigen, rot-schwar-zen Planzeichnung. Die Zeichnung zeigt im Zentrum und in vergrößerndem Maßstab Kirche und Klausurtrakt eines Klosters sowie im weiteren die darum herum angeordneten Gebäude. Sämtliche Gebäude und deren Teilbereiche ebenso wie architektonische Besonderheiten (z. B. der Abstand zwischen den Säulen im Chor) sind detailliert beschriftet. Die Zeichnung kann entweder als Beschreibung eines einstmals vielleicht real existierenden Klosters gele-sen werden oder als fiktiver Bauplan für ein ideales Kloster überhaupt.

Im Zentrum der Planzeichnung befindet sich der Klausurtrakt. Zu ihm zählen die Klosterkirche, der Kreuzgang mit den angrenzenden Gebäuden, die das Dormitorium, das Refektorium und ein Wirtschaftsgebäude beherbergen. Für die zentral gesetzte Kir-che wurde ein kleinerer Maßstab gewählt, so dass sie eindeutig größer wirkt als alle an-deren Gebäude. Sie besteht auf dem Plan aus der von zwei Türmen flankierten Ein-gangshalle, dem sog. Paradies, einem dreischiffigen Langhaus mit zwei großen Altären im Mittelgang und zahlreichen weiteren Altären in den beiden Seitenschiffen sowie dem östlichen Chor mit dem Hochaltar, der die Gebeine des Hauptheiligen, also des hl. Gallus, birgt. Im Norden, also quasi auf der linken Seite des Chores, befindet sich die Bibliothek und im Süden die Sakristei, die beide direkt mit der Kirche verbunden sind. Ein weiterer direkter Zugang besteht im südlichen Querschiff, das Langhaus und Chor miteinander verbindet, zum angrenzenden Gebäude, wo sich im unteren Bereich ein Wärmeraum und im oberen Trakt, durch die aufsteigende Wärme diesen mit behei-zend, das Dormitorium, der Schlafsaal, befindet. Für die Vigilien, das nächtliche Gebet, können die Mönche also ohne Umwege vom Schlafsaal in die Kirche gelangen. Im süd-lichen Teil des Kreuzganges und damit ebenfalls direkt an die Kirche angrenzend, liegt der Kapitelsaal, der Versammlungsraum des Konventes, in dem bei jeder Zusammen-kunft vor Beginn der Beratungen ein Kapitel aus den Heiligen Schriften vorgelesen wird. Auf der nördlichen Seite des Kreuzganges befindet sich das Refektorium, der Speisesaal, und westlich bildet ein Vorratsgebäude den Abschluss des Kreuzgangcarrées. Die Küche liegt funktionsgerecht zwischen Refektorium und Vorratsgebäude, Aborte und Bad sind nahe des Dormitoriums auf der anderen Seite zu finden.

Um diesen Klausurtrakt herum gruppieren sich die diversen Gebäudeensembles für die nachgeordneten bzw. zeitweise aus dem Klausurbereich ausgegliederten Konventsangehörigen sowie für die von außen an das Kloster herangetragenen Kontakte und für handwerkliche Arbeitsbereiche.

Im Osten der Kirche schließt sich eine zweite, kleinere Kirche an, die gemeinsam von den Novizen und den Spitalsinsassen genutzt wird, die einen eigenen direkten Zugang zu dieser Kirche haben, die Novizen von Süden, die Spitalsinsassen von Norden her. Novizenhaus und Krankenhaus sind vom Aufbau her dem Klausurtrakt nachempfunden, beide verfügen auch über eine eigene, etwas außerhalb liegende Küche. Nördlich des Spitals schließen sich ein Heilkräutergarten, ein Haus für die medizinischen Betreuer sowie ein Behandlungshaus an. Südlich des Novizenhauses liegen außer dem Friedhof insbesondere der Obst- und Gemüsegarten mit dem Gärtnerhaus sowie Kleingeflügelställe für Gänse und Hühner mit der Wärterwohnung in der Mitte. Auf der Nordseite der Kirche liegt das Abtshaus, in dem der Vorsteher der Gemeinschaft bei Bedarf seine Gastgeber- und Repräsentationspflichten auch gegenüber ranghohen Besuchern wahrnehmen kann. Westlich davon schließen sich die äußere Schule für externe Schüler und das Gästehaus mit eigener Bäckerei und Brauerei an. Das Gästehaus soll offenbar insbesondere die vornehmen Besucher beherbergen, während auf der anderen Seite der Kirche im Süden ein weiteres Haus die gemeinen Pilger aufnehmen kann. Im Süden des Klausurtraktes schließlich liegen die sonstigen Wirtschaftsgebäude wie Kornscheune, Handwerksstätten, Brauerei und Bäckerei sowie, einschließlich der Wohnräume für das zuständige Gesinde, die Stallungen für Stiere und Pferde, Schafe, Ziegen, Kühe und Schweine, relativ weit entfernt vom Klausurbereich, wohl um Geruchs- und Lärmbelästigung so weit wie möglich zu vermeiden.

Der St. Galler Klosterplan erweist sich nicht nur als die architektonische Umsetzung der *Regula Benedicti* einschließlich aller ihr innewohnenden Interpretationsmöglichkeiten, sondern auch als ausgesprochen funktionales Modell für die Organisation einer klösterlichen Gemeinschaft. Es gewährt innere Abgeschlossenheit und bietet doch alle Möglichkeiten zur Aufrechterhaltung der Außenkontakte bei gleichzeitiger autarker Versorgung durch hauswirtschaftlich notwendige Handwerksbetriebe. Bis heute kann man sich in benediktinischen Klöstern – seien sie noch als betende Gemeinschaften lebendig, ihre Gebäude für andere Zwecke umgewidmet oder nur noch in Ruinen erkennbar – mit Hilfe der Einteilung des St. Galler Klosterplanes wenigstens grob orientieren. Die Zweckmäßigkeit der Gebäudeanordnung war so einleuchtend, dass sie sich in ganz Europa durchsetzte.

4. Zusammenfassung

Bei aller Formenvielfalt im Mönchtum – männliche und weibliche Ehelose im Elternhaus oder im eigenen Haushalt, Gemeinschaften von enthaltsam Lebenden innerhalb ihrer Gemeinde, Hausklöster im Sinne der Familienaskese, Anachoretentum, Wandermönchtum, Klerikergemeinschaften oder Zönobiten in kleineren und größeren Klöstern – setzten sich die zönobitischen Gemeinschaften dauerhaft, zahlenmäßig und flächendeckend durch. Sie bedurften der Regeln des Zusammenlebens, um sowohl in ausreichendem und immer wieder erinnertem Maße ihre geistigen Aufgaben erfüllen zu können – den Dienst an Gott – als auch ein friedliches, von allen akzeptiertes Miteinander zu gestalten. Von den verschiedenen, von ihren geistlichen Führern entworfenen Regeln, die unterschiedliche Schwerpunkte setzten, wurde die Lebensregel des Benedikt von Nursia, die er seiner Klostergemeinschaft von Montecassino zu Beginn des 6. Jahrhunderts gab, durch die Möglichkeit flexibler Auslegung und Anpassungsfähigkeit über Jahrhunderte zu „der" Klosterregel schlechthin.

Sie beschreibt die innere, von Mönchen zu erlernende Grundhaltung – Gehorsam, Schweigen, Demut – und die daraus resultierende Lebensweise – Askese und tätige Nächstenliebe. Sie entwickelt das *opus dei* zu einer Kombination aus äußeren Formen – Einteilung des Tagesablaufes nach Gebetszeiten, vorgeschriebene Inhalte und Menge der Gebetstexte – und Verinnerlichung der gebeteten bzw. gelesenen Textinhalte in der individuellen *lectio divina*. Sie organisiert die soziale Struktur der Gemeinschaft, in dem sie a) Verhaltensregeln gegenüber den Gemeinschaftsmitgliedern aufstellt, b) dem Abt als Kopf der Gemeinschaft einerseits großen Entscheidungsspielraum einräumt, andererseits ihm besonderes Urteilsvermögen als Voraussetzung für sein Amt abverlangt, c) abgestufte Sanktionsmaßnahmen anbietet und d) einen je nach Bedarf erweiterbaren Grundbestand an notwendigen Ämtern aufzeigt. Ganz offensichtlich konnte (und kann) eine klösterliche Gemeinschaft nach dieser Regel leben.

Ebenso zweckmäßig für die Realisierung eines nach dieser Regel organisierten Gemeinschaftslebens in einer konkreten Umgebung erweist sich die Anordnung der Klostergebäude im St. Galler Klosterplan, der zwischen einem inneren und einem äußeren Bereich differenziert: zwischen einem Klausurtrakt, der dem *opus dei* vorbehalten ist, und den umliegenden Einrichtungen, die die wirtschaftliche Versorgung einerseits – Handwerksbetriebe, Gärten etc. – und die gesellschaftliche Akzeptanz andererseits – Pilger und Gästehäuser – sicherstellt.

IV. Wirtschaftsunternehmen, Herrschaftsträger und Stätten der Erinnerung in adeliger Welt

1. Voraussetzungen

Seitdem es Klöster gab, übernahmen sie von Beginn an gleichermaßen geistliche wie weltliche Aufgaben. Zum einen stellten sie das vorgelebte Beispiel einer als Ideal gedachten christlichen Gemeinschaft dar. In dieser Funktion agierten sie als Träger und Sendboten des neuen Glaubens sowie Bewahrer und – als Missionsklöster – Multiplikatoren von überliefertem und neugeschaffenem Bildungsgut, das antikes Wissen mit christlicher Glaubenslehre kombinierte. Zum anderen erfüllten sie verschiedene Aufgaben im Rahmen der königlichen Machtkonsolidierung und der adeligen Selbstdarstellung. Dabei entwickelten sie sich zu Institutionen, die sich nicht allein durch ihre Glaubensstärke auszeichneten, sondern durch erfolgreiche Organisation ihrer Wirtschaft und das feinmaschige Beziehungsnetz, dass sie mit den führenden sozialen und politischen Gruppen ihrer näheren und weiteren Umgebung verknüpfte. Damit waren Klöster in zweifacher Weise Teil der frühmittelalterlichen Herrschaftsstrukturen, insofern sie sowohl für die königliche und adelige Herrschaftsausübung instrumentalisiert wurden als auch selbst zu Zentren von Herrschaft heranwuchsen.

Klöster entstanden nicht ohne konkrete Bindungen an ihre soziale Umgebung; sie waren auch keine Institutionen, die konträr zu allen gesellschaftlichen Vorstellungen ohne Beachtung von Herkunft und Stand alle aufnahmen, deren Sinnen und Trachten nach einem gottgeweihten Leben in gläubiger Gesellschaft stand. Ihre Entstehung war an bestimmte Voraussetzungen gebunden und ihre Mitglieder entstammten eben der sozialen Gruppe, die diese Voraussetzungen schaffen konnte. Ein Klostergründer oder eine Klostergründerin musste ausreichend landwirtschaftlich nutzbaren Grund besitzen, um darauf die Gebäude eines Klosters errichten zu können und – dies war langfristig wichtiger – um die Grundbedürfnisse der dort lebenden Menschen befriedigen zu können. Es bedurfte zudem hinlänglicher finanzieller Mittel, um die nötigen Materialien und Arbeitskräfte zum Bau der klösterlichen Einrichtungen zu beschaffen. Selbst, wenn man nur die elementarsten Gebäude nennt, ist das nicht eben wenig: Eine Kirche, ein Schlaftrakt, ein Speiseraum und ein Versorgungsbereich waren das Mindeste, was einer Klostergemeinschaft am Anfang zur Verfügung stehen musste. Dazu kam ein Grundbestand an liturgischen Geräten und Büchern, ohne die ein geordnetes Klosterleben mit regelmäßigem Gottesdienst nicht möglich war. Militärischer Schutz scheint den Klöstern selten gewährt worden zu sein, zu oft liest man in den klösterlichen Chroniken des frühen Mittelalters von Überfällen, Plünderungen oder der Flucht von Mönchen und Nonnen mit samt ihrem Klosterschatz vor heranrückenden heidnischen, räuberischen Horden, z. B. den Wikingern, die bis ins 9. Jahrhundert die Flüsse hinauffuhren und mit ihren schnellen Plünderaktionen Angst und Schrecken verbreiteten. Nachdem die Klöster selbstverständlicher Bestandteil der mittelalterlichen Gesellschaft geworden waren, brauchten sie in der Regel bewaffnete Angriffe nicht ernsthaft zu fürchten. Diejenigen, die zahlten, entschieden auch darüber, wer hinter den Klostermauern Aufnahme fand – v. a. Mitglieder der eigenen Familie, Verwandte und Freunde.

2. Königliche Klostergründer und -gründerinnen

Könige und Königinnen des fränkischen Reiches ebenso wie der späteren west- und ostfränkischen Reiche taten sich als Klostergründer und Stifter hervor und schufen sich auf diese Weise überall sichere Herrschaftsstützpunkte. Zur Unterstützung ihres Gründers waren diese Klöster durch das *servitium regis*, den Königsdienst, auf mehrfache Weise verpflichtet.

> **Servitium Regis**
> Der Königsdienst umfasste drei Hauptaufgaben, die die königlichen Monasterien erfüllen mussten: Sie boten dem König und seinem Gefolge auf ihren Reisen bequeme Herberge, sie leisteten das Gebetsgedenken für den königlichen Gründer und seine Familie, und sie waren in einem bestimmten Umfang zur Heeresfolge verpflichtet, d. h. zur Stellung eines festgelegten militärischen Kontingentes oder anderer materieller Unterstützung für den König.

Als Ausbildungsorte für den weltlichen Klerus, insbesondere die späteren Bischöfe, lagen die Klöster dem königlichen Zugriff nahe. Als Institutionen an den Grenzen von eroberten Gebieten konnten sie Ausdruck für ein politisches Programm sein, das Eroberungspläne und Missionsbestrebungen miteinander verband. Für abgesetzte Amtsträger bildeten sie angemessene Exilorte. Das galt am Ende ihrer Herrschaftsperiode in der ersten Hälfte des 8. Jahrhunderts für die ohnehin politisch ohnmächtigen merowingischen Könige ebenso wie für einige Angehörige der Familie des bayerischen Herzogs Tassilo, der sich Karl dem Großen (742–814, König seit 768, Kaiser seit 800) widersetzt hatte (**s. Quelle**).

> **Die Annalen von Chelles und Lorsch über Klöster als Haftanstalt für politische Gefangene**
> (MGH Scriptores I, Fragmentum Annalium Chesnii zum Jahr 788 bzw. MGH Scriptores I, Codex Laureshamenses zu 788)
>
> Anno 788 hielt König Karl einen Hoftag oder eine Synode in der Pfalz Ingelheim ab, und dorthin kamen auch Tassilo, der Herzog von Bayern, und seine Frau mit ihren beiden Töchtern. Und eben dieser Tassilo wurde für das Kloster Goar tonsuriert, und sein Sohn Teudus ging in das Kloster des seligen Maximinus, und seine Frau nahm den Schleier, und seine Töchter ebenfalls. Eine von ihnen ging ins Kloster Chelles und die andere ins Kloster nach Laon.
> Der König aber war von Barmherzigkeit ihm gegenüber (Tassilo) bewegt und wollte ihn nicht töten, aber auf seinen eigenen Wunsch hin machte er ihn zum Kleriker und setzte ihn in Klosterhaft fest.

Des Weiteren dienten sie der Aufrechterhaltung eines geistlich-weltlich-familiären Beziehungsgeflechts. Wie es Bonifatius vorgemacht hatte, als er seine angelsächsische Verwandte Lioba mit dem Äbtissinnenamt betraute, erhoben Könige und adelige Familien Mitglieder aus dem engeren und weiteren Familienkreis zu weltgeistlichen und klösterlichen Würdenträgern.

Als Empfänger königlicher Wohltaten waren die Klöster zum einen ihrem Gönner gegenüber zum fürbittenden Gebet verpflichtet. Zum anderen demonstrierte der Herrscher durch die Unterstützung von Kirchen und Klöstern mittelbar seine christliche Grundeinstellung ebenso wie königliche Tugenden – Gottesfürchtigkeit und Großzügigkeit.

Zunächst nutzte Karl der Große die Gründung und Förderung von Klöstern und Stiften zur Befestigung seiner Herrschaft. Überall im fränkischen Reich entstanden Königsklöster, denen unterschiedliche Aufgaben zugedacht waren. In den älteren fränkischen Gebieten fungierten sie vornehmlich als Bildungs- und Ausbildungszentren, als kulturelle Mittelpunkte ihrer Umgebung und Erziehungsstätten künftiger kirchlicher Amtsinhaber. In den neu eroberten und teilweise noch umkämpften Gebieten östlich des Rheins bildeten sie die Zentren der missionarischen Tätigkeit und organisierten die weltkirchlichen Organisationsstrukturen. Die Familienmitglieder waren in diesen Prozess in unterschiedlichen Positionen eingebunden. So stand z. B. Gisela (757–810), die Schwester Karls des Großen, dem fränkischen Hauskloster Chelles vor und pflegte besonders die *memoria*, d. h. das Gebetsgedenken für die Angehörigen der fränkischen Königsfamilie. Karls Vetter Adalhard (750–826), Sohn eines Onkels väterlicherseits, stand zunächst als Abt dem Kloster Corbie vor, gründete dann jedoch im Jahr 822 Corvey an der Weser auf erst unvollständig christianisiertem sächsischen Gebiet.

Die Klöster erhielten ausreichende Güter zur eigenen Versorgung, z. B. Ländereien, Häuser, Gebäude, Hufen, Weinberge, Wälder, Felder, Wiesen, Weiden, Gewässer, stehende und fahrende Habe, wie es in einer Schenkungsurkunde Karls des Großen an das Kloster Lorsch heißt. Zusätzlich wurden ihnen bestimmte Privilegien der Selbstbestimmung zugestanden, die ihre Selbständigkeit in weiterer Zukunft gewährleisteten. Zu den wichtigsten dieser Privilegien zählte die Immunität, also das Recht des klösterlichen Konventes, über den von ihm aus den eigenen Reihen gewählten Vorsteher Herrschaftsrechte im Bereich der klösterlichen Besitzungen auszuüben.

Aus einer Urkunde Karls des Großen zur Verleihung klösterlicher Immunität
(MGH, Diplomata Karolinorum 1, München 1979, Nr. 72, S. 104 f.: Karl der Große nimmt das Kloster Lorsch in seinen Schutz und verleiht freie Abtswahl)

Auch hat jener bemerkenswerte Abt (des Klosters Lorsch) mit seinen Mönchen von unserer Autorität erbeten, dass, wann immer dieser Abt des bereits genannten Klosters von dieser Welt zu Gott hinübergegangen ist, die Mönche unter sich einen Mann finden, der dieser Ehren würdig ist, und diesen einmütig aus ihren Reihen wählen sollen. Diese Bitte wollen wir nicht verweigern …

---

a) Beispiele

Das sächsische Königshaus der Liudolfinger förderte im 10. Jahrhundert durch einzelne seiner Mitglieder unzählige Klöster und Stifte. Eines größeren Bekanntheitsgrades erfreuen sich bis heute die im sächsischen Kernland liegenden Damenstifte Gandersheim und Quedlinburg. In Gandersheim setzte die Nonne Hrosvitha (930–1002) in ihrem Lobpreis auf die ottonischen Könige dieser Herrscherfamilie ein bleibendes literarisches Denkmal. In Quedlinburg begannen die Äbtissinnen aus der sächsischen Königsfamilie mit dem Aufbau des berühmten Quedlinburger Domschatzes.

Bereits Heinrich I. (876–936, ostfränk. König seit 919) hatte das Kloster Windhausen nach Quedlinburg in die Gebäude des befestigen Krongutes verlegt, das der Königin Mathilde (896–968, Äbtissin in Quedlinburg seit 938) als Witwensitz und ihm selbst als Grablege diente. Seine Enkelin Mathilde (955–999), Tochter Ottos I. (912–973, seit 936 ostfränk. König, seit 962 Kaiser) und Adelheids (931–999), begleitete als Äbtissin von Quedlinburg ihren jüngeren Bruder Otto II. (955–983) nach Italien und verwaltete zeitweilig für ihren Neffen Otto III. (980–1002) das Herzogtum Sachsen.

Geradezu eine *monachorum defensatrix*, eine Verteidigerin der Mönche, nannte man Adelheid, die zweite Gemahlin Ottos I., deren Intervention für die Begünstigung einer Vielzahl monastischer Gemeinschaften urkundlich belegt ist. Darüber hinaus war sie für die Gründung von drei Klöstern verantwortlich. Noch vor 966 gründete sie zusammen mit ihrer Mutter Berta das Kloster Peterlingen zwischen Fribourg und dem See von Neufchâtel. Vor 972 bei Pavia in Oberitalien und damit in einem quasi neuen Interessen- und Herrschaftsgebiet der ostfränkischen Könige und römischen Kaiser gründete sie San Salvatore Maggiore und schließlich 991 das Kloster Seltz im nördlichen Elsass, das sich am burgundischen Reformkloster Cluny orientierte, mit dessen Äbten sie in intensivem Kontakt stand. Im Schoß dieser letzten Gründung starb sie 999. Weitere großzügige Schenkungen Adelheids gingen v. a. an das Kloster San Fruttuoso nahe Rapallo und natürlich an Quedlinburg.

Das Damenstift Essen, im heutigen Ruhrgebiet gelegen, stand über seine weiblichen Vorsteherinnen ebenfalls in engem Kontakt zum sächsischen Königshaus. Von Altfried († 874), einem entfernteren Verwandten, in der zweiten Hälfte des 9. Jahrhunderts gegründet, gehörten in Folge drei seiner Äbtissinnen dem sächsischen Herrscherhaus an; sie standen dem Stift seit etwa dem letzten Viertel des 10. Jahrhunderts über mehr als 75 Jahre hintereinander vor. Mathilde, eine Enkelin Ottos I., regierte als Äbtissin von 971 bis 1011. Ihr folgten Sophia, Tochter Ottos II., von 1012 bis 1029 und schließlich Theophanu, eine Enkelin Ottos II., von 1039 bis 1058, als das sächsische Geschlecht auf dem Königsthron bereits vom salischen abgelöst worden war. Einen fast unscheinbaren, aber doch sichtbaren Beweis der familiären Verbundenheit der Herrscherfamilie mit dem Stift liefert eine kleine Emailleplatte am Fuß des Langholzes auf dem sog. Otto/Mathilden-Kreuz, einem der vier kostbaren erhaltenen Vortragekreuze des Essener Stiftes. Die Platte zeigt die Übergabe des Kreuzes durch Otto, als *„Dux"*, also Herzog von Sachsen, ausgewiesen, an Mathilde, die *„Abbatissa"*. Und beide, die sie derselben Familie entstammen, tragen ein ähnliches Gewand aus gleichem leuchtendblauen Stoff mit demselben weißen großblumigen Muster.

Königliche Klostergründungen blieben auch in den folgenden Jahrhunderten eine gängige Erscheinung. Doch die karolingischen und ottonischen Herrscher hatten damit einen Weg familienpolitischer Sicherung im kirchlichen Rahmen aufgezeigt, der künftig auch von anderen adeligen Familien des Reiches beschritten wurde, so dass die adeligen Gründungen in ihrer Anzahl die königlichen bald übertrafen.

3. Adelige Gründungen

Neben dem König herrschten auch adelige Familienverbände über bewirtschaftetes Land und ebenso wie der König trachteten sie aus den gleichen Gründen danach, auf ihrem Gebiet ein geistliches Zentrum einzurichten. Dieses sollte mehr bieten als das, was eine reguläre Pfarrkirche für die bäuerliche Bevölkerung leistete. Es galt, dem Wohl der eigenen Familie besondere Aufmerksamkeit zu widmen, ihr das heilbringende Gebet für den Gewinn der ewigen Seligkeit zu garantieren und sich auch auf diese Weise abzusetzen von der Masse der übrigen Gläubigen. Es galt weiterhin, den Besitz eines Geschlechts als Ganzes zu erhalten. Deshalb stifteten Angehörige adeliger Familien monastische Gemeinschaften auf dem eigenen Grund und Boden als „Hausklöster". Deren wirtschaftliche Prosperität lag ebenso in den Händen der Stifterfamilie wie die Entscheidung über die personelle Erstausstattung und die Leitung, die, wenn möglich, in der eigenen Familie blieb. So konnte man verschiedenen Anliegen gleichermaßen gerecht werden: Der Einfluss auf die Verwendung des Familienbesitzes blieb, zunächst zumindest, ungeteilt erhalten und die Leitung der klösterlichen Gebetsgemeinschaft stand zur eigenen Verfügung; man partizipierte am Wissen dieser wichtigen Kulturträger und hielt sie gleichzeitig in Abhängigkeit; man gewann Sicherheiten für das Erlangen des Seelenheils in der Ewigkeit, ohne die begrenzte weltliche Herrschaft aufgeben zu müssen. Bestimmte man ein solches Hauskloster auch zur Grablege für die Angehörigen des eigenen Geschlechts, schuf man darüber hinaus eine immer währende Verbindung zwischen den diesseitig Herrschenden und jenseitig Bittenden, eine über die Grenze des Todes hinüberreichende Familie von Lebenden und Verstorbenen.

Das Kloster konnte auch Ausbildungsstätte für die eigenen männlichen wie weiblichen Familienmitglieder sein: Grundkenntnisse in Lesen, Schreiben, Rechnen und in der lateinischen Sprache konnten ihre Nutzanwendung nicht nur im Gebet und im Verstehen der liturgischen Abläufe finden, sondern auch in der Organisation anderer, weltlicher Belange, z.B. in der Anlage und Kontrolle von Wirtschaftsbüchern.

Ein großer Teil der Klostergründungen waren also Hausklöster in multifunktionalem Dienst adeliger Familien: als Schulstätte für die Elementarbildung der Söhne und Töchter, als Versorgungsort für einzelne Mitglieder, die dort eine geistliche Führungsposition übernahmen, als Ruhesitz für Witwen und Witwer, als Grablege und Ort des Familiengedenkens, als religiöses und kulturelles Zentrum im eigenen Herrschaftsgebiet.

4. Weltgeistliches Handeln und monastische Orientierung

Weltgeistliches Handeln und monastische Orientierung konnten durchaus eine Allianz eingehen. Ein gutes Beispiel dafür bietet der Missionar, Abt und Bischof Liudger (742–809). Er stammte aus einer der ersten christlichen Adelsfamilien Frieslands, war zunächst im Utrechter Stift und anschließend in York bei Alkuin (732–804), dem angelsächsischen Gelehrten und späteren Ratgeber Karls des Großen, ausgebildet worden. Zwischen 776 und 784 unternahm er – nicht immer erfolgreich – die Missionierung mehrerer friesischer Gebiete, zwischen 784 und 787 reiste er nach Rom und Montecassino. Nach seiner Rückkehr akzeptierte er erneut die Leitung verschiedener Missionsaufträge in Friesland und im westlichen Sachsen. Am Ende des 8. Jahrhunderts gründete er im heutigen westfälischen Münster zunächst eine Basilika und ein Kloster als Ausbildungsstätte für Missionare und übernahm ab 805 dort das Bischofsamt. Bereits 799 gründete er das Kloster Werden am südlichen Ufer der großen Ruhrschleife. Dort hatte er seit einigen Jahren Land angekauft, das nun den wirtschaftlichen Grundstock für die neue Gemeinschaft bildete. Die ersten Mönche in Werden kamen aus den Klöstern Echternach und Fulda, die beide wie Liudger selbst der angelsächsischen Tradition verbunden waren. Der erste Grundbesitz des Klosters stammte aus dem Familienvermögen Liudgers; in seinen Anfängen kann es durchaus als Eigen- oder Familienkloster betrachtet werden. Liudger bestimmte es zu seiner Grablege. Seine Nachfolger auf dem Abtsstuhl von Werden und im Bischofsamt von Münster kamen aus dem Kreis seiner nächsten Familienangehörigen. Die tatsächlich in Werden erfolgte Grablege, die von seinem Neffen und dritten Bischof von Münster Altfried († 849) verfasste Lebensbeschreibung und die bald anerkannte Heiligkeit Liudgers begünstigten die Entwicklung seiner Klostergründung zu einem Wallfahrtszentrum und machten es darüber hinaus für Stifter und

Schenker zu einem gern gewählten Adressaten. Werden blieb allerdings nicht dem engen Familienzugriff unterworfen. 877 erlangte es ein Privileg, das es unter königlichen Schutz stellte und ihm das Recht der freien Abtswahl einräumte.

5. Klöster als Wirtschaftsunternehmen

Werden eignet sich auch als Beispiel für die weitere wirtschaftliche Entwicklung eines Klosters. Als Eigenkloster gegründet verfügte es von Beginn an über landwirtschaftlich nutzbaren Grundbesitz als Basis für das Überleben seiner ersten Mönche. Zunächst mussten diese bei der Bewirtschaftung noch selbst mit Hand anlegen. Dies dürfte sich jedoch bald geändert haben. Effektives landwirtschaftliches Arbeiten, weitere Landkäufe und insbesondere der Aufstieg zum Wallfahrtsort und die damit verbundenen Einkünfte bewirkten sicher schon bald die soziale Differenzierung der klösterlichen Bewohner.

Die Vollmönche leisteten die intellektuelle Arbeit – das Gebet, die Kontemplation, die Erstellung von Büchern und die Erledigung der anfallenden Verwaltungsarbeiten. Die Laienbrüder verrichteten die notwendigen landwirtschaftlichen und handwerklichen Arbeiten – Roden und Pflügen, Säen und Ernten, Vorratshaltung aller Art, die Bearbeitung von Holz, Eisen und anderen Materialien zur Instandhaltung der klösterlichen Gebäude und zur Herstellung der notwendigen Arbeitsgeräte.

Es ist der Schreibtätigkeit der Mönche von Werden – und zahlreicher anderer Klöster – zu verdanken, dass wir über den sich stetig vergrößernden Besitz sowie über dessen Organisation als landwirtschaftlicher Betrieb unterrichtet sind. Ein Großteil der Informationen über die mittelalterliche Wirtschaftsform, die in der Forschung als Grundherrschaft bezeichnet wird, beruht auf der Auswertung des Verwaltungsschriftgutes von Klöstern und Stiften.

Die frühe Grundherrschaft setzte sich zusammen aus einem Wirtschaftshof mit angeschlossenen Ländereien, die vom Grundherrn selbst, in diesem Fall dem Kloster, in Eigenwirtschaft mit dort lebenden Knechten und Mägden bearbeitet wurden, und mehr oder weniger zahlreichen abhängigen, aber selbständig bewirtschafteten Bauernstellen. Alle einer Grundherrschaft zugehörigen Mitglieder wurden als *familia* bezeichnet. Der Grundherr übte gegenüber den Mitgliedern der *familia* Schutzherrschaft und Rechtsgewalt aus.

In den Truhen und Schränken der Klöster wurden Kauf-, Verkaufs- und Schenkungsurkunden sicher verwahrt und als Schutz gegen möglichen Verlust in eigens dafür angelegte Bücher, die Kopiare, übertragen. Man bemühte sich um Effizienz, indem man für verschiedene Bereiche auch unterschiedliche Verzeichnisse anlegte, z. B. Besitz- und Abgabenbücher, aber auch Listen über die Zugänge und Abgänge von Knechten, Mägden und anderem Personal auf den einzelnen Hofstellen.

a) Urbare, Heberegister, Wechselbücher

Das Werdener Urbar, ein Besitzstandsverzeichnis aus der Zeit um 900, nennt ca. 25 Haupthöfe und 800 Bauernstellen als klösterlichen Besitz. Die Bauernstellen werden als Hufen bezeichnet. Hufe ist ein relativer Begriff und bezeichnet soviel Land, wie notwendig war, um eine durchschnittliche Bauernfamilie von drei bis sechs Mitgliedern zu ernähren. Bis zur Mitte des 12. Jahrhunderts – aus dieser Zeit liegt ein weiteres Urbar vor – hatte sich dieser Besitz auf ca. 60 Haupthöfe und 1600 Bauernhufen vergrößert. Die Einträge zeigen, dass das Kloster nicht nur in der näheren Umgebung über Besitzungen verfügte, sondern ebenso am Niederrhein, in einigen Gebieten der Niederlande, in Friesland sowie insbesondere im südlichen Münsterland. Die Gliederung der Einträge ist im Schriftbild deutlich erkennbar: Für jede abgabenpflichtige Einheit wurde ein neuer Absatz mit einer neuen Zeile begonnen.

Die Bauern standen in unterschiedlichen Graden der Abhängigkeit. Die Leistungen, die sie zu erbringen hatten, bestanden sowohl aus Arbeitsleistungen als auch aus Natural- und Geldabgaben. Zu den Hand- und Spanndiensten zählte die Arbeit auf den Feldern des **Fronhofes** ebenso wie z. B. Holzfuhren oder Warentransporte. Die Naturalabgaben erstreckten sich auf Feld- und Gartenfrüchte (Getreide, Gemüse, Obst) und die Produkte der bäuerlichen Kleinviehwirtschaft (z. B. Hühner, Eier) sowie auf Erzeugnisse der Heimproduktion (z. B. Wolle, Tuche, Dachschindeln oder Fassreifen). Alle Abgaben gelangten in die Verfügung des Klosters, sei es zum Eigenverbrauch oder zum weiteren Verkauf auf dem lokalen Markt.

Fronhofsverfassung und Hebeamtsverfassung in der Grundherrschaft
Man unterscheidet in der Forschung zwei Hauptbewirtschaftungsformen mit einigen Zwischengliedern. In der Fronhofsverfassung bewirtschaftete ein dem Kloster direkt unterstellter Hof eigenes Land, das sog. Salland. Er diente gleichzeitig als zentrale Sammelstelle für die Abgaben der zu diesem Hof gehörigen Hufenbauern, die darüber hinaus auf dem Salland Arbeitsleistungen, Hand- und Spanndienste, also Frondienste zu erbringen hatten. Die Hebeamtsverfassung war ein Abgabensystem ohne grundherrliche Eigenwirtschaft, d. h. das Kloster bewirtschaftete kein eigenes Land, sondern lebte ausschließlich von den Natural- und Geldabgaben der abhängigen Bauernstellen.

Es versteht sich fast von selbst, dass sich bei entfernt liegenden Besitzgütern schließlich eine Ablösung der Naturalabgaben durch Geldleistungen durchsetzte, waren diese doch wesentlich einfacher zu transportieren – und auch leichter zu verwalten. Sie boten den Bauern zudem größere Flexibilität und manchmal durch die eigenverantwortliche Entscheidung über die Art und Weise der Bewirtschaftung und ein Reagieren auf die Nachfrage auf den Märkten die Möglichkeit höherer Einnahmen. Seit dem 13. Jahrhundert setzte sich allmählich die Auflösung des Villikationssystems – also die Eigenbewirtschaftung auf einem Fronhof, einer Villa – allgemein durch; dies erhöhte durch den Wechsel von der Naturalabgabe zur Pacht auch den allgemeinen Geldfluss.

Den Klöstern kam dies in dem Sinne zugute, dass sie nicht mehr den notwendigen Absatz der sich dort ansammelnden landwirtschaftlichen Produkte auf den örtlichen Märkten organisieren mussten. Stattdessen konnten sie die eingehenden Barmittel zur Deckung der lebensnotwendigen Güter, darüber hinaus zur Bezahlung von Künstlern, zur Anschaffung von kostbarem liturgischem Gerät oder zum Kauf von Luxusgütern auf überregionalen Märkten verwenden. Außerdem bedeutete die Kumulation von Geldern auch, dass Klöster im späten Mittelalter als Finanziers für Könige, Herzöge und Stadträte auftreten konnten.

Als Käufer und Verkäufer von Ländereien und Immobilien, Waldungen und Forstrechten, als Nutznießer von Geldeinkünften in Form von Zehnt, Rente oder Pacht, als Empfänger von Stiftungen und Schenkungen, als Geschäftspartner bei Pfand, Tausch und später auch Kreditgeschäften waren die Klöster somit auf verschiedenste Weise in die wirtschaftlichen Kreisläufe ihrer Umgebung eingebunden.

6. Klöster als Herrschaftsträger

Als Grundherren waren die Klöster zum einen Agrarunternehmer mit dem Ziel, landwirtschaftliche Produkte für den eigenen Verbrauch zu erwirtschaften bzw. erwirtschaften zu lassen und Gewinne durch den Verkauf der überschüssigen Produkte auf den örtlichen Märkten zu erzielen. Zum anderen übten sie über ihre Vertreter Herrschaftsrechte über diejenigen aus, die auf ihrem Grund lebten. Es waren die klösterlichen Verwalter, die den halbfreien oder unfreien Bauernfamilien das zu bebauende Land zuteilten, die den Söhnen und Töchtern dieser Familien die Genehmigung zur Heirat gaben oder verweigerten, die über einen möglichen Loskauf aus der Unfreiheit entschieden.

Auch in der klösterlichen Grundherrschaft übte der Grundherr die Gerichtsbarkeit aus. Der vom Kloster bestellte Richter urteilte bei Streitigkeiten der grundherrlichen *familia*-Mitglieder untereinander und befand in Auseinandersetzungen zwischen dem Grundherrn und seinen Abhängigen. Gleichzeitig war ein Kloster als Grundherr bei äußerer Bedrohung und in Notsituationen, z. B. bei Missernten, aber auch zu Schutz und Hilfeleistungen gegenüber seinen Bauern verpflichtet. Diese Unterstützung konnte so aussehen, dass bedrohte Bauern Aufnahme innerhalb der Klostermauern fanden oder dass fällige Abgaben reduziert bzw. ganz ausgesetzt wurden. Des Weiteren übernahm der Grundherr, hier also die klösterlichen Vertreter, bei Konflikten zwischen den Angehörigen verschiedener Grundherrschaften die gerichtliche Vertretung der eigenen Leute.

Insbesondere die großen, freien Abteien, die Reichsklöster, die nur dem König gegenüber zu Leistungen des *servitium regis* verpflichtet waren, stellten auch eine politische Einheit dar. Ihre Äbte und Äbtissinnen waren in das Lehnssystem eingebunden. Sie waren Lehnsleute des Königs und durch diese Stellung verpflichtet, ihrem Lehnsherrn Gastrecht zu gewähren, ihm bei politischen Angelegenheiten beratend zur Seite zu stehen – also auch dem Aufruf zur Teilnahme an königlichen Hoftagen Folge zu leisten – und im Bedarfsfall militärische Hilfe durch die Stellung eines entsprechenden Kontingentes zu leisten. Sie waren also aktiv an den politischen Entscheidungsprozessen beteiligt. Die männlichen Vorsteher reisten in der Regel selbst zu den einberufenen Versammlungen, die Frauenklöster und Stifte schickten ihre Vertreter, die **Vögte**. Sie gehörten damit in sozialer, wirtschaftlicher und politischer Hinsicht zur Elite des Reiches.

> **Die klösterliche Vogtei**
> Innerhalb ihres eigenen Territoriums übertrugen die Klöster einen Großteil der Verteidigungs- und Gerichtsaufgaben sowie die Außenvertretung einem weltlichen Sachwalter. Der gesamte Komplex dieser Aufgaben und seine Wahrnehmung wurde als Vogtei bezeichnet. Der Vogt entstammte oftmals einer adeligen Familie des eigenen oder des benachbarten Territoriums. Er war derjenige, der die Herrschaftsrechte des Stiftes oder Klosters aktiv ausübte. Zusammen mit den daraus resultierenden Einnahmen, z. B. bei Gerichtsverfahren, konnte eine Vogtei eine bedeutende Machtposition darstellen. Viele Vögte strebten deshalb danach, die Vogtei zu einem erblichen Amt werden zu lassen, das der eigenen Familie bestimmte Einkünfte und erheblichen Einfluss auf die Geschicke eines klösterlichen Territoriums sicherte.

7. *Memoria* – der Aufbau von Beziehungsnetzen

Gesellschaftliche Reputation, politische Teilhabe und wirtschaftliche Potenz wuchsen den Klöstern und Stiften insbesondere deshalb zu, weil ihnen als betende Gemeinschaften eine Aufgabe zukam, die nur sie erfüllen konnten: Sie etablierten durch das kontinuierliche Gebet die dauerhafte Verbindung zu den überirdischen Mächten und vermittelten zwischen Diesseits und Jenseits. Stellvertretend für die sündigen Zeitgenossen, in ihrer großen Unsicherheit, wie man sich in korrekter Form dem Weltenherrn unterwerfen musste, erflehten Mönche und Nonnen die göttliche Gnade und Barmherzigkeit und sangen das Lob des allmächtigen Gottes und Herrschers. Die Unterstützung einer solchen Gemeinschaft zu erlangen, um sich ihres Gebetes zu versichern und Teil ihrer Gebetsgemeinschaft zu werden, war ein erstrebenswertes Ziel. Diejenigen, die in diese Gemeinschaft integriert waren, sei es als real Anwesende oder als solche, die quasi virtuell präsent waren, nämlich durch den Eintrag ihres Namens in die Verbrüderungs- und Totenbücher dieser Gemeinschaft, verknüpfte ein spirituelles Band. Diese Verbindung blieb über den Tod hinaus bestehen. Mit dem Aussprechen ihres Namens während des Gedächtnisgebetes wurden die Toten vergegenwärtigt. Sie waren während der Gedächtnisfeiern nach der Auffassung der Zeit nicht sichtbar, aber doch real anwesend und bildeten mit allen Betenden einen gemeinsamen Körper. Ihr Todesjahr war unwichtig, denn im Gebetsgedächtnis wurde die Zeit aufgehoben, Vergangenheit und Gegenwart verschmolzen mit Blick auf eine heilsbringende Zukunft. Nur der Todestag war von Bedeutung, damit an jedem einzelnen Tag der Verstorbenen eben dieses Tages gedacht wurde. Entsprechend sind die Namenseinträge in die Totenbücher der Klöster, die Nekrologien, nicht immer leicht zu deuten. Nur über weitere Zusätze, die näheres über Stand und Amt, über Familienverbindungen oder besondere Zuwendungen an die Gemeinschaft erwähnen, lassen sich einzelne Personen identifizieren.

Die Nekrologforschung hat sich der Auswertung der Totenbücher mit sehenswerten Resultaten angenommen. Insbesondere die Untersuchungen zu den frühmittelalterlichen Nekrologien der großen Reichsabteien, z. B. auf der Bodenseeinsel Reichenau, haben das wichtige Ergebnis erbracht, dass die Klöster durch die Aufnahme von Personen und Personengruppen in ihre Gebetsgemeinschaft weitreichende politische Kontakte aufbauten. Es lassen sich mindestens drei Gruppen unterscheiden: Zum ersten verband man sich mit anderen Klöstern, die in der näheren Umgebung lagen, mit denen man ohnehin in Austausch stand, z. B. über die Vermittlung oder die Ausleihe von Büchern oder Schreibkräften, oder die einer gleichen geistigen Strömung folgten. Zum zweiten baten die Angehörigen der umliegenden adeligen Familien um die Aufnahme in die Gebetsgemeinschaft und ließen sich die Absicherung ihres Seelenheils und die Zugehörigkeit zu einer exquisiten Gruppe etwas kosten: größeren Landbesitz oder umfangreiche Geldsummen. Und drittens begehrten Mitglieder der führenden Adelsgeschlechter und des jeweiligen Herrscherhauses den Eintrag in die Erinnerungsbücher eines Klosters. In die Gebetsgemeinschaft der Reichenauklöster z. B. traten auch solche Adelige ein, deren eigentliche Herrschaftsgebiete in größerer Entfernung lagen – ein Indiz für die hohe Reputation, die einige Klöster nicht nur in ihrer direkten Umgebung, sondern im ganzen Reich genossen.

8. Zusammenfassung

Klöster und Stifte waren im frühen und hohen Mittelalter bis ins 13. Jahrhundert Institutionen des Adels und förderten die Befestigung seiner geistigen, wirtschaftlichen und politischen Stellung. Die Mitglieder eines Konventes gehörten zumeist adeligen Familien an. Dies gilt insbesondere für die Leitungsämter. Die Gründung von Klöstern und die Besetzung von Abts- und Äbtissinnenstühlen durch adelige Familienmitglieder war gleichbedeutend mit der Besetzung von geistlichen Führungspositionen.

Als Kulturbewahrer und -träger des antiken Wissens und der christlichen Glaubenslehre waren die monastischen Gemeinschaften die Zentren der sich ausbreitenden geistigen Einstellungen, die Denken und Handeln bestimmten.

Als Träger von (geistlichen) Grundherrschaften übten sie weltliche Machtbefugnisse aus und bildeten einen bedeutsamen Wirtschaftsfaktor.

Als Lehnsnehmer waren die Äbte und Äbtissinnen der Reichsklöster zu politischen und militärischen Leistungen verpflichtet und durch ihre Beratungsaufgaben in die politischen Entscheidungsprozesse der Herrscher involviert.

Als diejenigen, die kontinuierliche Gebetsleistungen erbrachten, entwickelten sich die Klöster und Stifte durch die Aufnahme von nicht-klösterlichen, aber in der Regel adeligen Personen in ihre Gebetsgemeinschaft zu einer Form „geistiger Familien". Die von den Lebenden erbrachte *memoria*, das Gebetsgedächtnis für die Verstorbenen, verband die Lebenden und die Toten zu einer ewigen Gemeinschaft.

V. Heiligenverehrung, Hagiographie und Historiographie

1. Monastische Schriftlichkeit

Die weitaus größte Zahl der Mönche und Nonnen früh- und hochmittelalterlicher Klosterkonvente kann uneingeschränkt als Teil der gesellschaftlichen Eliten betrachtet werden. Als Mitglieder adeliger Familien zählten sie zur politischen Führungsgruppe. Als Betreiber und Nutznießer großer landwirtschaftlicher Unternehmungen stellten sie einen guten Teil des ökonomischen Potentials ihrer Umgebung. Als Bewahrer tradierten Wissens, insbesondere aber auch als Schöpfer neuen, durch eine christliche Gedankenwelt geprägten Kulturgutes, hatten sie entscheidenden Anteil an der Formierung der leitenden Vorstellungen, die dem Denken und Handeln in den mittelalterlichen Jahrhunderten zu Grunde lagen. Die Beherrschung der Schrift in einer Gesellschaft, deren Mitglieder überwiegend im mündlichen Miteinander agierten und bildliche bzw. szenische Formen institutionalisierter Kommunikation ausbildeten, war dazu ein wichtiges Mittel. Denn in der Schriftform band man Hofangehörige durch den Eintrag ihres Namens in ein Register an ihren Hof, schrieb die Höhe und Art von Abgabeleistungen fest, versicherte sich in formal stets gleich gestalteten Urkunden der Rechtmäßigkeit von Besitz und Ansprüchen – alles zum Zwecke effektiven Wirtschaftens. Über diese pragmatischen Aspekte hinaus leistete Schriftlichkeit noch etwas viel Weitreichenderes: mit Hilfe von Hagiographie und Historiographie schufen Mönche und Nonnen sich selbst und der sie umgebenden Gesellschaft ihre Geschichte, ihre Vorstellungen von Zeit, ja vom Aufbau des Kosmos in einem zeitlichen und räumlichen Gefüge.

Hagiographie – das Schreiben über das Leben und die Taten von Heiligen als Teil ihrer Verehrung – und Historiographie – das Schreiben von Geschichte – sind nicht immer trennscharf voneinander zu scheiden. Trotzdem sollen im Folgenden einige zentrale Aspekte monastischer Kulturschöpfung zunächst einzeln behandelt werden.

2. Heiligenverehrung in mittelalterlichen Klöstern

Die „Typenliste" der Heiligen ist nicht allzu lang, spiegelt aber die Entwicklung der christlichen Religion und ihrer Institutionen wider. Zunächst sind es die Apostel und Jünger Jesu sowie die Märtyrer, die durch ihr Bekennertum und ihr Blutzeugnis ihren christlichen Glauben als das wichtigste Gut ihres Lebens demonstrierten. Mit der staatlichen Anerkennung und Durchsetzung des Christentums in großen Teilen West-, Nordwest- und Mitteleuropas im 3., 4. und 5. Jahrhundert schwindet mit der Notwendigkeit, den Glauben gegen Angreifer verteidigen zu müssen, auch der „Bedarf" an Märtyrern (nicht so in den anschließend missionierten Gegenden, die erneut ihren Anteil an Blutzeugen für den Glauben aufweisen). Stattdessen sind es nun besonders fromme, asketische oder wunderwirkende Äbte, Äbtissinnen, Bischöfe und kirchliche Lehrer, denen in den folgenden Jahrhunderten des frühen Mittelalters innerhalb der sich ausbildenden kirchlichen Institutionen besondere Verehrung zuteil wird.

Da waren zunächst die Heiligen im gallo-römischen Raum, die als Entfalter einer lebhaften Klosterkultur in den Resten oder am Rande der ehemaligen römischen Städte wirkten. Sie stammten zumeist aus vornehmen Konsularfamilien. Der heilige Martin von Tours, der in seiner Person diverse Ämter vereinte, kann mit dem von ihm gegründete Kloster Lérins hier als Vorbild genannt werden.

Eine zweite Gruppe von Heiligen bildeten die irischen, angelsächsischen und fränkischen Mönche und Missionare, die ihre Aufgabe mit königlicher Unterstützung erfüllten und den Monarchen eng verbunden waren. Bonifatius oder auch Liudger sind dafür beispielhaft angeführt worden (vgl. Kap. II und IV).

Schließlich triumphierte in karolingischer Zeit das benediktinische Mönchtum auch im Norden und seine Äbte und Äbtissinnen wurden zu einer weiteren Gruppe der Protagonisten von Heiligkeit. Dazu kam eine erkleckliche Zahl sog. frommer Jungfrauen, die sich durch ihren in christlichem Sinne herausragenden Lebenswandel auszeichneten, sowie im Laufe des hohen Mittelalters Angehörige der neugegründeten Orden und einige Herrscher bzw. Mitglieder von Fürstenhäusern. Erst im späten Mittelalter wurden vereinzelt Männer und Frauen in den Kreis der Heiligen aufgenommen, die nicht aus weltlichen oder geistlichen Adelskreisen stammten.

Im frühen Mittelalter herrschten also männliche adelige Heilige vor. Erst mit der sozialen Differenzierung im hohen Mittelalter und eng verbunden mit der Entwicklung einer urbanen Kultur erweiterte sich der soziale Herkunftsrahmen, in den spätere Heilige hineingeboren werden konnten. Zu Beginn des Mittelalters aber legitimierten die politischen Führungsgruppen über die Heiligkeit einiger ihrer Mitglieder auch ihren geistigen und kulturellen Anspruch auf gesellschaftlichen Vorrang. Die Dominanz der von der Gesamtkirche anerkannten männlichen Heiligen blieb das ganze Mittelalter hindurch bestehen. Das galt auch für die Kloster- und Ordensangehörigen, von denen etwa doppelt so viele männliche Mitglieder als Heilige verehrt wurden wie weibliche.

Während sich anfänglich die Heiligkeit einer Person aus ihrer meist regional begrenzten Verehrung langsam entwickelte, bemühte sich die Kirche etwa seit der Jahrtausendwende, die Heiligsprechung in institutionalisierte Bahnen zu lenken sowie zu einer nach strengen formalen Maßstäben beurteilten, kirchenrechtlichen Angelegenheit zu machen, in der schließlich der Papst als das Oberhaupt der Christenheit das letzte Wort zu sagen hatte. Frommer Lebenswandel, geistliche Überzeugungen und Wunderwirksamkeit nach dem Tode eines Menschen waren und sind die wichtigsten der für eine Heiligsprechung notwendig zu erfüllenden Kriterien. Die Gräber, in denen die sterblichen Überreste von Heiligen ruhten, wurden jedoch von Anfang an zu besonderen Orten der Verehrung. Die leibliche Hülle waren die Relikte, die die Heiligen auf Erden zurückgelassen hatten. Sie halfen, die Heiligen in der Welt und für die Gläubigen präsent zu halten, während ihre Seelen bereits im Himmel weilten.

a) Gräber und Reliquien

Diese Präsenz von Heiligen als Mittler zwischen Himmel und Erde wollte man für sich gewinnen, um sich auf diese Weise ihrer Hilfe zu vergewissern. So begann im 4. Jahrhundert zum Ersten die Gründung von Klöstern über den Gräbern von als heilig verehrten Personen und zum Zweiten die **Translation**.

Und das Grab eines Heiligen bzw. seiner Gebeine wurden zum werbewirksamen Ausweis eines Klosters. Es erhöhte die Attraktivität dieses Ortes für die gesamte Umgebung, schuf ein neues Zentrum des Glaubens mit allen damit verbundenen Vor- und Nachteilen. Der wachsende Bekanntheitsgrad und die allgemeine Akzeptanz des Klosters und seiner Heiligen ließen den Spendenfluss herbeiströmender Pilger ansteigen, die auf die Hilfe eines Heiligen oder gar ein Wunder hofften. Doch die wirtschaftliche Prosperität, die auch den weiteren Anliegern eines Klosters zugute kam, da sie den Reisenden gegebenenfalls Unterbringung oder Verpflegung sowie weitere Dienstleistungen gegen Bezahlung anbieten konnten, ging einher mit Unruhe, Störungen, Belastungen durch notwendig herbeizuschaffende Nahrungsmittel und Unterkunftsstellung, Streitigkeiten oder die Konzentration krimineller Energien durch Taschendiebe und Betrüger.

Translation

Translation bedeutet die Überführung von Reliquien an neue, oftmals klösterliche Stätten der Verehrung. Mönche und Nonnen wurden zu Wächtern über die Gräber von Heiligen, die Klöster zu Wohnorten von Heiligen.

Es war letztlich unwesentlich, ob der ganze Körper oder nur ein Teilstück eines Heiligen verehrt werden konnte. Wenn auch die Teilung der Gebeine in der westlichen Christenheit anfangs nicht akzeptiert war, so galt doch bereits seit dem Ende des 3. Jahrhunderts die Ansicht: *Ubi est aliquid, ubi totum est.* Wo auch nur ein kleiner Teil, irgendetwas des Heiligen ruhte, da war er nach der Vorstellung der Zeit mit seiner ganzen Kraft anwesend. Die Materialität der Reliquien garantierte die Präsenz des Heiligen.

Ihre Geistigkeit, die überirdische Kostbarkeit einer Reliquie, der Glanz und die Strahlkraft, die ihr innewohnten, suchte man nach außen durch eine diesen Schätzen angemessene Form sichtbar zu machen. Die Reliquiare gaben der vielleicht manchmal eher unscheinbaren Reliquie – einem Stücklein Knochen, einem Splitter Holz, einem Fetzchen Tuch – die ihr gebührende Fassung oder das ihr würdige perlen- und edelsteinbesetzte Gehäuse, wobei Behältnis und Schmuckform noch einmal in sich selbst ein sinnträchtiges Programm christlicher Vorstellungen beinhalten konnte. Viele Klöster und auch mancher weltliche Herrscher legten es darauf an, ihren Schatz an heiligen Reliquien und damit die Gruppe der bei ihnen wohnenden Heiligen beständig zu vermehren.

Doch wie gelangte man in den Besitz von Reliquien? Es mutet heute befremdlich an, wenn man liest, dass sie z. B. in Rom, dem Ort unzähliger Märtyrergräber, von professionellen Reliquienhändlern zum Kauf angeboten wurden, dass man in Kirchen und Kapellen den Boden nach versteckten Gräbern umgrub, um das Gebein zu bergen und ganz oder teilweise zu neuen Altären wegzuschaffen, dass Reliquien auch schon einmal schlicht gestohlen wurden. Gezielt wurden Boten ausgesandt, um für eine Kirche neue oder zusätzliche Reliquien zu erwerben, und oftmals war diese Aufgabe mit viel Mühsal verbunden. So lässt es z. B. der berühmte Bericht Einhards (ca. 770–840), des Kanzlers und Biographen Karls des Großen, gleichzeitig Abt des Klosters Seeligenstadt, über die Translation der Heiligen Marcellinus und Petrus erahnen. Einhard ließ für sein Kloster eigens Reliquien aus Rom holen. Die beauftragten Mönche gingen ein dubioses Geschäft mit einem Reliquienhändler ein und konnten in der Tat mit den Gebeinen der Märtyrer Marcellinus und Petrus über die Alpen zurückkehren, nachdem sie den Boden einer Kirche umgegraben und die Gräber dieser Heiligen sowie Beweismittel für ihre Echtheit gefunden hatten.

b) Translationen als Herrschaftsakte

Die Überführung von heiligen Gebeinen war aber nicht ausschließlich ein Akt frommer Gesinnung, beseelt von dem Wunsch, sich der Präsenz möglichst vieler Fürsprecher im Himmel innerhalb der eigenen Gemeinschaft zu versichern. Gerade dort, wo in den Jahrhunderten des frühen Mittelalters weder das Christentum noch die politische Herrschaft der Franken fest verankert war, bedurfte es der demonstrativen Glaubens- und Herrschaftsakte, der „öffentlichen Auftritte" von Trägern der kirchlichen und herrschaftlichen Vorstellungen sowie der Etablierung neuer hochrangiger Kultstätten, um die fränkische Macht zu festigen. So bat z. B. Kaiser Lothar den Papst in einem Schreiben um die Übersendung von Reliquien (s. **Quelle**).

Kaiser Lothar bittet den Papst brieflich um die Übersendung von Reliquien
(zitiert nach Legner: Reliquien, S. 14)

Damit durch deren Zeichen und Wunder des allmächtigen Gottes Majestät und Größe, dem sie (die Märtyrer) in dieser Welt gedient haben, zugleich allen Gläubigen und Ungläubigen klar und offenbar werde. Es gibt nämlich in Teilen unseres Königreiches, nämlich in Sachsen und Friesland an der Grenze zu den Normannen und Obodriten, welche die evangelische Lehre schon mehrfach vernommen und angenommen hatten, aber wegen der Nähe der Heiden teils in der wahren Religion fest stehen, teils aber beinahe schon von ihr abfallen ... Deshalb bitten wir flehentlich…, ein offensichtlich sacramentum zu schicken, damit nicht womöglich jener wilde Stamm angesteckt von Fehlern ganz von der wahren Religion abfalle und zugrunde gehe, sondern viel eher gleichermaßen in den Lehren instruiert und von Zeichen bestärkt, standhaft verharren möge im Kult des wahren Gottes.

Die zahlreichen Hoftage auf sächsischem Gebiet zeigten den Teilnehmern den fränkischen König in direkter Ausübung seiner Herrschaft, und die Errichtung von Burgen und Pfalzen vergegenwärtigte seine Macht in sichtbarer Form. Auch die Translationen, wie sie bislang besonders gut für das sächsische Gebiet untersucht sind, zählen zu diesen Mitteln der Durchsetzung fränkischer Herrschaft im eroberten Gebiet, ebenso wie die Gründung von Klöstern, deren Konvente den Reliquien besondere Verehrung zuteil werden ließen und diese gleichzeitig beschützten und „bewarben".

Eine Translation war ein spektakuläres, alle Sinne ansprechendes Ereignis, begleitet von Messen, Gebeten, Gesängen und solchen Begebenheiten, die die Kraft der Reliquien unter Beweis stellten – sie wirkten öffentlich Wunder, insbesondere Heilungen, und zwar nicht nur am Ort ihrer Erhebung und endgültigen Niederlegung, sondern auf allen Stationen ihrer Reise.

Im Jahr 836 wurde z. B. der Leib des hl. Liborius von Le Mans nach Paderborn überführt. Die Mönche von Le Mans brachten ihren Heiligen über mehrere Stationen bis an den Rhein, begleitet von einer großen Menschenmenge. Östlich des Rheins übernahmen Paderborner Kleriker das Geleit (s. **Quelle**).

Mit Blick auf die Klöster gilt es noch hervorzuheben, dass oftmals alle entlang der Translationsreise eines Heiligen liegenden Gemeinschaften sich gegenseitig in ihre Gebetsverbrüderungen, die *confraternitates*, aufnahmen und somit zumindest auf diese Weise stets an seiner *virtus*, seiner Kraft, teil hatten.

Translation als öffentliches Ereignis am Beispiel des heiligen Liborius
(zitiert nach Legner, Reliquien, S. 17)

Als wir aber den ehrwürdigen Leib in das Schiff hoben, ließen jene ihn trauernd fahren, diese dagegen nahmen ihn jubelnd auf, jene fielen weinend zu Boden, diese machten sich unter Danksagung glücklich auf den Weg. So in Sachsen einziehend, konnten wir kaum schrittweise weiterkommen wegen der übergroßen Menge. Schon begann das heilige Pfingsten, als wir zu dem ersehnten Ort Paderborn gelangten. Und der gesamte Klerus, in die kirchlichen Gewänder gekleidet, empfing, mit unaussprechlichem Jubel und Dank den Herrn preisend, alle zu Boden geworfen, jenen ehrwürdigen Schatz mit höchster Verehrung. Und sie setzten ihn nieder in der Kirche, in welcher er jetzt noch ruht. Keine Zunge und keine Feder kann vollständig erzählen, unter welchen Wundern er in der Folge dort glänzte.

3. Hagiographie

Wie aber konnte man überhaupt die Lebensgeschichte von Märtyrern und Heiligen dem Vergessen entreißen? Man bewahrte sie in Erinnerung, indem man ihre Taten und Wunder niederschrieb – in didaktischer belehrender Form zum Zwecke der Erbauung und der Unterweisung. In der **hagiographischen Literatur** findet man weniger die historisch verbürgten Personen wieder, als vielmehr Idealbilder von denen, die nach der Intention ihrer Biographen zum Leitbild der Rezipienten werden sollten. Das Konzept, das sich mit dem Begriff von Heiligkeit verband, war wichtiger als die Person des bzw. der Heiligen selbst, die v. a. als Träger zur Übermittlung dieser Vorstellungen dienten – als Exempel. Gleichzeitig aber waren die Lebensbeschreibungen von Heiligen als geschichtlich real existierende Personen der Beweis sowohl für Gottes Wirken in der Welt als auch für die Lebbarkeit von Heiligkeit sowie der schriftliche Beweis für die Existenz von Heiligen, der sie noch Generationen nach ihrem Tod charakterisierte und vor dem Vergessen bewahrte.

Hagiographie
Hagiographie fasst mehrere Textarten zusammen: die Lebensbeschreibung von Heiligen (Viten), die Berichte über die Überführung ihrer Gebeine (Translationsberichte) und Geschichten über ihre Wundertaten (Mirakelbücher). Die Texte folgen alle mehr oder weniger bestimmten, sich bis auf kleinere Abweichungen wiederholenden Mustern. Bis ins hohe Mittelalter waren es v. a. lateinischen Texte, die den Klöstern oder Bistümern mit der Geschichte der von ihnen verehrten Heiligen Identifikationsgestalten vorstellten. Die seit dem 12. Jahrhundert sich stärker verbreitenden volkssprachigen Texte nutzten die Priester zur Vorbereitung ihrer Predigten, sie gaben diesen zudem positive Beispiele, mit denen sie ihre Aufrufe zu frommem Tun illustrieren konnten. Den lesekundigen Laien dienten sie zur Unterhaltung, und sie fanden in ihnen Vorbilder christlicher Lebensführung. Die hagiographischen Texte geben aber v. a. Einblicke in die sich wandelnden Vorstellungen darüber, was als heilig angesehen wurde, in Rollenverständnisse (was tun männliche, was tun weibliche Heilige), in Lebensverhältnisse und Lebenskonzeptionen (unter welchen Bedingungen lösten sich Männer und Frauen aus welchen existierenden sozialen Verhältnissen).

Die Viten der Heiligen, die Translationsberichte und die Mirakelgeschichten bilden die Kernstücke der hagiographischen Literatur. Das Leben der frühen Märtyrer war freilich an sich nicht mehr zu rekonstruieren, so dass man ihre Überzeugung und ihr Opfer für den Glauben aus kleinsten Bruchstücken und Fragmenten, mündlichen Erzählungen oder gar nur aus ihrem sinnträchtigen Namen herzuleiten suchte. Anders sah es dagegen bei den Männern und Frauen aus, deren Wirken in den institutionellen Gefügen von Bistümern und Klöstern wahrgenommen wurde. Dort waren Augen- und Ohrenzeugen in der Lage, entweder selbst zur Feder zu greifen oder einem Schreiber über die Worte und Taten einer verehrungswürdigen Person Auskunft zu erteilen; selbst nach ein oder zwei Generationen war noch so vieles glaubhaft überliefert, dass eine Lebensbeschreibung mit den erforderlichen didaktischen Zusätzen zusammengestellt werden konnte. Außerdem kam es natürlich jedem Bischofssitz und jedem Kloster gelegen, sich mit einem Heiligen aus den eigenen Reihen schmücken zu können, was die Position des entsprechenden Bistums bzw. der monastischen Gemeinschaft stärkte und deren Attraktivität für alle Gläubigen, insbesondere für Pilger und Wallfahrer, erhöhte. Das Gleiche gilt für das Ansehen einer Familie. So ordnete z. B. Bischof Willibald von Eichstätt (700–787, ab 741 Bischof) die Hebung der Gebeine seines als heilig verehrten Bruders Wunibald von Heidenheim an, und eine weitere Verwandte, die Nonne Hugeburc, verfasste um 777 einen Bericht über dessen Leben und die Translation. Drei Parteien konnten somit Anspruch auf Teilhabe an Wunibalds Heiligkeit erheben: die eigene Familie, das Bistum Eichstätt und das Kloster Hugeburcs.

Seit dem 4./5. Jahrhundert mehren sich von daher die Viten bischöflicher und monastischer Heiliger und der Strom der als heilig erkannten Personen reißt bis zum Ausgehen des Mittelalter weder in der regionalen noch in der gesamten kirchlichen Verehrung ab. Im frühen und hohen Mittelalter in Latein, der Sprache der klerikalen Elite verfasst, findet seit dem 12. Jahrhundert die Lebensbeschreibung von heiligen Männern und Frauen auch die Aufnahme in die Volkssprache. Immer zählte sie zu den beliebtesten Literaturgattungen und bot dem Hörer oder Leser ein bestimmtes, wenn auch variationsreiches verlässliches Muster: die Kindheit und die Erfahrungen während der kindlichen Sozialisation von Heiligen aus in der Regel vornehmer Familie waren bereits durch Anklänge künftiger Heiligkeit geprägt, z. B. durch besondere Vorzeichen oder durch herausragende Frömmigkeitsbekundungen, wie intensive Gebete, extensiver Gottesdienstbesuch und insgesamt wenig kindgerechtem Verhalten. Es folgten Werk und Wirken. Heilige konnten sich durch große Askese, frommes Tun als Glaubenslehrer oder Visionärin hervorgetan haben oder in Ausübung eines Amtes Vorbild gewesen sein. Seinen/ihren Tod konnten Heilige oftmals erahnen und sich und seine/ihre Umgebung entsprechend vorbereiten. Manchmal zu Lebzeiten, gewiss aber an ihrem Grabe, ereigneten sich Wunder, die die Heiligkeit einer Person bestätigten.

Auch die Translationsberichte weisen wiederkehrende Motive auf: Bereits die Auffindung von heiligen Gebeinen wird durch wundersame Ereignisse begleitet, wobei sehr häufig der von Reliquien ausströmende Wohlgeruch als besonders bemerkenswert erwähnt wird. Bei der Überführung wirken die Heiligen entlang des Weges zahlreiche Wunder, oft bestimmen sie selbst, wo ihre sterblichen Überreste die letzte Ruhestätte finden und manchmal sogar in welcher Form sie aufbewahrt werden sollen. Nachdem ein angemessener Platz und ein würdiges Behältnis gefunden worden ist, werden die Heiligen an ihrer neuen Wirkungsstätte durch ihre Fürbitte für weitere göttliche Wunder sorgen.

Der Bischof von Osnabrück Egilmar (885–910) z. B., der als diplomatisches Gastgeschenk auf seiner Reise durch Oberitalien eine Kopfreliquie der hl. Christina erhalten hatte, legte diese in seiner bischöflichen Kirche nieder. Offenbar gefiel es der Heiligen dort aber nicht, denn der Bischof entdeckte sie drei Mal hintereinander *vor* statt *auf* dem Altar liegend, wo er sie doch eigenhändig platziert hatte. Dies war für ihn ein sicheres Zeichen, dass seine Heilige eine andere Stätte als Grablege bevorzugen würde: „Angesichts dieses großen göttlichen Wunders setzte er die Kapsel, in der sich das Haupt befand, auf den Rücken eines undomestizierten Pferdes und band sie dort besonders gut fest. Dann sandte er das Tier führerlos fort. Aber der Bischof mit seinen Schülern folgte ihm, um zu erfahren, wo das Haupt hingelangen würde. Denn das verehrungswürdige Haupt nämlich würde durch entsprechende Zeichen kundtun, an welchem Ort es seine Ruhestätte wählen würde. Und das unvernünftige Tier begab sich durch göttliche Fügung nach Herzebrock … Hier ist der Ort, den Gott auserisehen und die heilige Jungfrau Christina gewählt hat" (AASS Juli V, Bd. 32, S. 532). Bis heute wird die Kopfreliquie der hl. Christina in der Pfarrkirche des ehemaligen westfälischen Frauenklosters Herzebrock verehrt.

Die Wundertaten, die in den Mirakelbüchern festgehalten wurden, konnten die unterschiedlichsten Lebensbereiche betreffen. „Wunder" bedeuteten nie die Vorführung eines Zauberkunststückchens, sondern Hilfe in existentieller Notlage. Eingedenk des Standes der medizinischen Möglichkeiten stand die Heilung von Kranken deshalb an erster Stelle der erhofften Wunder. Aber auch die günstige Beeinflussung der Witterung, die Abkehr von Naturkatastrophen oder den Schutz vor Seuche und Krieg legte man in die Hände, bzw. erbat man sich von der Fürsprache der Heiligen.

Viten und Translationsberichte entstanden zum großen Teil an monastischen Schreibpulten. Das Leben von Ordensgründern, Äbten, Äbtissinnen und Bischöfen wurde zum Vorbild christlicher Lebensgestaltung ausgeschrieben. Wie aber wurden diese Texte rezipiert? Man muss wohl verschiedene Gebrauchssituationen und diverse Funktionen der hagiographischen Literatur annehmen. Bis ins hohe Mittelalter können als lesende und (zu)hörende Rezipienten die monastischen und klerikalen Gemeinschaften sowie die adelige Führungselite angesehen werden. Später dann dienten die hagiographischen Texte auch als Basis für volkssprachliche Predigten.

In den Klöstern wurden seit dem ausgehenden 8. Jahrhundert Viten und Translationsberichte in der Messe gelesen; sie waren sowohl im monastischen Stundengebet als auch für die Lesung im Brevier und damit quasi für die private Lektüre vorgesehen, und sie gehörten zu den Texten, die den Mönchen und Nonnen während der Mahlzeit und bei den Versammlungen im Kapitelsaal zu Gehör gebracht wurden. Außerdem konnten der Geburtstag oder als Hauptfest der Todestag sowie der Tag des Empfangs (adventus) und der Niederlegung (depositio) der Reliquien Anlass zu Lesungen sein. Die Texte dienten als Gedankenstütze gegen das Vergessen, zur Stiftung einer Wir-Identität und zur Belehrung (instructio) durch die Bereitstellung von Leitbildern, denen es nachzueifern galt.

Darüber hinaus konnte das Grab eines Heiligen, dessen Bedeutung durch seine schriftliche Vita fixiert war, einen wichtigen Wirtschaftsfaktor darstellen: die in der Vita genannten Daten – Todestag oder Tag der endgültigen Grablege – konnten zu festen Daten für Markttage oder Abgabetage werden, Grab und Reliquien selbst zu einer Station für Pilger und Wallfahrer. Auch ihnen muss die Vita der verehrten Heiligen – als Anlass für ihre Reise – zu Gehör gekommen sein.

Sicherlich erreichten hagiographische Schriften als schriftlich und mündlich rezipierte Texte einen größeren Personenkreis als Schriften der Geschichtsschreibung. Dies mag ein Grund dafür gewesen sein, dass bereits im Frühmittelalter, verstärkt aber seit dem 12. Jahrhundert, historiographische Bestandteile, ja sogar rechtssichernde Dokumente in die Vitentexte aufgenommen wurden. Auf diese Weise konnte beispielsweise ein Kloster jedem Hörer oder Leser einer Vita quasi beiläufig seine Gründungsgeschichte, genealogische Verbindungen des Gründers zu anderen herausragenden Familien und die sich aus vielerlei Beziehungen ergebenden Ansprüche der eigenen monastischen Gemeinschaft – als Grabhüter eines Heiligen – erläutern.

4. Historiographie

Im Gewebe der Schriften überlagern sich an manchen Stellen hagiographische und historiographische Darstellungen. Doch bildete die Historiographie auch eine eigene Literaturgattung aus. Die monastische Geschichtsschreibung, die verstärkt im 8. Jahrhundert einsetzte, bietet dem heutigen Leser weit mehr als die Beschreibung der wichtigsten Ereignisse in der Entwicklung eines Klosters wie die Gründungsgeschichte, die Abfolge seiner Vorsteher sowie interne und externe Auseinandersetzungen. Sie offenbart darüber hinaus die damals gedachte Konzeption der zeitlichen und räumlichen Ordnung der Welt (s. a. **Quelle**).

Monastische Zeitkonzeption: Verankerung der Gegenwart in biblischem Rahmen
(MGH, Scriptores I, Annales Laureshamenses V., S. 23)

Es sind aber von Adam, dem ersten Menschen, bis zu König Ninus dem Großem, als Abraham geboren wurde, 3184 Jahre vergangen. Von Abraham aber bis zu Cäsar Augustus, das heißt bis zur Geburt Christi, die im 42. Jahr der Herrschaft Cäsars geschah, kommen 2015 Jahre zusammen; dies noch einmal zusammengerechnet, ergeben von Beginn der Welt bis zur Geburt Christi 5199 Jahre. In unseren Schriften finden wir von der Geburt des Herrn bis zum gegenwärtigen Jahr 703 Jahr von der Fleischwerdung des Herrn angerechnet …

Am Anfang und Ende der Zeit stehen gemäß dieser Konzeption die Entscheidungen Gottes. Die Zeit ist Teil der göttlichen Ordnung, das Weltgeschehen vollzieht sich in einem vorgegebenen Ablauf. Mit seiner Schöpfung trat der Mensch in den Kosmos ein, mit seinem Sündenfall und der Vertreibung aus dem Paradies begann die irdische Zeitrechnung, wie sie in den Geschlechterabfolgen des Alten Testamentes nachzurechnen ist. Mit der Menschwerdung Gottes in der Gestalt des Sohnes, die die Erlösung möglich machte, fing eine neue Zeitrechnung an. Die Spanne zwischen dem Kreuzestod Christi bis zum Jüngsten Gericht am Ende der irdischen Zeit war ungewiss. Doch um der göttlichen Offenbarung näher zu kommen, bemühte man sich um genaue Datierungen und die Aufstellung von Chronologien, also die Darstellung von Ereignissen in exakter zeitlicher Abfolge, sowie um die Strukturierung der Zeit in Perioden und Epochen. Mit dem Ende der Welt aber, mit dem Jüngsten Gericht, würde die irdische Zeit aufgehoben werden, in der Ewigkeit des Paradieses oder der Hölle.

So ist die mittelalterliche Zeitvorstellung einerseits linear, insofern nach göttlicher Weisung die Welt zu einem vorherbestimmten Ende voranschreitet, andererseits zyklisch insofern die erlöste Menschheit am Ende der Zeit in ihren paradiesischen Ursprungszustand zurückkehren würde – die Menschen würden in dem idealen Alter von 33 Jahren, dem Alter Christi bei seinem Kreuzestod, auferstehen und in diesem Alter verbleiben.

Die Historiographen nun verorteten sich selbst und die Gemeinschaft, für die sie schrieben, in diesem Zeitrahmen. Sie sahen die ganze Menschheit in diesen göttlichen

Heilsplan eingeordnet, selektierten aus der unendlichen Fülle vergangener Ereignisse solche aus, die die aktuelle Gegenwart erklärten und auf eine von Gott bestimmte Zukunft hinleiteten. Sie funktionalisierten ihr Wissen, um historische Geschehnisse zum Nutzen der Gegenwart und mit Blick auf die Zukunft zu deuten. Hans-Werner Goetz spricht in dieser Interpretation von Vergangenheit für die Belange der Gegenwart von der „Verzeitlichung" der Ereignisse – das Wissen um ihre zeitliche Gebundenheit und dem Versuch der exakten chronologischen Datierung – bei gleichzeitiger „Entzeitlichung" ihrer Inhalte – die Vergangenheit enthielt positive und negative Muster für das Handeln in der Gegenwart. Für die monastische Geschichtsschreibung bedeutete dies die Erklärung der eigenen Existenz im Rahmen des göttlichen Heilsplanes, und es bestimmte die Auswahl der schriftlich festzuhaltenden, die Gründung und Entwicklung eines Klosters betreffenden Ereignisse.

Historiographie: Annalen und Chroniken

Unter Annalen, Jahrbüchern, versteht man eine Form monastischer Geschichtsschreibung, die in knappster Weise von Jahr zu Jahr geschichtliche Ereignisse referierte, z. B.: „Der Winter war lang und hart. König Pippin hielt einen großen Hoftag mit den Franken bei Carisago. Und Graf Chancor, ein herausragender Mann, schenkte dem Herrn Erzbischof Chrodegang und seinen Mönchen das Kloster, das Lorsch im Rheingau genannt wird" (MGH Scriptores I, Annales Laureshamenses V, S. 28). Je näher die Ereignisse an den Schreiber heranrückten, desto umfangreicher wurden die Jahresbeschreibungen. Die Klöster liehen sich ihre Annalen untereinander zur Abschrift aus, so dass es aus verschiedenen Klöstern fast gleich lautende Texte gibt.

Unter Chronik versteht man einen zusammenhängenden, die Geschichte einer bestimmten Institution erzählenden Text über einen kleineren oder größeren Zeitraum. Vielfach platzierten die Chronisten dabei ihren Gegenstand in die Abfolge der Heilsgeschichte, die als Teil der Geschichte eben auch eines Klosters, eines Bistums oder einer Stadt angesehen wurde.

So erklären sich auch die – dem heutigen Leser manchmal seltsam anmutenden – Zusammenstellungen von Todesnachrichten von Äbten und Herrschern, Notizen zu klimatischen Besonderheiten und Kriegsberichten in den Annalentexten. Die monastischen Gemeinschaften lebten in engem Austausch mit der sie umgebenden Gesellschaft. Die Politik eines Fürsten, auf dessen Herrschaftsgebiet sie lebten, betraf sie ebenso wie eine Naturkatastrophe, die ihre wirtschaftliche Existenz in Frage stellen konnte; der Tod eines Abtes musste ebenso erinnert werden wie der eines weltlichen Herrschers, um das Gebetsgedenken leisten zu können.

Neben die Annalen trat seit dem 9. Jahrhundert immer mehr die Chronik, die zusammenhängende Geschichtserzählung, wobei in den Klöstern sowohl Weltchroniken als auch Klosterchroniken entstanden. Auch in den Weltchroniken wurde der räumliche Bezugsrahmen mit der Annäherung an die Gegenwart des Schreibers immer kleiner und rückte dessen direkte Umgebung stärker in den Mittelpunkt. Während durch den Orientierungsrahmen des Alten Testamentes zu Beginn der Zeiten noch fremde Völker und andere Kontinente erfahrbar waren – wenn auch eher in universaler zeitgeschichtlicher und heilsgeschichtlicher als in geographischer Betrachtung – schrumpfte das Wissen und das Verständnis für räumliche Dimensionen, je näher die eigene Zeit rückte und je größer der Einfluss der Kontakte aus der näheren Umgebung wurde. Der Berichtshorizont verengte sich somit räumlich, wenn auch nicht die Intensität, mit der der verengte Raum auf die beschriebenen Institutionen der Gegenwart einwirkte.

Als Klosterchroniken bezeichnet man solche Erzählungen, die sich ausdrücklich auf die Geschichte einer monastischen Gemeinschaft beziehen. Die Bedingungen ihrer

Gründung, die Gründer selbst und ihre Nachfolger, die Höhe- und Tiefpunkte ihrer Entwicklung standen darin im Mittelpunkt.

Der Anlass für die Fixierung der eigenen Geschichte lässt sich nicht immer ermitteln. Häufig aber dürfte es ein Moment des Umbruchs, der Krise, gewesen sein, der eine Art reflektierter „Standortanalyse" ratsam erscheinen ließ, sei es in politisch institutionellem Sinne zur historischen Abstützung von Rechten und Ansprüchen, sei es im ideologischen Sinne zur Festigung in Gefahr geglaubter Wertmaßstäbe.

So formulierte die Klosterchronistin und Archivarin Anna Roede aus dem westfälischen Kloster Herzebrock in der Mitte des 16. Jahrhunderts im Rückblick auf erfolgreiche Reformen, die ihr Konvent 100 Jahre zuvor durchgeführt hatte, und drückte damit indirekt die Sorgen ihrer Gegenwart und den Grund ihres Schreibens aus: „Und in diesen Zeiten blühten die Reformen bei der ganzen Geistlichkeit, es gab Liebe, Frieden und Einträchtigkeit. Der Gottesdienst wurde streng eingehalten, in der Nacht und am Tage, das Schweigegebot wurde eifrig beachtet, stets und an allen Orten mussten Stille und Ruhe herrschen – Ach, dass es heute doch noch so stünde wie damals!" (Flaskamp, Anna Roedes spätere Chronik, S. 124).

5. Zusammenfassung

Klösterliche Gemeinschaften waren wichtige Träger der neuen kulturellen und herrschaftlichen Vorstellungen seit dem 5. Jahrhundert nördlich der Alpen in dem Ineinandergreifen von herrschaftlicher Machtausdehnung – zunächst der Merowinger, dann der Karolinger – und Christianisierung. Sie prägten dauerhaft ein christlich bestimmtes Geschichtsbild, das die Gegenwart als Teil des göttlichen Heilsplanes erklärte und die Vergangenheit in Parallelen und als Lehrstücke für Gegenwart und Zukunft deutete. Dies geschah über die praktische, auch für Illiterate erfahrbare Heiligenverehrung und die schriftlichen Reflexionen ihrer Vergangenheit, Gegenwart und Zukunft in den Ausformungen der Hagiographie (Vita, Translationsbericht und Mirakelgeschichten) und der Historiographie (Annalen, Chroniken).

Klöster waren nicht alleinige, aber wichtige Wächter über heilige Gräber. Und die in den Klöstern immer elaboriertere Liturgie schuf dafür einen eindrucksvollen Rahmen, ebenso wie die Reliquiare den heiligen Gebeinen eine äußere Hülle gaben, die dem Betrachter den inneren Reichtum und Wert eines Heiligen reflektieren sollten.

Das Heil, das von den Reliquien ausging, materialisierte sich in der Kostbarkeit seiner äußeren Form. Die Hebung und Verlegung von heiligem Gebein wurde seit dem 8. Jahrhundert insbesondere in eroberten Gebieten zu einer bedeutenden Möglichkeit, die neuen Herrschafts- und Heiligenkonzeptionen darzulegen, da die Missionierung und die Durchsetzung der neuen politischen Herrschaft Hand in Hand gingen. Über einen längeren Zeitraum und an vielen Stationen überzeugten während der Translation die wunderwirkenden Gebeine von der Rechtmäßigkeit und dem „Besseren" der neuen Herrschaft durch den vielseitigen Gewinn, den eben diese wundertätigen Zeugnisse dem Land dauerhaft brachten. Das Positive der christlichen Religion wurde sichtbar und erlebbar gemacht, jeder konnte aktiv teilhaben am Wirken der neuen Heilsträger.

Intellektuell aufgearbeitet und dann nur noch für die elitäre Gruppe der klerikalen und adeligen Herrschaftsträger rezipierbar wurde die Konzeption von Heiligkeit in der hagiographischen Literatur. Ebenso wie die Historiographie entwickelte sie sich zu einer eigenen Literaturgattung, die bis ins hohe Mittelalter vornehmlich von klösterlichen Autoren ins Werk gesetzt wurde, denn allein in Bibliotheken und Skriptorien der Monasterien waren überhaupt die Voraussetzungen für dieses Tun gegeben. Durch sich wiederholende Muster in beiden Gattungen befestigten schreibende Mönche und Nonnen ein christliches Zeit- und Raumverständnis von der Existenz der Welt im göttlichen Heilsplan und entwickelten Vorbilder für korrektes christliches Handeln, die im Laufe der Jahrhunderte dauerhaft, z. B. durch die Predigt, auch in nichtliterate und mündlich überlieferte Vorstellungen eingingen. Der herausgehobenen Stellung der Heiligen, zumindest der Mönchs- und Bischofsheiligen, entsprach bis ins hohe Mittelalter in den meisten Fällen auch ihre soziale und politische Position während ihres realen Wirkens auf Erden. Als Äbte und Äbtissinnen, Bischöfe und Kirchenlehrer traten sie nicht nur für ihren Glauben ein und beförderten ihn nach allen ihnen zur Verfügung stehenden Kräften, sondern sie bewährten sich auch in ihren Führungsämtern. Die hervorragende Stellung, die ihnen durch ihre soziale Herkunft auf Erden anvertraut war, bekleideten sie als Heilige auch im Himmel – die Herrschaft adeliger Führungsgruppen war nach göttlicher Ordnung gewollt und gut – so vermitteln es zumindest die Werke der Hagiographie und Historiographie.

VI. Worte, Texte, Bücher, Bibliotheken

Im Anfang war das Wort, und das Wort war bei Gott, und Gott war das Wort (Johannes 1,1)

1. Lesefähigkeit und Schreibfertigkeit

Dem Christentum offenbaren sich die Inhalte seines Glaubens in den Worten der Bibel. Seine Geschichte erschließt sich seinen Anhängern aus den Büchern des Alten und Neuen Testamentes mit ihren vielfältigen Möglichkeiten der gegenseitigen Bezugnahme und den Möglichkeiten, einzelne Textstellen als Verweise auf spätere und zukünftige Geschehnisse zu interpretieren. Seine Lehre entwickelt sich aus den Evangelien und orientiert sich an den Worten und Taten Jesu Christi. Seinen Weg zum Bekenntnis und Hilfestellungen für die Verarbeitung von Glaubenserfahrungen und Glaubenszweifeln findet der Christgläubige ebenfalls in den Evangelien, aber auch in den Ermahnungen der apostolischen Briefe und durch die in den Psalmen formulierte Ansprache. Letztere bilden auch eine wichtige Grundlage für gemeinschaftliche und individuelle Gebete.

In gröbster Vereinfachung lässt sich das Christentum also als „Buchreligion" bezeichnen und damit in seinen Anfängen auch als eine Religion, deren Inhalte und Formen von einer lesenden und schreibenden Elite bestimmt wurden. Die Fähigkeit, lesen und manchmal auch schreiben zu können, zeichnete die weltlichen Kleriker, insbesondere aber seit den ägyptischen Anfängen die Mönche und Nonnen aus. Bereits die Pachomius-Regel des 4. Jahrhunderts legte fest, dass diejenigen unter den Anwärtern für die Aufnahme in die Klostergemeinschaft, die noch nicht zu den *literati* zählten, unverzüglich lesen lernen sollten. In der monastischen Lebensregel des Benedikt von Nursia aus der ersten Hälfte des 6. Jahrhunderts wurde diese Qualifikation als so selbstverständlich angenommen, dass nicht mehr die Lesefähigkeit als solche, sondern eine besondere innere Einstellung bei der individuellen Lektüre *(lectio divina)* gefordert wurde, und zwar dergestalt, dass dem Lesen die Reflexion über das Gelesene und daraus schließlich das Gebet folgen sollte.

Das Lesen zählte zu den elementaren Tätigkeiten der Welt- und Ordenskleriker, und gleichzeitig festigte die monastische Geistlichkeit die Rituale der christlichen Kulthandlungen in ihrem tagtäglichen ununterbrochenen Gottesdienst. Wohlgemerkt war es ein in lateinischer Sprache gehaltener Gottesdienst. Latein hatte sich bis zur ersten Jahrtausendmitte bereits zur internationalen Sprache der Gelehrten entwickelt und von den Volkssprachen abgesetzt. Literalität bedeutete also zunächst, Latein lesen zu können. Erst im 13. Jahrhundert begannen die Gläubigen, die Vermittlerrolle der lateinisch sprechenden und schreibenden Weltpriester und Ordensleute und ihren Anspruch, die alleinigen Vertreter der Christengemeinde zu sein, in Frage zu stellen, ohne dass damit aber bereits die Formen und Inhalte der kultischen Handlungen als solche kritisiert worden wären.

Die Liturgie erweist sich als eine festgelegte Kombination in der Abfolge von Worten und den sie begleitenden Zeichen und Zeichenhandlungen. Die Zeichen und Zeichenhandlungen sind dabei zum Teil die Umsetzung des gesprochenen Wortes in sichtbare Gestik, in „Zeichensprache" (z. B. der Segen), zum Teil Symbolisierungen von bestimmten Inhalten (z. B. die Farben der liturgischen Gewänder, die für Reinheit und Freude [weiß], Hoffnung auf Erlösung [grün], Zerknirschung und Reue [violett oder rot] stehen). Eine ähnliche Funktion erfüllten die liturgischen Gegenstände wie z. B. Kelch und Patene (Hostienteller), Ziborium (Weihrauchkessel) und Monstranz (Hostiengefäß), die in ihrer kostbaren Materialität jeweils den Teil des liturgischen Geschehens, bei dem sie zum Einsatz kommen, erhöhen. Die Worte der Liturgie ebenso wie die sie begleitende Zeremonie entwickelten sich erst im Laufe des 3. und 4. Jahrhunderts zu einem festen Kanon, als sich die Zahl der gläubigen Gemeinden vergrößerte. Die Vereinheitlichung des Ritus schien angebracht, um den Gläubigen eine allen gleiche Orientierung an den äußeren Formen zu ermöglichen.

Diejenigen, die durch die ihnen gesetzte Aufgabe – die permanente Feier des Gottesdienstes, das *opus dei* – dazu prädestiniert waren, den einheitlichen Worten Gestalt zu geben, waren die Klöster. Sie beheimateten die Spezialisten, die nach und nach einen Kanon liturgischer Bücher entwickelten, die zum festen Bestandteil vieler Kirchen und aller Klöster wurden. Zu diesen Spezialisten zählten anfänglich vornehmlich die Schreiber, die *scriptores*, die die vorgegebenen Texte reflektierend und verstehend niederlegten, aber sicherlich auch viele Kopisten, die das Schreibzeug sorgfältig zu handhaben wussten, ohne immer zu begreifen, was sie schrieben. Schon die frühen Texte der ersten Jahrhunderte zeigen kalligraphische Tendenzen, wenn in den Abschriften Kapitelüberschriften oder Anfangsbuchstaben besonders hervorgehoben wurden.

Bald traten zu den Schreibern die *illuminatores*, die Maler, die die Worte beleuchteten und erhellten, indem sie die Szenen, zu denen sich die Worte verdichten, in ein mit dem Auge erfassbares Bild umsetzten. Im Laufe der mittelalterlichen Jahrhunderte und noch darüber hinaus wurden die Illuminationen immer vielfältiger, entwickelten szenischen und ornamentalen Charakter, füllten ganze Seiten, einzelne Initialen, die seitlichen Ränder.

In den Skriptorien wurden seit den Bestrebungen Karls des Großen im 8. Jahrhundert zur Vereinheitlichung nicht nur der liturgischen Texte, sondern auch der Schrift, immer wieder untereinander unterscheidbare Schriftstile entwickelt und manches Kloster bildete geradezu eine eigene Schule aus. Ebenso erarbeiteten auch die Illuminatoren eigene Charakteristika. Schreib- und Malstil in mittelalterlichen Handschriften ermöglicht es den heutigen Spezialisten oftmals, die Provenienz von in alle Welt verstreuten Manuskripten zu ermitteln und damit das Wissen um die ehemaligen Bibliotheksbestände zu erweitern.

Die beschriebenen und illuminierten Pergamentblätter mussten zusammengefügt und gebunden werden. Auch hier bedurfte es der Spezialisten. Die Buchbinder schnitten die Seiten auf das gleiche Format und nähten sie zusammen, sie passten die Einbände an und vereinigten schließlich Seiten und Deckel zu einem Kodex. Einfache Buchdeckel bestanden aus Holz, feinere waren mit Leder überzogen.

Wenn aber bischöfliche, fürstliche oder gar königliche Herrschaftsträger in einem Kloster ein Buch in Auftrag gaben, bestellten sie damit gleichzeitig ein Repräsentationsobjekt, das nicht nur innen durch Schrift und Bild glänzen, sondern bereits von außen als großer Schatz zu erkennen sein sollte. Im 9./10. Jahrhundert begann die Zeit solcher Anfragen von Monarchen und Adelsangehörigen an die Klöster. Doch es wurden nicht nur bestimmte Texte (ab)geschrieben – vielfach wählte man die Evangelien –, sondern manches Mal wurden dabei – fern vom liturgischen Inhalt – politische Programme ins

Bild gesetzt. Die Nutzung solcher Bücher in kostbarem Gewand diente auch der Selbstdarstellung des Auftraggebers – seiner Gottesfürchtigkeit ebenso wie seines Reichtums und seiner Macht. Aufwendige Elfenbeinschnitzereien, gehämmerte Gold- und Silberplatten, besetzt mit Edelsteinen, Halbedelsteinen, Perlen und Gemmen, in einer Anordnung mit christologischer Aussage, wandelten sich zu Buchdeckeln liturgischer Schriften und gaben – so die fromme Überlegung – ebenso wie Kreuze, Monstranzen, Weihrauchgefäße und Reliquienbehälter dem kostbaren Inhalt eine angemessene äußere Hülle.

2. Entstehung eines Buches

Bis ein Text als fertig gebundenes Buch vorlag, bedurfte es zahlreicher Arbeitsgänge. Bevor aus einer Tierhaut beschreibbares Pergament geworden war und Schreiber und Illuminatoren sich an die Arbeit machen konnten, war bereits eine Vielzahl anderer Handwerker tätig gewesen: die Hirten hüteten das Vieh (Schafe, Ziegen, Rinder) als die Lieferanten des Leders; die Schlachter passten auf, dass die Haut des Schlachttieres beim Häuten nicht einriss oder falsche Schnittstellen bekam; die Gerber waren zuständig für die Weiterverarbeitung der Häute, das Enthaaren, Weichen, Glätten und Spannen; Schnitzer schnitten die Buchdeckel zurecht, Gold- und Silberschmiede fügten Metall, Steine und Perlen zu einem aussagekräftigen Dekor zusammen.

In den Klosterwirtschaften arbeiteten diese Handwerker den schreibenden und malenden Mönchen zu, sie waren Angehörige des Klosters, ohne Mitglieder des Konvents zu sein. Auch für sie galt die benediktinische Forderung nach der Kombination von Gebet und Arbeit – *ora et labora* –, doch die Gewichtung war eine andere als bei den Mönchen und Nonnen. Die Laienbrüder in einem Kloster verrichteten in erster Linie die ihnen zugewiesene handwerkliche und landwirtschaftliche Arbeit, erst im zweiten Schritt das formale, für sie in seinem Inhalt aber unverständliche, weil lateinische Gebet. Ohne ihre Bereitschaft, in den klösterlichen Wirtschaften – mit der Gegenleistung einer gesicherten Existenz – zu arbeiten, hätte jedoch weder die Agrarwirtschaft eines Klosters noch ein Skriptorium bestehen können.

a) Schreib- und Malutensilien

„O glücklichster Leser, wasche deine Hände und fasse so das Buch an, drehe die Blätter sanft, halte die Finger weit ab von den Buchstaben. Der, der nicht weiß zu schreiben, glaubt nicht, dass dies eine Arbeit sei. O wie schwer ist das Schreiben: es trübt die Augen, quetscht die Nieren und bringt zugleich allen Gliedern Qual. Drei Finger schreiben, der ganze Körper leidet …" (Vera Trost: Skriptorium. Die Buchherstellung im Mittelalter, 1991, Einband)

Dieser vielzitierte Stoßseufzer eines monastischen Schreibers aus dem 8. Jahrhundert offenbart die Mühen seiner Tätigkeit und verweist indirekt auf das Handwerkszeug, das Mönche und Nonnen dafür benötigten, die Pergamentblätter und das Schreibzeug, welches sich auf den Abbildungen von Schreibenden als eines der beliebtesten Motive in liturgischen Büchern immer wieder problemlos identifizieren lässt. Geschrieben wurde an einem Schreibpult mit einer meist schräg gestellten Schreibplatte. Entwürfe entstanden auf Wachstafeln mit Hilfe eines Griffels aus Holz oder Elfenbein. Dessen eines Ende war spitz und diente zum Schreiben bzw. Einritzen, das andere Ende war abgeplattet und wurde zum Glätten des Wachses z. B. für Korrekturen verwendet. Die Reinschrift übertrug man auf eine vorbereitete Pergamentseite, die zugeschnitten und dünn liniert worden war. Als Schreibgeräte fungierten Federkiele, mit dem Federmesser konnte man sowohl die Kiele anspitzen als auch vorsichtige Rasuren auf dem Pergamentbogen vornehmen. Als Tinte, aufbewahrt im Tintenhorn, verwendete man unterschiedliche Materialien wie weich gekochten Dornensaft oder zerstoßene Asche, die zu Flüssigkeiten verdünnt und mit einem Festiger vermischt wurden. Für besonders kostbare Bücher tränkte man das Pergament in Purpur und beschrieb es mit Gold- oder Silberfarbe. Die Farben, die die Illuminatoren benötigten und die sicherlich vielfach ebenfalls in klostereigenen Werkstätten hergestellt wurden, setzten sich aus anorganischen Stoffen wie Erden, Kreiden oder Mineralien zusammen (aus zerriebenem Lapislazuli zum Beispiel wurde das leuchtende und kostbare Blau gewonnen), aus organischen Stoffen wie z. B. dem Saft der Purpurschnecke (purpur) oder des Gallapfels (hellgrün), den Staubgefäßen von Krokussen (= Safran = gelb) oder aus Mischungen verschiedener Stoffe. Als Bindemittel kamen Eiweiß, Harze oder Fischleim zur Anwendung, um die Farben auf dem Untergrund zu fixieren. Erst aus relativ später Zeit, seit dem 12. Jahrhundert, haben sich Werkstattbücher mit den Verfahren und Rezepten zur Farbgewinnung erhalten. Diese in lateinischer Sprache abgefassten und speziell für den engen Benutzerkreis der klösterlichen *scriptores* und *scriptrices* sowie *illuminatores* und *illuminatrices* erstellten Schriften überliefern Kenntnisse über Farb- und Bindemittel sowie deren Gewinnung und Herstellung, über den Aufbau von Malschichten und die Erfahrung in Bezug auf Verträglichkeit und Unverträglichkeit von Farben, Hinweise zur Buchmalerei und Buchherstellung. Daneben geben sie Instruktionen zur Glasmalerei und zur Emaillierkunst, vermitteln Wissen über chemische Prozesse und leiten zur Bearbeitung von Metallen an.

3. Klösterliches Schriftgut

Was aber schrieben Mönche und Nonnen in den Skriptorien ihrer Klöster, was gelangte in ihre Bibliotheken und Archive? Eine Vierteilung des Schriftgutes erläutert seine Funktionszusammenhänge. 1. Die liturgischen Werke und die Gebetstexte stellten das notwendige Rüstzeug zur Erfüllung des *opus dei* dar, zur Abhaltung der Messen und zur Vertiefung in die innere Andacht. 2. Hagiographie und Historiographie sicherten das Gedächtnis der monastischen Gemeinschaften, indem sie zum einen an deren Vorbilder, also die Heiligen, erinnerten, und zum anderen die Gemeinschaften sowohl mit Blick auf die Heilsgeschichte als auch auf deren eigene Geschichte einordneten und im aktuellen politischen und gesellschaftlichen Geschehen verankerten. 3. Die theologischen Traktate und Schriften zu verschiedenen Fachgebieten fixierten vor der Entstehung anderer Bildungseinrichtungen den zeitgenössischen Wissens- und Diskussionsstand. Der Austausch von Büchern der Klöster untereinander förderte dabei in begrenztem Rahmen die Vereinheitlichung liturgischer Texte, die Verbreitung und Aktualisierung von Wissen um historische Ereignisse und ihre Einordnung sowie die Diskussionen um Einsichten in diverse Wissenszweige. 4. Als letzter und durchaus umfangreicher Bestand ist das Verwaltungsschriftgut der Klöster zu nennen, das sie in ihrer Wirtschaftlichkeit und in ihren gesellschaftlichen Beziehungsgeflechten dokumentiert.

a) Liturgisches Schriftgut

Als wichtigstes liturgisches Buch kam die **Bibel** in der Messliturgie zum Einsatz. Sie diente der Erbauung und Andacht des Einzelnen und hob besondere Anlässe hervor. In den Klöstern war sie die Vorlage für die Tischlesung während der Mahlzeiten; zu den Nachtwachen *(= Vigilien)* wurden ihre Bücher, Kapitel und Abschnitte in unterschiedlicher Auswahl und Reihenfolge gelesen. Im Laufe eines Jahres sollte auf diese Weise die ganze Bibel einmal komplett vorgelesen worden sein. Bereits im 3. vorchristlichen Jahrhundert waren die fünf Bücher Moses (= Pentateuch) ins Griechische übersetzt worden, diese Fassung bezeichnete man als die Septuaginta. Zu Anfang des 3. Jahrhunderts hatte Origenes eine Harmonisierung verschiedener griechischer Übersetzungen der Bibeltexte versucht. Hieronymus besorgte um 400 die Übersetzung aus griechischen und originalsprachlichen Fassungen des Alten und des Neuen Testamentes ins Lateinische. Diese Fassung setzte sich im Mittelalter durch. Sie wurde die allgemein gebräuchliche, die *Vulgata*. Die frühesten Überlieferungen der Bibel waren zunächst nicht illuminiert, lediglich Buch- und Kapitelanfänge waren graphisch herausgehoben. Die Kostbarkeit des Textes zeigte man manchmal durch den Wert des Beschreibstoffes: in Purpur getränktes Pergament und Schrift in Gold- und Silbertinte. Seit dem 4. Jahrhundert traten Illuminationen dazu. Im Laufe der nächsten Jahrhunderte expandierten und variierten die Bibeln bezüglich Format, Schriftbild und Ausmalung, in Formen und Szenenauswahl, in ornamentaler und figürlicher Umsetzung des Textes.

> **Die Bibel**
> Die Bibel besteht aus dem Alten Testament mit den geschichtlichen und den prophetischen Lehrbüchern, dem Neuen Testament mit den historischen und den didaktischen Büchern sowie der Offenbarung des Johannes. Sie war das umfangreichste und ein in seiner kanonischen Anordnung festgelegtes Lehrbuch und stellte das Gesamtkompendium dar, aus dem einzelne Bücher für entsprechende liturgische Anlässe herausgelöst wurden.

Schon recht früh, bereits im 4. Jahrhundert, wurden die vier Evangelien der Apostel Matthäus und Johannes sowie ihrer Schüler Markus und Lukas als die Vermittler der christlichen Geschichte und die Verkünder der Heilslehre, der frohen Botschaft, als eigenes Buch für das Messgeschehen erfasst und in der *Vulgata* des Hieronymus in einer bestimmten, auch künftig geltenden Reihenfolge festgeschrieben (Matthäus, Markus, Lukas, Johannes). Die vier Texte sind nicht deckungsgleich. Zu Beginn des 4. Jahrhunderts machte sich Bischof Eusebius von Cäsarea im Auftrag Kaiser Konstantins des Großen daran, alle vier Evangelienberichte in nummerierte Sinnabschnitte zu unterteilen und die Parallelstellen mit Hilfe dieser Zahlen zu notieren, beginnend mit den Übereinstimmungen und endend mit den individuellen Passagen. Diese Konkordanztabellen, auch Kanontafeln genannt, wurden in karolingischer Zeit, als man auf königliche Initiative nach einer Vereinheitlichung von Texten und Strukturen strebte, nach einleitenden Erklärungen zu den vier Texten und einer Art Gebrauchsanweisung für die Tabellen den Evangelientexten vorangestellt.

Durchgängiges Prinzip in den illuminierten Handschriften blieb bei allen Veränderungen der künstlerischen Formen der Auftakt zu jedem Evangelientext. Es handelt sich jeweils um die Darstellung des schreibenden Evangelisten, z.B. am Pult sitzend und völlig von der Arbeit des Schreibens absorbiert oder auch frontal dem Betrachter zugewandt, mit der Hand auf das aufgeschlagene Buch weisend. Meist sind den Evangelisten ihre Symbole beigegeben, die bereits im Alten Testament Erwähnung finden (Ezechiel

1,10) und mit Hilfe einer aufwendigen Interpretationsleistung den Evangelisten zugeordnet wurden: Das Evangelium des Matthäus betont die Menschwerdung Christi – sein Symbol ist ein menschliches Wesen; der Text des Markus beginnt mit der Beschreibung von Johannes dem Täufer, der wie ein Löwe in der Wüste brüllte; Lukas schreibt mit der Kraft eines Stieres; und das Evangelium des Johannes hebt die Geschichte Jesu Christi auf eine höhere Ebene wie ein Adler. Diesen, die Evangelien in den mittelalterlichen Handschriften geradezu konstituierenden Bildern, gesellten sich schon bald andere hinzu: die Darstellung der Majestas domini, der Herrlichkeit Gottes, Stifterbilder, ganze Bilderreihen und Einzelbilder, die die Ereignisse innerhalb der Texte illustrieren.

Die Perikopen, die während der Messe zu verlesenden Textabschnitte in der Reihenfolge des Kirchenjahres, waren in den Evangelientexten gekennzeichnet oder in einem eigenen vorgeschalteten Abschnitt benannt.

Das Lektionar als die Zusammenstellung der Texte der Schriftlesung, die auf den kirchlichen Festkalender abgestimmt waren, bestand aus zwei Teilen. Das Epistolar beinhaltete das Alte Testament, die Apostelgeschichte, die Briefe und die Apokalypse des Johannes, das Evangelistar die vier Evangelien. Ein Lektionar, das beide Teile enthält, bezeichnet man auch als Vollektionar oder Perikopen-Buch. Zunächst waren nur Randnotizen in den Texthandschriften der Bibel gemacht worden, dann in sog. Capitularen die Perikopen mit dem jeweiligen Anfang und Ende verzeichnet worden, in den Lektionaren bzw. Perikopen-Büchern schließlich finden sich die ausgeschriebenen Texte.

Bereits ab dem 9. Jahrhundert haben sich Antiphonare erhalten, die in der Messe und während des Stundengebets vorgetragenen Gesänge. Die ältesten Nachrichten darüber finden sich in den monastischen *consuetudines* und *ordines*, also in den Regelauslegungen und den Gottesdienstordnungen. Die Gesänge der Messe folgen einer gleich bleibenden Anordnung im Rhythmus des Kirchenjahres, beginnend mit dem Adventsonntag. Unterschieden wurde zwischen Antiphonaren für die üblichen Messen und dem *Cursus monasticus*, einer wesentlich umfangreicheren Redaktion eines Antiphonars, das in den Klöstern zum Einsatz kam. Seit dem 12. Jahrhundert differenzierte man noch einmal zwischen den Taggesängen und den Gesängen während der nächtlichen Vigilien und bezeichnete die Bücher entsprechend als *Antiphonarium diurnale* bzw. *nocturnale*.

Erst im 13. Jahrhundert entstanden die voll ausgebildeten Sakramentare bzw. Missale, die die vom Priester während der Messe oder anderen Kulthandlungen zu sprechenden bzw. zu sprechenden und zu singenden Texte enthielten. Sie stellen quasi eine Kompilation aus Lektionar und Antiphonar dar und können als Buch der kompletten Liturgie mit festgelegten Texten angesehen werden, die für die Herrenfeste, also die Feste, die sich auf die Lebensstationen Jesu Christi beziehen wie Weihnachten, Ostern, Christi Himmelfahrt und Pfingsten, die Heiligenfeste und die Sonntagsmessen galten.

Die Messformeln sind dreigeteilt und enthalten den Aufruf zur Sammlung (Collectar), die Worte für den eigentlichen Anlass (Secreta) und die Schlussformel (ad complendum). Sie beinhalteten das Hochgebet, die Messformeln für die Feste in der Reihenfolge des Kirchenjahres, die Heiligenfeste, das Kirchweihfest, die Sonntags-, Dank- und Totenmessen sowie Segensformeln. Manchmal wurde ein Kalendar und/oder ein Computus, die astronomische Tabelle zur Errechnung des Osterfestes, vorgeschaltet.

Das wichtigste klösterliche Gebetbuch war der Psalter mit seinen 150 Hymnen des Alten Testaments, dem oftmals noch andere Texte zugefügt wurden: die Prologe, Lobpreisungen, Litaneien und Kalender mit den Daten der einzelnen Heiligenfeste. Zu den Stundengebeten wurden festgelegte Psalmen gebetet bzw. gesungen. Eine erste Übersetzung des Psalters ins Deutsche besorgte um 1000 der Mönch Notker (950–1022) im Kloster St. Gallen.

In die **Martyrologien**, die sich im Laufe der Zeit zu Nekrologien, zu Totenbüchern, entwickelten, wurden sowohl die verstorbenen Mitglieder des Konventes eingetragen als auch diejenigen, die in gesellschaftlichen Kontakten zu einem Kloster standen, z. B. durch Stiftungen oder Schenkungen. Die Schwierigkeit der Interpretation besteht darin, dass in der Regel nur der Todestag einer Person, nicht aber das Todesjahr vermerkt und ein solcher Kalender zum Teil über Jahrhunderte kontinuierlich fortgeführt wurde. Die Identifizierung der genannten Personen kann man also nur mit größter Vorsicht angehen.

Martyrologien
Die Martyrologien waren ein besonderes Buch der monastischen Gemeinschaften, ein kalendarisches Verzeichnis der Blutzeugen Christi, aus dem täglich im Rahmen des Gottesdienstes in der *Prim* vorgelesen wurde. Im ersten Drittel des 8. Jahrhunderts hatte der angelsächsische Mönch und Gelehrte Beda Venerabilis († 735) ein solches Martyrologium angelegt, das 114 Heiligennamen mit ihrem Todestag, der Art ihres Martyriums und ihrem Richter verzeichnete. Martyrologien entwickelten sich in den Klöstern zum einen in regionalen oder lokalen Ausprägungen und in der Aufnahme der dort verehrten Heiligen. Sie entwickelten sich zum anderen aber auch zu Memorienkalendern, in die Stifter und Gönner sowie alle diejenigen eingetragen wurden, die irgendeine Beziehung zu der gedenkenden Gemeinschaft unterhielten oder mit denen sich das Kloster verbunden sehen wollte. Auf diese Weise lassen sich aus den Memorienkalendern die Beziehungsgeflechte einer klösterlichen Gemeinschaft rekonstruieren, die Reichweite ihrer Kontrolle abschätzen, familiäre Verflechtungen von Klosterinsassen und ihren Förderern erschließen.

Trotzdem hat diese Quellengattung einen eigenen Forschungsbereich angeregt. Zum einen fragt er nach den Beziehungsgeflechten und kann damit weit über das innerklösterliche Geschehen hinaus gesellschaftliche und politische Netzwerke ausmachen, die sich – und das ist der zweite Strang dieses Forschungsansatzes – mit Hilfe des klösterlichen Gedenkens über die familiare, ortsgebundene, soziale oder politische Verbundenheit hinaus eine ins Transzendentale reichende Gemeinsamkeit schufen. Die klösterliche *memoria* konnte also durchaus identitätsstiftende Wirkung haben. Sie hob die Aktivitäten der adeligen Elite, die in der Besetzung von weltlichen und geistlichen Positionen quasi ihren tagespolitischen Ausdruck gefunden hatte, über das Tagesgeschehen hinaus auf eine höhere Stufe gemeinschaftlicher Existenz. In diesem Sinne der Identitäts- und Gemeinschaftsstiftung fungierte die monastische *memoria* als Ausdruck adeliger Kultur und ist damit in weiterem Sinne der Hagiographie und Historiographie vergleichbar.

Breviere, also Gebetbücher für den persönlichen Gebrauch, stellte man erst im hohen Mittelalter zusammen und noch später die Stundenbücher, erstere für Kleriker, letztere für Laien. Diese Andachtbücher waren nicht für den liturgischen Gebrauch, sondern für das persönliche Gebet konzipiert und vereinigten Psalmen, Texte aus der Heiligen Schrift, Heiligenlegenden, Lobpreisungen, geistliche Sprüche und andere Texte. Im Gegensatz zu den liturgischen Büchern gestatteten die individuellen Gebetsbücher eine freiere Zusammenstellung der Texte, auch wenn bestimmte Grundbestandteile immer wieder auftauchen. Generell waren sie von kleinerem Format als liturgische Bücher, sollten sie doch in die Rocktasche passen, um stets zur Hand zu sein, wie das

Brevier, oder in frommer Versenkung vor dem Hausaltar studiert werden, wie die Stundenbücher, die in diesem Zusammenhang auf spätmittelalterlichen Tafelgemälden oft in den Händen einer betenden Frau, mit Vorliebe Maria, zu sehen sind.

Mit dem Aufblühen der urbanen Kultur seit dem 11. Jahrhundert erwuchs den klösterlichen Skriptorien mit professionellen Schreibschulen bzw. Werkstätten eine Art städtisches Pendent. Ihre Schreiber und Maler scheinen jedoch keine Konkurrenz im Sinne heutigen wirtschaftlichen Denkens gewesen zu sein, sondern reagierten vielmehr ergänzend auf eine wachsende stadtbürgerliche Nachfrage und eine sich verändernde Laienfrömmigkeit.

b) Schriftgut des Wissens und der Bildung

Den liturgischen Büchern zur Seite standen die Reproduktion und die Verschriftlichung von neu erarbeitetem Wissen. Dies gilt für die klösterlichen Bibliotheken der ersten ebenso wie der späteren Jahrhunderte. Neben den Werken der Hagiographie und Historiographie kopierten Mönche und Nonnen die Texte antiker Autoren und die theologischen Traktate der Kirchenväter. Musik und Gesang bedurften, um dauerhaft in gleich bleibender Form existent zu sein, sowohl einer Notation – und eine Notenschrift musste erst einmal entwickelt werden – als auch theoretischer Überlegungen. Das in der Heilkunst empirisch gewonnene Wissen musste schriftlich fixiert werden, wenn es auch künftigen Generationen Nutzen bringen sollte. Das Gleiche gilt für andere Einsichten, die man bei der Naturbeobachtung erlangte.

Die Notwendigkeit der schriftlichen Fixierung liturgischer Texte, um überall auf gleiche Weise zur selben Stunde das *opus dei* erfüllen zu können, ließ in den Klöstern eine selbstverständliche Praxis des Schreibens entstehen, die sich nach dem Gottesdienst auf alle anderen Tätigkeitsbereiche eines Klosters bezog. Die monastischen Gemeinschaften boten ihren Mitgliedern die Chance intellektueller Tätigkeit, und Klöster waren seit der Zeit ihrer Entstehung bis ins 12. Jahrhundert neben den Ausbildungsstätten am königlichen Hof die einzigen kontinuierlich arbeitenden Schreib- und Bildungsstätten. Sie tradierten antikes, literarisches Kulturgut und Wissen, sie erarbeiteten neue theoretische und empirische Kenntnisse, die sie auf das Fundament ihrer Existenz, den christlichen Glauben, stellten. Neben der ständigen Reproduktion mehr oder weniger vereinheitlichter liturgischer Texte, deren Wiedergabe den Tagesablauf der monastischen Gemeinschaften bestimmte, ist es das Verdienst der klösterlichen Skriptorien, auch Freiräume geschaffen zu haben für die kreative Produktion, für die Weiterentwicklung philosophischer ebenso wie naturwissenschaftlicher Fragen.

c) Verwaltungsschriftgut

Als letzte Gruppe sei das Verwaltungsschriftgut angesprochen. Damit die wachsende klösterliche Wirtschaft reibungslos funktionieren konnte, brauchte sie Instrumente der Kontrolle und Überwachung. Sie entwickelte diese in einem sich permanent erweiternden und differenzierenden Urkunden- und Aktenwesen. Bereits im 8. Jahrhundert wurden geschäftliche Transaktionen, Käufe und Verkäufe, Schenkungen und Stiftungen urkundlich festgehalten und konnten bei Bedarf als Rechtsmittel eingesetzt werden. Besitz- und Abgabenverzeichnisse ermöglichten durch ihre Übersichten langfristige

Wirtschaftsplanung und Vorratshaltung; das gilt auch für die späteren Rechnungsbücher und Einkaufslisten. Mitgliederverzeichnisse und -listen gaben weiteren Aufschluss über die klösterliche Haushaltsführung. So ist es letztlich in erster Linie dieses Verwaltungsschriftgut, das uns das Wissen über die klösterliche Grundherrschaft erschließt, die ja weit mehr oder doch zumindest etwas ganz anderes war als der betende Konvent von Mönchen oder Nonnen, nämlich wesentlicher Bestandteil der agrarwirtschaftlichen Gesellschaftsstruktur des Mittelalters.

4. Zusammenfassung

Schriftlichkeit auf unterschiedlichen Ebenen zur Grundlage der eigenen Existenz gemacht zu haben, ist das Verdienst der mittelalterlichen Klöster. Anders formuliert: Ohne Schriftlichkeit sind sie nicht denkbar und auch nicht ohne die zahlreichen handwerklichen Tätigkeiten, die zum Entstehen eines Buches benötigt wurden. Die auf Pergament fixierten und damit immer wieder reproduzierbaren Worte dienten sehr verschiedenen Zwecken. Die vereinheitlichten liturgischen Texte schufen dort, wo Mönche und Nonnen sie lasen, sprachen oder sangen und die lateinischen Worte verstanden, ein einheitliches christliches Bekenntnis, ein gleiches Bewusstsein über Glaubensinhalte und über moralisch Richtiges und Falsches, eine gemeinsame Orientierung in der Welt im Wissen um den göttlichen Heilsplan. Denen, die die Texte nicht verstanden, bot die überall gleiche Liturgie in der Kombination von stets gleich bleibenden Formeln und ihrer Übersetzung in Zeichen und Gesten die Möglichkeit, sich dieser Gemeinschaft zugehörig zu fühlen. Skriptorien und Bibliotheken reproduzierten und verwahrten die liturgischen Texte und eröffneten die Möglichkeiten, philosophische Überlegungen weiterzuführen und empirisch gewonnene Kenntnisse mit früherem Wissen zu vergleichen. Hagiographie, Historiographie und andere Texte der Memorialkultur schufen ein Bewusstsein von der eigenen Bedeutung, legitimierten existierende Privilegien in der Tradition dieser Vorbilder und förderten die Ausbildung einer Identität, die ihren Selbstwert aus der Nähe zu Gott bezog. Ganz pragmatisch eröffnete das Verwaltungsschriftgut die Kontrollmöglichkeiten für eine funktionierende Vorratswirtschaft und stellte die notwendigen Rechtsmittel für alle ökonomischen und gesellschaftlichen Beziehungen bereit.

VII. Monastische Reformen im frühen und hohen Mittelalter

Die Entwicklung der Lebensregeln in den Klöstern bis zu Beginn des 9. Jahrhunderts

Um 800	uneinheitliche Lebensregeln in den Klöstern (Magisterregel, Columbanregel, Benediktregel, Mischregeln)
789	*Admonitio generalis* Aufstellung grundlegender Regeln monastischer Lebensgestaltung
802, 816, 817	mehrere
818/819	Synoden und Hoftage in Aachen und
829	eine Synode in Paris mit Bestrebungen zur Vereinheitlichung monastischer Lebensregeln gemäß dem Vorbild der *Regula Benedicti*

Die Durchsetzung der Regula Benedicti

814	Benedikt von Aniane wird beauftragt, die *Regula Benedicti* als allein gültige Regel in den Klöstern des Frankenreiches durchzusetzen
816	Regelung der Lebensweise in Frauenklöstern auf einer Aachener Synode

Das Reformkloster Cluny

909	Stiftung des burgundischen Klosters Cluny durch den Grafen Wilhelm von Aquitanien (886–918)
915	Weihe der Kirche Cluny I
1109	Weihe der Kirche Cluny III

1. Zum Begriff: Monastische Reformen

Die Geschichte des abendländischen Mönchtums war keine gradlinige Entwicklung. Man könnte sie auch als eine Geschichte von Reformphasen beschreiben, wobei seit dem 12. Jahrhundert noch die Geschichte von Ordensneugründungen hinzukommt.

Wenn sich auch die einzelnen Reformen, ihre jeweilige historische Einbettung und die geschichtlichen Voraussetzungen unterscheiden, so kann man doch einige sich wiederholende Grundzüge ausmachen. Re-form: Das bedeutete die Rückkehr zu einem früheren und, in der Reflexion über die eigene Zeit, einem Idealzustand, in dem sich das Leben nach christlichen neutestamentlichen Grundsätzen ausrichtete. Für die klösterlichen Gemeinschaften bedeutete dies das Streben nach der Wiedergewinnung verloren gegangener monastischer Wertmaßstäbe. Erreicht werden sollte dies, indem man sich die strenge Befolgung der Benediktregel zum Ziel setzte. Die Einhaltung ihrer Vorschriften bezüglich der geistlichen Angelegenheiten (Liturgie, kontemplatives Gebet etc.) wie des organisatorischen Aufbaus (Regelbefolgung, Ordensstruktur) erachtete man als Garantie für ein als vorbildlich angesehenes religiöses Leben. Neben die liturgischen und institutionellen Maßnahmen traten weitere, die eher die politischen und wirtschaftlichen Strukturen betrafen wie die immer wieder geforderte Abschaffung des Laienabbatiats – also die Einsetzung eines Laien in das höchste klösterliche Amt, das gleichzeitig in manchen Zusammenhängen auch ein politisches Amt war oder eine bloße Versorgungsstelle für ihren, ansonsten dem monastischen Leben fremden Nutznießer – oder die Rückgabe von Gütern, die einem Kloster entfremdet worden waren, derer es jedoch zu seiner materiellen Absicherung bedurfte. Ausführungen zur karolingischen Klosterreform des 8./9. Jahrhunderts und zur Entwicklung des 10./11. Jahrhunderts können das verdeutlichen.

2. Herrschaftliche Bemühungen um die *Regula Benedicti*

Bis zur zweiten Hälfte des 8. Jahrhunderts waren Klosterwesen und Mönchtum zu einem festen Bestandteil der gesellschaftlichen Wirklichkeit geworden. Sie setzten im geistigen und geistlichen Leben die wichtigsten Akzente. Sie hatten begonnen, bedeutende Aufgaben in der kirchlichen Organisation und der wirtschaftlichen Erschließung eroberter Territorien zu übernehmen; manche Klöster waren unabhängige Stützpunkte für die monarchischen Herrscher und personell aufs Engste mit den politisch und gesellschaftlich führenden Familien ihrer jeweiligen Umgebung verflochten. Diese Entwicklungen hatten noch lange nicht ihren Höhepunkt erreicht; die Bedeutung der Klöster wuchs in den folgenden Jahrhunderten stetig.

Trotzdem boten die zahlreichen und vielfältigen Klöster um 800 alles andere als ein einheitliches Bild. Das galt für die jeweils von ihnen befolgte Regel wie auch für die Lebensweise von Mönchen und Nonnen. Die *Regula Benedicti* hatte sich keineswegs bereits überall als alleinige Regel durchgesetzt. Manches Kloster folgte solchen Regeln, die von anderen einflussreichen Äbten festgelegt worden waren, und häufig bevorzugte man eine Mischregel. Die Unterschiede in den Lebensregeln beziehen sich auf die liturgischen Feierlichkeiten oder auf die Betonung bestimmter Anforderungen an die mönchische Gemeinschaft, so wie z. B. die Columbansregel strengsten Gehorsam fordert. Auch die Lebensweise der frommen Gemeinschaften begann sich zweizuteilen. Neben den klausurierten, also gemeinschaftlich, von der übrigen Gesellschaft getrennt lebenden Konventen existierten die Gemeinschaften der Kanoniker und Kanonissen, die zwar zum gemeinsamen Gebet zusammen kamen, aber oft innerhalb der Klostermauern in eigenen Haushalten lebten und engen Kontakt zu ihrer Familie und gesellschaftlichen Umgebung hielten.

So, wie sich Karl der Große auch in anderen kulturellen und wirtschaftlichen Bereichen um Vereinheitlichung bemühte – man denke nur an die Anregungen zur Entwicklung und Akzeptanz einer einheitlichen Schrift, der karolingischen Minuskel, oder an die Einführung des silbernen Denars als der überall in seinem Herrschaftsbereich geltenden Währung –, so versuchte er dies auch in kirchlichen Bereichen.

a) *Admonitio generalis* von 789

Man kann geradezu von einer monastischen Gesetzgebung sprechen, die Karl der Große anregte und die ab 789 mit der *admonitio generalis* einsetzte. Die Synodalbeschlüsse, also die auf den Bischofskonferenzen getroffenen Entscheidungen, die sowohl an die Vorsteher von Mönchs- und Nonnenklöstern als auch die übrigen Konventsmitglieder adressiert waren, lesen sich in der Summe wie die nach heutigem Verständnis grundlegenden Regeln monastischer Lebensgestaltung: Die Residenzpflicht sollte nicht nur von Mönchen und Nonnen, sondern auch von Äbten und Äbtissinnen selbst beachtet werden; Gemeinschaft galt prinzipiell in Schlaf- und Speiseraum; die Novizenausbildung bedurfte der ständigen Kontrolle, es durfte für keinen aus der Gemeinschaft finanzielle Vorteile geben, die Beachtung der Regel – gemeint war damit immer die *Regula Benedicti* – sollte oberstes Gebot sein, damit verbunden war die Einhaltung des Armutsgelübdes, strikter Gehorsam gegenüber den Vorgesetzten und die Wahrnehmung des Auftrags christlicher Liebestätigkeit. Die Tatsache, dass dies auf den Synoden immer wieder neu gefordert werden musste, spricht dafür, dass man von der allgemeinen Akzeptanz bzw. der Befolgung dieser Grundsätze weit entfernt war.

Die herrschaftlichen Bemühungen um ihre Durchsetzung ließen aber nicht nach. Die Versammlung auf dem Hoftag im März 802 in Aachen stellte erneut folgende Forderungen auf: Äbte und Äbtissinnen sollten gemeinsam mit ihren Mönchen und Nonnen gemäß der *Regula Benedicti* leben und regelmäßige Kontrollbesuche (Visitationen) der Bischöfe in ihren Klöstern zur Überprüfung der rechtlichen Verhältnisse und der inneren Disziplin akzeptieren. Des Weiteren sollten in einer Art „konzertierten Aktion" königliche Boten *(missi)* die Klöster des Fränkischen Reiches bereisen und die Kenntnis der Regel sowie die Einhaltung ihrer Bestimmungen überprüfen. Das offenbar wenig erfreuliche Ergebnis dieser Reisen scheint im Herbst 802 vorgelegt worden zu sein. Um bestehende Missstände zu beseitigen und künftigen vorzubeugen, einigten sich der Kaiser und die versammelten Teilnehmer des Hoftags darauf, in der Zukunft die *Regula Benedicti* als einzig verbindliche Lebensnorm zu betrachten und in den Klöstern auch nur diese zuzulassen.

b) Benedikt von Aniane und die Durchsetzung der *Regula Benedicti*

Aber auch ein gutes Jahrzehnt später waren die herrschaftlichen Vorstellungen einer einheitlich gestalteten monastischen Existenz noch nicht realisiert worden, und auf dem Reichstag von Mai/Juni 813 wiederholten sich in etwa die bekannten Forderungen. Es scheint so zu sein, dass die monastischen Gemeinschaften an der Peripherie des Reiches insgesamt besser abschnitten als die Klöster im Zentrum des Frankenreiches. Karl der Große hatte erstere offenbar bewusst durch Schenkungen und Privilegien gefördert, damit sie ihren Aufgaben der kolonisatorischen Landeserschließung und der Missionierung besser gewachsen und für potentielle Bewerber um die Aufnahme in diese Gemeinschaften attraktiver waren. In vielen anderen Teilen des Reiches wartete auf die mönchischen Reformer immer noch die Aufgabe, die *Regula Benedicti* als alleinige Regel durchzusetzen. Eingedenk der Größe des karolingischen Reiches, das sich immerhin von der Nordsee bis zu den Pyrenäen erstreckte, auf der italischen Halbinsel Nord- und große Teile Mittelitaliens bis Rom umfasste und in westöstlicher Ausdehnung vom Atlantik bis zur Elbe reichte, sowie der immensen Zahl klösterlicher Gemeinschaften – man zählt bereits um 800/820 mehr als 650 im Frankenreich (Italien ausgenommen) – war dies ein hochgestecktes Ziel.

Ludwig der Fromme (778–843, Kaiser 813/4–40), Sohn und Nachfolger Karls des Großen, bestimmte den Abt **Benedikt von Aniane** dazu, die Vereinheitlichung der im Frankenreich befolgten Regeln voranzutreiben. So kann dieser adelige Abt, der selbst Mönch war, als einer der ersten monastischen Reformer angesprochen werden. Als er 814 mit der praktischen Durchsetzung der *Regula Benedicti* in den Klöstern des Frankenreiches beauftragt wurde, konnte er bereits auf eine über 30-jährige, von ihm erfolgreich vorangetriebene Reformgeschichte zurück blicken. Das 9. Jahrhundert setzte die Erfolgsgeschichte der *Regula Benedicti* fort; sie wurde in der Tat für mehrere Jahrhunderte zur einzig gültigen monastischen Lebensnorm.

> **Benedikt von Aniane (ca. 750–821)**
>
> Eigentlich hieß er Vitizer, war aus gräflichem Geschlecht und zunächst Ritter im Dienste der Könige Pippin (714/15–768, König seit 751/52) und Karl dem Großen. Um 773 trat er entgegen dem Willen seiner Familie in Dijon in das Kloster Saint-Seine in der Diözese Langres ein. Er verfocht die strenge Einhaltung der *Regula Benedicti*. Um 780 verließ er die Gemeinschaft und lebte zwei Jahre lang als Eremit in einer Zelle auf seinem väterlichen Erbgut Aniane, bevor er eben dort ein Kloster errichten ließ, das er strikt der benediktinischen als allein gültiger Regel unterstellte. Der von ihm angenommene Name Benedikt wurde sein Programm. Allerdings eines, das nicht ihn selbst, sondern v. a. die Mitglieder seines Klosters auf die *Regula Benedicti* als ausschließlicher Lebensnorm verpflichtete. Benedikt von Aniane selbst sah sich aufgerufen, die Idee der benediktinischen Regel in andere Klöster weiterzutragen, indem er Klöster entweder selbst gründete oder aber, indem er bestehende Klöster in diesem Sinne reformierte bzw. dazu beitrug, dass dort bis dahin befolgte Mischregeln durch die Benedikt-Regel ersetzt wurden und Letztere zur alleinigen Richtschnur der monastischen *vita communis* wurde. Kaiser Ludwig der Fromme ernannte ihn zum Generalabt des Frankenreiches und beauftragte ihn mit der Reform aller fränkischen Klöster. Benedikt von Aniane sorgte selbst in etwa 15 Klöstern, v. a. in Aquitanien, Septimanien und der spanischen Mark, also in den südwestfränkischen Reichsteilen, für die Durchsetzung der benediktinischen Regel, seine Anhänger waren in ca. weiteren 40 Klöstern erfolgreich.

3. „Trendwende": Neues monastisches Selbstbewusstsein

Die Vereinheitlichung des Klosterwesens mit Blick auf die inneren und äußeren Strukturen mochte auch den Blick der ihm Zugehörigen für die Andersartigkeit der klösterlichen im Vergleich mit anderen Lebensformen geschärft haben. Die Befolgung einer allen gemeinsamen Regel, die die klösterlichen Aufgaben definierte, den Tagesablauf bestimmte, die hierarchische Ordnung der Gemeinschaft festlegte und dabei doch so flexibel war, dass sie unter verschiedensten Voraussetzungen einsetzbar blieb – all das dem Gebot des regelmäßigen Gotteslobes und des gemeinsamen wie individuellen Gebets untergeordnet – konnte die Voraussetzungen schaffen, um für den monastischen Stand Eigenständigkeit und Unabhängigkeit zu fordern. Nur wenn diese gegeben wären, könnten Mönche und Nonnen ihren Aufgaben ohne äußeren Druck und mit der gebotenen Überzeugung nachkommen.

Eine solche Unabhängigkeit monastischer Existenz war jedoch im 9./10. Jahrhundert durchaus nicht gegeben. Stattdessen erfüllten die Klöster neben ihren gottesdienstlichen und Gebetsverpflichtungen für ihre herrschaftliche Umgebung recht weltliche Funktionen: Sie waren Ausbildungs- und Versorgungsstätten für adelige Söhne und Töchter, sie festigten Ansehen und Einfluss der adeligen Gründerfamilie, sie leisteten für die fränkischen Herrscher agrarische Kultivierungs- sowie missionarische Überzeugungsarbeit. Die fränkischen Reichsklöster waren darüber hinaus dem Herrscher zu vielfachen Dienstleistungen (Gastung, Heerfolge, Teilnahme an Hoftagen) verpflichtet.

Im 10. Jahrhundert besetzten die sächsischen Könige und Kaiser kirchliche Ämter, Bischofs- und Abtsstühle, mit Angehörigen der eigenen Familie und mit bewährten Gefolgsleuten, um sich so einen starken Rückhalt gegen die Gruppe der übrigen führenden Adeligen zu sichern – eine Ausgestaltung weltlicher Herrschaft, die kirchliche Positionen als Stütze nutzte, was die Geschichtsforschung des 20. Jahrhunderts mit dem Hilfsbegriffs des Reichskirchensystems zusammengefasst hat.

All dies lässt sich jedoch nicht mit den Forderungen der *Regula Benedicti* überein bringen. Denn diese verlangt die absolute Hinwendung einer klösterlichen Gemeinschaft zu Gottesdienst und Gebet sowie im Rahmen ihrer Möglichkeiten zu Werken der christlichen Liebestätigkeit. Sie sieht die Einsetzung eines Abtes durch den Entscheid der Mönche vor - nicht durch herrschaftliches Machtwort. Und sie sah in den Mönchen Jünger Christi, der geistlichen Macht schlechthin. So gewann zunächst im 10. Jahrhundert in den Klöstern, im 11. Jahrhundert dann auch in vielen Bereichen der Weltkirche die Vorstellung Raum, dass die kirchlichen Institutionen, die monastischen wie die weltlichen, zur rechten Wahrnehmung ihrer Aufgaben selbstbestimmt und von weltlicher Herrschaft unabhängig sein müssten.

Und er hielt in seiner rechten Hand sieben Sterne: und aus seinem Mund kam ein scharfes zweischneidiges Schwert und sein Gesicht leuchtete wie die machtvoll strahlende Sonne (Apokalypse des Johannes, 1.16).

In der kirchlichen Philosophie deutete man das Bild des zweischneidigen Schwertes, das aus dem göttlichen Mund fährt, dergestalt, dass es zwei Mächte gäbe, denen der Herr des Himmels und der Erde die Herrschaft übertragen habe. Geistliche und weltliche Herrscher müssten jeweils auf ihrem Gebiet die ihnen von Christus übertragenen Aufgaben umsetzen. Während dieses Bild die Gleichrangigkeit von kirchlichen und weltlichen Herrschern vorsieht, erreichten die Auseinandersetzungen im sog. **Investiturstreit** eine andere Dimension. Die Vorstellung von zwei nebeneinander in funktionaler Aufgabenteilung existierenden Machtbereichen wurde abgelöst zu Gunsten eines hierarchischen Denkens, das Über- und Unterordnung als alleiniges Prinzip gelten ließ und – sehr zugespitzt – in der Frage gipfelte, wer wen einsetzen oder absetzen darf: der Papst den Kaiser oder der Kaiser den Papst.

Investiturstreit
Gestritten wurde um die Unabhängigkeit der Kirche von weltlichen Machthabern. Der Begriff Investitur leitet sich ab vom lateinischen „investire = einkleiden" und meint die Einsetzung in kirchliche Ämter und die Übergabe der dazu gehörenden herrschaftlichen Insignien. In den monastischen Reformen des 10. und 11. Jahrhunderts fasste die Idee Fuß, dass die Bestimmung von geeigneten geistlichen Würdenträgern alleinige Angelegenheit der Kirche sein müsse, entgegen der üblichen politischen Praxis, in der die weltlichen Herrscher Mitglieder der eigenen Familie oder Parteigänger, von denen sie sich weitere Unterstützung erhofften, unabhängig von deren Amtsbefähigung auf Bischofs- und Abtsstühle als wichtige politische Positionen hoben. Der Streit eskalierte in der zweiten Hälfte des 11. Jahrhunderts in wiederholter gegenseitiger Bannung und Absetzung, als sich Papst und Kaiser als Kontrahenten in der Frage der Investitur gegenüberstanden und die jeweiligen Anhänger der beiden Gegner Pamphlete und Traktate zur Verteidigung bzw. Verteufelung der verschiedenen Positionen verfassten. Erst im Wormser Konkordat von 1122 konnte eine Übereinkunft getroffen werden, die auf der Entkoppelung von geistlichem Amt und herrschaftlichen Befugnissen des geistlichen Amtsträgers basierte: Im deutschen Reich musste künftig der König der Wahl eines Bischofs zustimmen; nach der Wahl übergab er ihm das weltliche Herrschaftszeichen (Stab = Zeichen für Gerichtsbarkeit); die Übergabe des Zeichens für die geistliche Gewalt (Ring = Zeichen für die Vereinigung mit Gott) und die eigentliche Amtseinsetzung erfolgten durch einen Geistlichen. In den übrigen Reichsteilen (Burgund und Lombardei) erfolgte die Übergabe der weltlichen Herrschaftszeichen erst mehrere Monate nach der Einsetzung in das geistliche Amt.

Ein unabhängiges Mönchtum – geistig, wirtschaftlich und politisch – bereitete diese Auseinandersetzungen vor, wenn es auch nicht der einzige Faktor war, der sie bestimmte. Aber es fällt doch auf, das die streitbaren Päpste in der zweiten Hälfte des 11. Jahrhunderts ihre kirchliche Sozialisation in Reformklöstern genossen hatten – allen voran Gregor VII. (1073–85) – und hochrangige diplomatische Vermittler ebenfalls aus solchen Gemeinschaften hervorgingen wie z. B. Abt Odilo von Cluny (962–1048), der bei der großen Auseinandersetzung zwischen Papst Gregor VII. und Heinrich IV. (1050–1106, König seit 1053, Kaiser seit 1084) das Treffen der beiden Kontrahenten 1077 auf der Burg der Mathilde von Canossa in Oberitalien arrangiert hatte.

4. Cluny – klösterliche Unabhängigkeit

Das burgundische Kloster Cluny soll hier als Protagonist der klösterlichen „Unabhängigkeitsbewegung" vorgestellt werden. Es war nicht das einzige Reformkloster. Auch Gorze und Hirsau im Schwarzwald sind illustre Namen, die sich mit dem Stichwort der hochmittelalterlichen Reformen verbinden lassen. Doch Cluny gewann die größte Ausstrahlungskraft, die das Mittelalter überdauerte und noch auf die Geschichtsforschung des 19./20. Jahrhunderts einwirkte.

Die **Stiftungsurkunde** des Grafen Wilhelm von Aquitanien (886–918) von 909 macht auf verschiedene Aspekte aufmerksam, die nicht unbedingt gänzlich neu, aber für die Entwicklung Clunys letztlich von entscheidender Bedeutung waren.

Die wichtigsten Bestimmungen aus der Stiftungsurkunde für das Kloster Cluny
(zitiert nach: Cluny: Architektur als Vision, hrsg. von Horst Cramer mit Texten von Ulrich Best, Heidelberg 1993)

Ich mache diese Stiftung mit der Voraussetzung, dass ein Kloster zu Ehren der Heiligen Peter und Paul errichtet werde, dessen Mönche in der Gemeinschaft der Regel des glückseligen Benedikt leben sollen.
Sie sollen die Güter auf ewig besitzen, behalten, ihr Eigen nennen und verwalten, so dass an dieser Stelle ein Ort der Zuflucht für das Gebet entstehe, wo sich treulich ihre Bitten und Fürbitten erfüllen.
Mögen dort Gebete, Bitten und Flehen ohne Unterlass an den Herrn gerichtet werden, sowohl für mich als auch für jene, deren Andenken ich aufgerufen habe.
Im Namen Gottes und durch Ihn und all seinen Heiligen, kann kein weltlicher Fürst, kein Graf, kein Bischof, nicht einmal der Pontifex des Römischen Stuhls die Güter dieser Diener Gottes antasten, weder durch Wegnahme noch durch Tausch, noch durch Einsetzung irgendeiner Obrigkeit über sie und gegen ihren Willen, da ihm sonst ein furchtbares Urteil droht und er tut gut daran, dieses nicht zu missachten.

Zunächst mutet die Gründung von Cluny wie die normale Gründung eines adeligen Hausklosters an, das auf dem Familienbesitz der Grafen von Aquitanien errichtet werden sollte. Das künftige Kloster war von seinem Gründer expressis verbis losgelöst und den Heiligen Peter und Paul unterstellt, d. h. damit direkt dem apostolischen Stuhl in Rom. Keine weitere kirchliche Institution war dazwischengeschaltet und auf diese Weise das Kloster dem bischöflichen Einflussbereich und seiner Jurisdiktion entzogen. Die *Regula Benedicti*, seit etwa 100 Jahren als einzige allgemein akzeptiert, sollte die Grundlage der monastischen Lebensordnung bilden. Das bedeutete nichts weniger als die Garantie der freien, vom Konvent getragenen Abtswahl und eine „freie Politik" bei der Entscheidung innerer und äußerer Angelegenheiten.

Die Gemeinschaft wurde auf eine unabhängige wirtschaftliche Basis gestellt. Grundbesitz, aber auch die Sorge um die effektive Nutzung dieses Besitzes war dafür die notwendige Voraussetzung.

Die Aufgabe des Klosters wurde deutlich definiert. Gebet und Fürbitte standen im Vordergrund, wobei der Gründer an erster Stelle sich selbst und seine Familie nannte, aber letztlich die ganze Christenheit von diesem Tun profitieren sollte, so wie damit auch die ganze Christenheit dem Wohlergehen dieses Klosters verpflichtet war – eine klare Beschreibung funktionaler Aufgabenteilung.

Neben dem Gebet wurde das Kloster auf ihm mögliche Werke christlicher Barmherzigkeit verpflichtet – die Armenspeisung und die Versorgung von Pilgern.

In der Sanktio der Urkunde – der Androhung von Strafen beim Verstoß gegen die dort niedergelegten Bestimmungen – wurde noch einmal bekräftigt, dass das Kloster in größtmöglicher Selbstbestimmung leben sollte.

Es scheint gängige Praxis gewesen zu sein, Klöstern ihren Besitz auf unterschiedliche Weise zu entfremden. Die Unabhängigkeit eines Klosters anzustreben, war also sicherlich eine ehrenwerte Absicht, wenn auch die Realisierungschancen in Frage stehen mochten. Das, was Wilhelm von Aquitanien mit der Besitzübertragung zunächst nur erreichte, war, wie es Joachim Wollasch ausgedrückt hat, „Freiheit ohne Schutz".

Diesen Schutz seiner unabhängigen Position erreichte das Kloster Cluny im Laufe des folgenden Jahrhunderts einerseits durch die intensive Erfüllung seiner Gebets- und Fürbittaufgabe. Nach innen kam dies in der sich verlängernden und differenzierenden liturgischen Feier zum Ausdruck, nach außen in der gigantischen Baustelle, auf der innerhalb von zwei Jahrhunderten nacheinander drei Klosterkirchen entstanden, eine größer als die andere, so dass die Abtei Cluny schließlich die größte Kirche des Abendlandes schuf. Die Mittel, die dafür nach Cluny flossen, zeigen an, wie groß die gesellschaftliche Anerkennung des Klosters war. Andererseits entwickelte sich Cluny zum Zentrum einer Gemeinschaft von Reformklöstern und stellte dabei selbst und über die ihm angegliederten Klöster weitreichende monastische wie weltliche Kontakte her.

a) Liturgie, Totengedenken und Armenspeisung

Die liturgischen Feiern standen im Mittelpunkt des cluniazensischen Lebens und bedeuteten für Mönche und Nonnen eine definitive Abkehr von jedweder handarbeitlichen Verrichtung. In liturgischen Gerätschaften und Büchern materialisierte sich der Glaube in kostbarster Form. Besonderer Wert wurde auf das Totengedenken gelegt, das im 12. Jahrhundert der Abt von Cluny, Petrus Venerabilis (1094–1156), als die liturgische Form der Gemeinschaft von Lebenden und Toten im gegenseitigen Interesse und zu gegenseitigem geistigen Profit erklärte: Die Lebenden konnten durch Gebet, Spenden und Almosen für die Toten bitten und den Lebenden helfen, die Toten wiederum konnten durch ihre Fürsprache ebenfalls Lebende und Tote unterstützen. Bis ins 12. Jahrhundert wurden in Clunys Totenbüchern, den Nekrologien, ca. 90 000 Namen eingetragen. Etwa 48 000 davon waren verstorbene Mönche des eigenen Klosters und der Konvente, die durch die Gebetsgemeinschaft mit Cluny verbunden waren. Aus diesen Einträgen lässt sich weiterhin die Verpflichtung zu ca. 18 500 jährlichen Armenspeisungen herauslesen.

Totengedenken und Armenspeisung gingen Hand in Hand. Die Totenehrung für einen verstorbenen Bruder macht dies deutlich: Am Todestag eines Mönches wurde seine Ration an Wein und Brot als Almosen ausgegeben. Alle Priester lasen eine Messe zu seinem Gedenken. In einem anschließenden siebentägigen Gedenken *(septenarius)* wurden weitere Totenmessen und Messen gelesen. Es folgte ein dreißigtägiges Gedenken *(tricenarius)*. In dieser ganzen Zeit, also über einen Monat lang, wurde die dem Verstorbenen normalerweise zugeteilte Nahrung weiterhin als Almosen ausgegeben. Die Mönche sangen regelmäßig die Psalmen 5 und 141 zu des Verstorbenen Gedächtnis und sechs Priester feierten, aufeinander folgend, täglich fünf Messen. Danach erhielt der Verstorbene erneut die Absolution und im Anschluss wurde jährlich seine Präbende (zugeteilte Menge an Nahrungsmitteln) als Almosen am Tag seines Todes ausgegeben.

Der oben erwähnte Abt Petrus Venerabilis traf noch zu seinen Lebzeiten umfangreiche Bestimmungen für die *memoria*, die ihm selbst zuteil werden sollte: Für sich und die ganze Gemeinschaft von Cluny erbat er das Gebet durch Bernhard von Clairvaux und das Kloster Cîteaux (s. Kap. VIII). Dem Kloster seiner Jugend, Sauxillanges, schenkte er eine Kirche, aus deren Einkünften an seinem Todestag den dortigen Mönchen eine Mahlzeit aus Wein, Fisch, Brot und Bohnen sowie den Kranken Fleisch in der Krankenstube gereicht werden sollte. Im Kloster der hochburgundischen Stadt Baume sollte schon zu seinen Lebzeiten am 25. Oktober ein Gedächtnisessen serviert und 100 arme Menschen gespeist werden. Später sollte dies zu seinem Todestag fortgesetzt werden. Er schloss zudem ein Gegenseitigkeitsabkommen mit dem Abt eines weiteren Klosters: Am dritten Tag nach der Auferstehung Marias sollte für Mönche und Äbte jeweils ein Offizium und eine Messe gelesen werden, eine zusätzliche Messe und ein Offizium für den Abt sowie eine dreißigtägige Gedenkmesse und darüber hinaus alles, was sonst auch in Cluny die Regel für das Totengedenken war.

Doch nicht nur dem eigenen Seelenheil bzw. dem verstorbener Mitbrüder und -schwestern galt die Aufmerksamkeit der Betenden von Cluny. Unter dem Abbatiat Odilos (962–1048) wurde die Allerseelenfeier am 2. November eingeführt und auf diese Weise noch einmal bestätigt, was bereits in der Gründungsurkunde als Aufgabe für Cluny formuliert worden war: das Gebet für die ganze Christenheit.

b) Cluny als „système ecclésial"

Dieser zweite Forschungsbereich, dem man sich mit Blick auf Cluny widmet, fragt nach den Außenbeziehungen des Klosters Cluny zum französischen Königtum, zum Papsttum und den Bischöfen. V.a. aber bemüht er sich um die Durchleuchtung der zu Cluny in engerer oder weiterer Abhängigkeit stehenden monastischen Gemeinschaften. Verallgemeinernd können zwei Modelle unterschieden werden. Für die eine Gruppe von Klöstern war Cluny Vorbild und Zentrum ihrer institutionellen und geistigen Orientierung. Regel und Lebensordnung entsprachen denen Clunys. Sie bestimmten jedoch selbst ihren Abt oder folgten einem Rat, nicht einem Befehl aus Cluny. Eine zweite Gruppe, die als Priorate bezeichnet werden, verfügte nicht über einen eigenen Abt, sondern nur über einen Stellvertreter, den Prior. Sie unterstanden dem Abt von Cluny. Er war zuständig für die Abnahme der Profess der neuen Mitglieder – entschied also letztlich über die Zusammensetzung des Konvents – und für alle das Priorat betreffenden jurisdiktionellen Fragen. Trotzdem bildeten Priorate und Unterpriorate im Laufe der Zeit nach und nach selbständige Handlungsformen aus, was der Verflechtung zwischen adeligen Familien und den Prioraten zugute kam. Familienmitglieder wurden in Führungspositionen lanciert, und man fand eine angesehene Grablege. Dieser Einfluss auf die Priorate stärkte auf der einen Seite die Stellung der adeligen Familien, insofern sie ihrer weltlichen Herrschaft geistliche Stützpfeiler gaben. Auf der anderen Seite blieb aber die übergeordnete Position Clunys unangetastet. Im 12. Jahrhundert zählten mehr als 600 Gemeinschaften zum cluniazensischen Klosterverbund, mehr als 3000 befolgten die *Regula Benedicti* in der Auslegung und liturgischen Umsetzung Clunys. Tochtergründungen fanden sich in Italien, Spanien und England, nur wenige auf dem Gebiet des ostfränkischen Reiches, dessen Klöster sich anderen Reformzentren wie Hirsau oder Gorze anschlossen. Und doch war es letztlich das „typisch monastische", nämlich das Gebetsgedächtnis, auf dem diese Außenkontakte aufbauten.

c) Glaube und Anspruch in Stein

Die erste Kirche des Klosters Cluny war vermutlich einschiffig und wurde 915 wenige Jahre nach der Gründung des Klosters geweiht. Die Zweite wurde 981 geweiht mit bereits erheblich größeren Ausmaßen. Sie wurde zum Vorbild für zahlreiche weitere Reformklöster. Die Dritte schließlich, in 42-jähriger Bauzeit unter Abt Hugo von Sémur (1049–1109) errichtet, wurde zu einem der größten Gotteshäuser der Christenheit. Mit 187 m Länge noch 50 m länger als der Dom zu Speyer, mit fünf Schiffen, zwei Querhäusern, 60 Pfeilern und einer Chorapsis mit acht Säulen, wurde Cluny III den Zeitgenossen zu Weltanschauung und Machtanspruch in Stein, den neuzeitlichen Forschern „Symbol für das Mittelalter".

Die Kirche war Klerikern und Mönchen vorbehalten, selbst hohen weltlichen Würdenträgern war der Eintritt nur bis zur dritten Säule gestattet. Das architektonische Programm entsprach dem göttlichen Vorgehen während der Schöpfung, alles nach Maß, Zahl und Gewicht zu ordnen und gab den diffizilen liturgischen Abläufen weite räumliche Ausdehnungsmöglichkeiten.

Fast nichts davon ist erhalten geblieben, bis auf einen Teil des nördlichen Querhauses sowie einzelnen Schmuckelementen, denn nach der Französischen Revolution diente die Kirche jahrzehntelang als Steinbruch. Als wichtigster Erforscher Clunys kann der Architekt und Historiker Kenneth J. Conant von der Universität Harvard angesprochen werden, der von 1923 bis 1968 Cluny mit Hilfe von Grabungen rekonstruierte. Heute kann man Cluny wieder in seiner ganzen Größe begehen – allerdings nur virtuell, in einer 3D-Rekonstruktion im Rechner.

5. Zusammenfassung

Der Begriff der monastischen Reformen – in den lateinischen Quellen als Vorgang des *reformare, corrigere, restituere* erfasst – ist vielschichtig. Je nach Betrachtungsansatz bezieht er sich auf die geistige Grundeinstellung – bewusste Veränderung der Lebenspraxis nach einer christlich-neutestamentlichen Norm, Hinwendung des Einzelnen zu Gott – oder auf die klosterinternen bzw. jurisdiktionellen Bedingungen, unter denen diese Grundeinstellung realisiert werden konnte – Wiedereinführung der *Regula Benedicti* zur strengen Befolgung und die Übernahme von bestimmten festgeschriebenen Gewohnheiten *(consuetudines)*, liturgische und institutionelle Maßnahmen, um ein als vorbildlich angesehenes religiöses Leben möglich zu machen. Dazu zählten auch die Restitution von Gütern und die Abschaffung des Laienabbatiats.

Unterschieden werden der karolingische Reformauftrag an Benedikt von Aniane zu Beginn des 9. Jahrhunderts und die Reformbewegungen, die im 10. Jahrhundert von dem burgundischen Kloster Cluny einerseits und den lothringischen Klöstern Hirsau und Gorze andererseits ausgingen. Ziel der anianischen Reformen, die ab 814 in Angriff genommen wurden, war die Durchsetzung der *Regula Benedicti* in allen Klöstern auf fränkischem Herrschaftsgebiet als alleinige Norm monastischer Lebensgestaltung. Zur gegebenen Norm gesellte sich die praktische Umsetzung im alltäglichen Tages- und Jahresablauf, die in jedem Kloster individuell gehandhabt werden konnte, eigentlich aber in einer gemeinsamen Regelauslegung münden sollte: *una regula – una consuetudo*.

Benedikt von Aniane und die Gruppe seiner Reformer waren außerordentlich erfolgreich. Trotzdem scheint in der zweiten Hälfte des 9. Jahrhunderts der Ausbau des Klosterwesens stagniert zu sein. Zu Beginn des 10. Jahrhunderts jedoch erhielten einige monastische Gemeinschaften einen neuen Impuls, der aus der allmählich Gestalt gewinnenden Überlegung herrührte, dass die kirchlichen Institutionen unabhängig und selbstbestimmt agieren müssten, um ihrer Aufgabe als Mittler zwischen der himmlischen und der irdischen Welt gerecht werden zu können. Dem burgundischen Cluny wurde bereits in der Gründungsurkunde eine weitestmögliche Autonomie zugestanden. Die Äbte des 10./11. Jahrhunderts bauten nicht nur das eigene Kloster zu einem der größten der gesamten abendländischen Christenheit aus, sondern machten Cluny zum Mittelpunkt eines Klosterverbundes, also einer ganzen Reihe ihm angeschlossener Klöster, die alle der *Regula Benedicti* in cluniazensischer Auslegung folgten. Die liturgischen Feiern und das Gebetsdenken standen dabei im Zentrum des monastischen Daseins.

Im Einflussbereich des ostfränkischen Reiches machten sich die lothringischen Klöster Gorze und Hirsau die Reformforderungen zu Eigen und setzten sie mit herrschaftlicher Unterstützung um. Weniger ein hierarchischer Klosterverbund als intensive Kontakte der Reformklöster untereinander waren hier bestimmend.

Parallel zu den Reformklöstern existierten die übrigen Gemeinschaften, Mönchs- und Nonnenklöster, Kanoniker- und Kanonissengemeinschaften, unverändert fort. Im sächsischen Raum erreichten insbesondere die Frauenklöster und –stifte durch ihre engen familiären Beziehungen zum sächsischen Herrscherhaus großen Einfluss. Das Stift Essen, die Klöster Gandersheim und Quedlinburg wurden zu geistlichen Stützpunkten der ottonischen Herrschaft im 10. Jahrhundert.

Im 11. Jahrhundert verlagerte sich die Diskussion um die Unabhängigkeit kirchlicher Institutionen im Investiturstreit auf die Ebene der höchsten weltlichen und geistlichen Würdenträger, Kaiser und Papst.

VIII. Neue Orden unter veränderten Bedingungen – zum Beispiel die Zisterzienser

„Die Arbeit, das Leben im Verborgenen, die Armut des Klosters, das sind die Kennzeichen der Mönche, ihre Adelstitel" (S. Bernardi Opera 7, 130)

1098	Gründung von Cîteaux; erster Abt: Robert de Champagne
1099	Rückkehr Roberts de Champagne in sein Mutterkloster Molesme
	Zweiter Abt in Cîteaux: Alberich (bis 1109)
1109	Dritter Abt in Cîteaux: Stephan Harding (bis 1134)
1112	Eintritt Bernhards von Fontaines (um 1090–1153) in Cîteaux, gemeinsam mit etwa 30 Familienangehörigen und Freunden
1115	Gründung von Clairvaux
	Bernhard von Fontaines, 24 Jahre alt, bisher Mönch in Cîteaux, wird Abt in Clairvaux bis zu seinem Tod 1153
1119	Es entstehen das *Exordium Cistercii* (Beschreibung der Anfänge des Ordens) und die *Charta caritatis* (Beschreibung und Begründung der Ordensinstitutionen)
1124/25	*Apologia*: Bernhards schriftlicher Angriff auf Cluny
1140	Bernhard lehnt öffentlich die scholastische Wissenschaft ab, Auseinandersetzung mit dem Gelehrten Abaelard
1145	Eugen III., Zisterzienser, wird Papst
1146/47	Bernhard ruft zum zweiten Kreuzzug auf

1. Bestimmende Momente des 11. Jahrhunderts

Bis zur Wende zum 12. Jahrhundert bestimmten mehrere kirchengeschichtliche Momente die gesamteuropäische Entwicklung. Die Ausbreitung monastischer Reformideen, die Gottesfriedensbewegung, der Investiturstreit und schließlich der Beginn der Kreuzzüge bereiteten den Boden für die intellektuellen Diskussionen um die rechte Nachfolge Christi, die *vita evangelica*, und eröffneten Möglichkeiten für neue Lösungen.

Die burgundischen und lothringischen monastischen Reformbewegungen des 10. Jahrhunderts, ausgehend von den Klöstern Cluny, Gorze und Hirsau, postulierten verschiedene, aber – nach dem Verständnis der Zeitgenossen wie auch mittlerweile nach Ansicht der heutigen Forschung – keine sich gegenseitig widersprechenden Neuansätze für klösterliche Lebensgestaltung. Darüber hinaus entwickelten sie ein hohes Selbstwertgefühl, das einerseits auf ihrer politischen und wirtschaftlichen Unabhängigkeit und andererseits auf ihrer großen gesellschaftlichen Akzeptanz gründete. Im 11. Jahrhundert konnten sie ihre Positionen unaufhaltsam weiter festigen und waren bestrebt, dies nach außen für alle Welt sichtbar in Architektur und künstlerischen Schöpfungen zu demonstrieren.

Anliegen der kirchlichen Initiative der Gottesfriedensbewegung des 11. Jahrhunderts war es, das unkontrollierte adelige Fehdewesen drastisch einzuschränken und in quasi gesetzmäßige Bahnen zu lenken, die Dauer und Umfang einer Fehde begrenzen und die negativen Auswirkungen für die bäuerliche Bevölkerung wie für die über Land reisenden Händler – Verwüstung von Feldern, Plünderungen, Ernteeinbußen, unsichere Verkehrswege, räuberische Überfälle etc. – mindern sollten. Und in der Tat gelang es dieser Bewegung wenigstens teilweise, der Sorge für den Schutz der Bevölkerung einen Platz im Wertekanon der adeligen Kämpfer zu verschaffen. Ihre gesellschaftliche Funktion und das eigene Selbstverständnis, waffentechnisch versierte Beschützer und Verteidiger mit einer entsprechenden Ausbildung und Erziehung zu sein, machte es aber erforderlich, dass Gelegenheiten geschaffen wurden, bei denen ihre Qualifikationen und Erfahrungen zum Einsatz gebracht werden konnten. Die „Arbeit" auf den Schlachtfeldern verlagerte sich also und musste durch andere Aktivitäten kompensiert werden.

Der Investiturstreit, also die Auseinandersetzung um die Frage, wer die Wahl und Einsetzung in kirchliche Ämter vornehmen durfte, der erst in der Übereinkunft von 1122, dem Wormser Konkordat, mit einem Kompromiss beendet werden konnte, hob die ursprünglich monastischen Forderungen nach Autonomie und Selbstbestimmung der Klöster auf eine gesamtkirchliche Ebene. Da er seine Höhepunkte in dem Kampf zwischen Kaiser Heinrich IV. und Papst Gregor VII. fand, bezeichnet man ihn oft in an sich unzulässiger Verkürzung als Konflikt zwischen Reich und Kirche, Imperium und Sacerdotium (s. a. Kap. VIII, 3, a).

Im ersten Kreuzzug schließlich, zu dem Papst Urban V. mit durchschlagendem Erfolg in Clermont-Ferrand während einer Bischofskonferenz im Jahr 1095 aufrief, verschmolzen kirchliche und politische Interessen. Sie verbanden sich – wie schon im 8./9. Jahrhundert unter Karl dem Großen im Gebiet zwischen Rhein und Weser sowie im 10. Jahrhundert unter den sächsischen Kaisern in den slawischen Gebieten östlich der Elbe – zu einem europäischen Eroberungs- und Expansionsdrang unter christlichen Vorzeichen.

Auf der Suche nach dem rechten Weg in der Nachfolge Jesu Christi entstanden neue Gemeinschaften. Ihre Gründer hatten in ihren Jugendjahren meist verschiedene Lebensformen getestet, bevor sie zu einer Form fanden, die ihren Vorstellungen entsprach und der sich dann andere anschlossen.

Die Mitglieder des Kamaldulenser-Ordens, gegründet von Romuald (ca. 952–1027), versuchten, Weltabgeschiedenheit und Askese mit Wanderpredigt und Mission zu verbinden. Die Vallombrosaner, in der Nachfolge Johannes Gualberts (ca. 1000–1073), verlangten von ihren Mitgliedern rigide Askese und unbedingten Einsatz für die Kirchenreformen. Die Karthäuser sahen sich in der Nachfolge der ägyptischen Eremiten. Bruno von Köln (1030–1101) begründete damit eine Gemeinschaft, in der einerseits jeder für sich lebte, andererseits der Gottesdienst gemeinsam gefeiert wurde. Der Prämonstratenser-Orden, von Norbert von Xanten (ca. 1082–1134) ins Leben gerufen, rief Kanoniker und Kanonissen zu einem streng asketischen Leben auf. Alle diese Gründungen vertraten das Ziel der Erneuerung der *vita religiosa*, die sie in verschiedenen Ausformungen zu erreichen trachteten.

2. Das Vorbild von einst, angegriffen und geschmäht: Cluny

Die Mitglieder und Anhänger des Klosters Cluny standen spätestens seit der Jahrtausendwende an der Spitze derjenigen, die den kirchlichen Reformforderungen nach Selbstbestimmung und Autonomie in Wort und Schrift Ausdruck verliehen. Gleichzeitig aber hatte Cluny selbst einen Klosterverbund geschaffen, in dem durch die Einrichtung von Prioraten zahlreiche Gemeinschaften in Abhängigkeit vom zentralen Kloster gehalten wurden – es war ein erfolgreiches Modell monastischer Expansion. Seine Äbte vertraten den Verbund nach außen, aber darüber hinaus nahmen sie auch aktiv an den auf weltlichem Boden geführten Auseinandersetzung teil und agierten als politische Diplomaten und herrschaftliche Ratgeber weit außerhalb ihres klösterlichen Aufgaben- und Kompetenzbereiches. Über diese Vorwürfe hinaus – die Entfremdung des Klosters Cluny von seinem eigenen Programm – wurden weitere erhoben, die noch schwerer wogen, da sie die monastische Lebensgestaltung selbst betrafen. Die benediktinische Regel, die Cluny doch eigentlich zu seiner Lebensgrundlage erhoben hatte, würde auf vielfache Weise pervertiert: Die innere Hinwendung zu Gott in Gebet und Gottesdienst wäre abgelöst worden durch die Veräußerlichung des Glaubens in Architektur und Handwerkskunst, in Bauten und Bildnissen. Die *Regula Benedicti* fordere Gebet und Arbeit, die Cluniazenser aber hätten das Arbeiten eingestellt und das Gebet seiner Innerlichkeit beraubt, geblieben wäre nur die schöne Form einer äußerlich prachtvollen, innerlich aber entleerten Hülle.

3. Die neue Leitfigur: Bernhard von Clairvaux

Derjenige, der die Angriffe auf Cluny besonders scharf formulierte, war Bernhard von Clairvaux. Er war nicht eigentlich der Gründer des Zisterzienser-Ordens, wurde aber doch schnell sein bekanntester Protagonist.

a) Die Anfänge des Zisterzienserordens in Cîteaux

Die Frage nach einem Gründungsdatum für den Orden kann man nicht beantworten, da das, was man als seine „Verfassung" bezeichnen könnte, die *Charta caritatis*, in ihrer Erstfassung nicht mehr existiert und die einzelnen Redaktionsstufen nicht eindeutig datierbar sind.

Der Name des Ordens jedoch leitet sich von dem Kloster Cîteaux ab und dort kann man auch seinen Anfang ausmachen. Die drei adeligen Männer Robert von Molesme (ca. 1027–1111), Alberich († 1109) und Stephan Harding (1050–1134), alle drei in ihrer Jugend „Suchende", die verschiedene monastische Lebensformen ausprobiert hatten, verließen im Jahr 1098 mit einigen anderen Mönchen das Kloster Molesme, das sich ursprünglich an Cluny orientiert hatte und diesem auch in seiner neuen, mittlerweile von einigen aufbegehrenden Mönchen angefeindeten, Richtung gefolgt war. Sie gründeten auf unerschlossenem Gebiet eine neue Gemeinschaft. Körperliche Arbeit und Gebetsleistungen sollten für die Mitglieder dieser Gemeinschaft in etwa gleichen Stellenwert haben. Roden und Bauen, Feldarbeit und die Herstellung der alltäglich benötigten Gebrauchsgüter gehörten nach früher zisterziensischer Vorstellung für alle Mönche dieser neuen Gemeinschaft zu ihren selbstverständlichen Aufgaben. Eine solche, auf die Selbstversorgung beschränkte Wirtschaft sollte verhindern, dass ein Kloster reich und seine Mönche bequem und träge wurden, wie man es Cluny zum Vorwurf machte. Entsprechend verzichtete man zunächst auf den Ausbau einer klösterlichen Grundherrschaft und damit auf die Eintreibung von Grundrenten, Zehnten, Zinsen, Mühlen- und Backbann, auf Eigenleute und auf eine Eigenkirche. Eine der frühen illuminierten Handschriften aus Cîteaux, eine Abschrift der *Moralia in Iob*, um 1111 entstanden, zeigt in ihrem reichen Initialschmuck u. a. Mönche bei eben solchen handwerklichen und landwirtschaftlichen Tätigkeiten – beim Baumfällen, beim Holzhacken, bei der Getreideernte, den Rücken gekrümmt, die Arme gestreckt, je nachdem wie es die Form der Buchstaben und die darin eingefangenen Arbeiten erforderten.

Bernhard von Clairvaux zu den Zielen des Zisterzienserordens
(S. Bernardi Opera 7, 340, zitiert nach: Die Zisterzienser. Ordensleben zwischen Ideal und Wirklichkeit, 1980, S. 152)

Unser Orden bedeutet Entsagung, Demut, freiwillige Armut, Gehorsam, Friede und Freude im Heiligen Geist. Unser Orden heißt, sich einem Meister zu unterwerfen, einem Abt, einer Regel, einer Disziplin zu gehorchen. Unser Orden verlangt Schweigen, Fasten und Wachen. Unser Orden ist schließlich Übung des Gebets und der Hände Arbeit. V.a. aber besteht er darin, den vornehmsten Weg zu gehen, der da die Barmherzigkeit ist.

---

b) Cîteaux und die weitere Ausdehnung des Ordens

Die Zahl der Mönche von Cîteaux stieg rasch an, und es dauerte keine zwei Jahrzehnte, bis Töchterklöster gegründet wurden. Die ersten an Cîteaux orientierten Neugründungen waren La Ferté (1113), Pontigny (1114) sowie Clairvaux und Morimond (beide 1115) im Westen. 1113 war der junge Adelige **Bernhard** zusammen mit etwa 30 Verwandten und Freunden in Cîteaux als Mönch eingetreten. Allein diese zahlenmäßig große Präsenz mochte den Neueingetretenen einen gewissen Einfluss sichern. Bernhard tat sich gegenüber seinen Mitbrüdern durch asketische Übungen hervor. Er war jung, tatendurstig, vielleicht streitbar.

> **Bernhard von Clairvaux (um 1090–1153)**
> Bernhard war ein nachgeborener Sohn aus einer burgundischen Adelsfamilie und trat, begeistert von der neuen monastischen Bewegung, 1112 mit etwa 23 Jahren in das Kloster Cîteaux ein. Bereits drei Jahre später wurde er zum Abt des von ihm und seinen Anhängern gegründeten Klosters Clairvaux ernannt, von dem aus zahlreiche weitere Tochtergründungen erfolgten. 1118 wurde er zum Vorsteher des Zisterzienserordens bestimmt. Er propagierte seine Idee von monastischer Einfachheit und Strenge nicht nur hinter den eigenen Klostermauern, sondern agierte als literarischer Angreifer gegenüber Cluny, als Unterstützer des Templerordens, als erfolgreicher Taktiker mit den Mitteln der kirchlichen Kontrolle in seiner Auseinandersetzung mit dem Philosophen und Universitätslehrer Abaelard und als bewegender Kreuzzugsprediger. Als Briefschreiber, Autor von Traktaten und Verfasser von Predigten bezeichnete man ihn im späten Mittelalter als *doctor mellifluus*, als einen Gelehrten, dem die Rede honigsüß aus dem Munde fließe. Er starb, immer noch Abt, 1153 im Kloster Clairvaux.

Bereits zwei Jahre nach seinem Eintritt in Cîteaux – Bernhard zählte 25 Jahre – betraute ihn Robert von Molesme mit der Gründung eines neuen Klosters, als dessen ersten Abt er ihn einsetzte: Clairvaux. Auch rund um diesen Gründungsort bedurfte es zunächst harter körperlicher Anstrengungen, um das Gebiet zu bebaubarer und agrarisch nutzbarer Fläche umzugestalten. Das Land wurde von den Mönchen urbar gemacht, Waldstücke gerodet, Sümpfe und Moraste trockengelegt, fließende und stehende Gewässer in die entstehende Klosterwirtschaft eingebunden. Clairvaux wurde zum Zentrum der neuen adeligen Mönchsbewegung, Bernhard zu ihrem Sprachrohr.

Allein bis 1155 waren von Clairvaux 69 Töchtergründungen initiiert worden, von diesen wiederum 75 Filialen (abgeleitet von *filia* = Tochter) und von diesen weitere 22. Insgesamt hatte Clairvaux also 166 Filialkonvente ins Leben gerufen. Die Ausbreitung des Zisterzienserordens setzte sich im ganzen 12. Jahrhundert und in der ersten Hälfte des 13. Jahrhunderts fort. Erst dann erhielten die „alten" Orden der Benediktiner und Zisterzienser Konkurrenz durch neue Orden mit ganz anderer Orientierung.

Das erste Zisterzienserkloster, also eine Zisterze, auf Reichsboden war Kamp am Niederrhein, gegründet 1123 und gefördert durch den Kölner Erzbischof. Ähnlich wie Cîteaux entfaltete Kamp im Westen eine starke Außenwirkung. Von hier aus entstanden 14 Töchterklöster und diese wiederum vergrößerten den Orden um weitere 50 Filialen.

c) Die Frauenklöster des Zisterzienserordens

Etwas anders sah die Entwicklung der zisterziensischen Frauenklöster aus. Zunächst weigerten sich die Männerklöster des Ordens strikt, Nonnengemeinschaften in ihren Verbund von Klöstern gleicher Regel aufzunehmen. Begründet wurde dies mit dem Argument, dass die *cura monialium*, also die seelsorgerische Betreuung der Nonnen, der Verpflichtung der Mönche zu Askese, Ortsgebundenheit, Handarbeit und Gebet in der Abgeschlossenheit der Klausur zuwiderlaufen würde. Trotzdem ließ die Nachfrage von Frauenkonventen zur Aufnahme in die neue Klostergemeinschaft nicht nach. Auch der äußere Druck auf den Orden von Seiten der kirchlichen Institutionen wie der adeligen Familien, die als Förderer von Zisterzienserklöstern auftraten, verstärkte sich. Doch erst zum Ende des 12. Jahrhunderts wurde die generelle Ablehnung der Aufnahme von Frauenklöstern in den Orden aufgegeben.

Bis zum Ende des ersten Viertels des 13. Jahrhunderts existierten bereits mehr Frauen- als Männerzisterzen und der Orden wehrte sich erneut dagegen, die Verantwortung für die *cura monialium* zu übernehmen, da dies zu große Belastungen für die Mönche mit sich brächte. Etliche Frauenklöster, die nicht in den Orden inkorporiert wurden und damit auch nicht zu vollgültigen Mitgliedern der Ordensversammlung aufstiegen, fanden für sich selbst eine zwar unbefriedigende, aber praktische Lösung: Sie folgten zumindest in ihrem monastischen Tagesrhythmus der zisterziensischen Regel, auch wenn die für sie zuständigen Seelsorger vielleicht einem anderen Kloster angehörten.

4. Aufbau des Ordens, klösterliche Ämter, Ordensprivilegien

Die Prioratsverfassung des Klosterverbandes von Cluny bestimmte, dass der Abt von Cluny auch den zahlreichen Tochtergründungen vorstand und an Ort und Stelle von einem Prior vertreten wurde. Diesem hierarchischen Prinzip setzte der Zisterzienserorden einen eher genossenschaftlichen Aufbau entgegen. Jedes Kloster war quasi autonom, agierte unabhängig von anderen Gemeinschaften desselben Ordens und wählte seinen Abt selbst. Einmal im Jahr kamen alle Äbte unter dem Vorsitz des Abtes von Cîteaux zu einer allgemeinen Versammlung der Obersten des Ordens, dem Generalkapitel, zusammen, um in gemeinsamer Beratung die Einheitlichkeit der Regel zu betonen und eine für alle Klöster gültige Interpretation festzulegen. Der Abt von Cîteaux als dem Gründungskloster nahm insofern eine Sonderstellung ein, als er alle Tochtergründungen einmal jährlich visitierte, um vor Ort zu überprüfen, wie es um die Kenntnisse der Regel und die Einhaltung ihrer Vorschriften bestellt war. Cîteaux seinerseits wurde ebenfalls einmal jährlich visitiert, und zwar von den Äbten der vier ersten Tochtergründungen.

Das Generalkapitel, das durch die steigende Zahl der inkorporierten Klöster in seinen Entscheidungsfindungsprozessen immer unbeweglicher geworden war, wurde zum Ende des 12. Jahrhunderts durch ein kleineres Organ, das Definitorium, ergänzt, das flexibler und schneller auf anstehende Fragen reagieren konnte. Dieses bestand aus 25 Personen: dem Abt von Cîteaux, den Äbten der ersten vier Neugründungen des Ordens und 20 weiteren Äbten anderer Tochtergründungen, die vom Generalkapitel bestimmt wurden. In der gesamten Ordensgemeinschaft herrschte bei aller Betonung des genossenschaftlichen Prinzips ein deutliches Übergewicht der burgundischen Klöster. Trotzdem blieb die Selbständigkeit jedes einzelnen Konventes ein wichtiges Unterscheidungsmerkmal gegenüber den cluniazensischen Klöstern.

Die Vollmitglieder des Ordens – auch die Nonnenklöster – genossen zahlreiche Privilegien: Sie unterstanden päpstlichem Schutz, waren befreit von der bischöflichen Jurisdiktionsgewalt und wählten selbständig den eigenen Abt. Die Klöster und das Gebiet ihrer Wirtschaftshöfe genossen Immunität, sie entrichteten keine Abgaben, wenn sie weiteres Land rodeten. Darüber hinaus brauchten sie kein Interdikt zu fürchten, also den Kirchenbann, der gegenüber einem Territorium bzw. seinem Fürsten ausgesprochen werden konnte, da es von allen dann verhängten Strafmaßnahmen ausgenommen war.

Bei den Frauenklöstern behielten allerdings oftmals die Bischöfe oder die adelige Familie, mit deren Befürwortung und wirtschaftlicher Hilfe eine Zisterze gegründet worden war, eine gemäß der Ordensverfassung eigentlich gar nicht existierende Vogtei in der Hand, d. h. die Vertretung in inneren und wirtschaftlichen Angelegenheiten. Insbesondere die episkopale Herrschaft sicherte sich mit der Verfügung über frauenklösterliche Gebiete die Möglichkeit, innerhalb des eigenen Machtbereiches weitere Kontrollfunktionen zu übernehmen.

Die Ämter eines zisterziensischen Klosters

Sie entsprachen in vielerlei Hinsicht denen der Benediktinerklöster. Der Abt war der geistliche Vater seiner Konventsmitglieder, ihm oblag die Strafgewalt über die Mönche, er vertrat das Kloster in äußeren Angelegenheiten, sei es im Generalkapitel des Ordens oder beim Kontakt mit weltlichen Herrschaften. Der Prior war für die internen Abläufe, die Bestellung der weiteren Amtsinhaber sowie für deren Kontrolle und die Korrektur ihrer Vergehen verantwortlich. Ihm waren zahlreiche andere Klosterämter nachgeordnet. Dem Zellerar unterstand die klösterliche Wirtschaftsführung. In seinen Pflichtenkanon fielen die Organisation und Beaufsichtigung aller agrarischen und handwerklichen Arbeitsbereiche, die Abwicklung der ökonomischen Transaktionen, die Kontrolle der Wirtschaftsbücher. Der Vestiarius kümmerte sich um die Kleiderkammer und die übrigen Gerätschaften, der Infirmarius stand der Krankenstube vor. Der Novizenmeister wies die Neuzugänge des Klosters in Regel und Lebensgewohnheiten ein. Alle Amtsinhaber erhielten je nach Größe des Konvents weitere Unterstützung durch untergeordnete Helfer.

Der effektive Ausbau der zisterziensischen Wirtschaften erforderte die Anpassung an die Bedingungen des Marktes. Gütertausch und Produktverkauf verlagerten sich, regional verschoben, seit der Mitte des 11. Jahrhunderts in Italien, seit dem 12. Jahrhundert auch nördlich der Alpen immer stärker in den urbanen Raum. Im 13. Jahrhundert reagierte der Zisterzienserorden auf diese Veränderungen, indem er zisterziensische Stadthöfe errichtete, die sich am städtischen Marktgeschehen vor Ort beteiligten. Des Weiteren entstanden in dieser Zeit städtische Studienhäuser, da der Orden nur dann in die aktuellen theologischen Auseinandersetzungen eingreifen konnte, wenn seine Mitglieder ausreichend geschult waren für die Diskussionen an den Universitäten, die seit der Entstehung dieser neuen Bildungseinrichtung in der zweiten Hälfte des 12. Jahrhunderts geführt wurden. Da die zisterziensischen Klöster selbst keine Schulen anboten, waren die städtischen Studienhäuser eine akzeptable Alternative.

Die Konversen

Einer neuen Einrichtung in den Zisterzienserklöstern begegnet man mit dem Konversentum. Die Konversen, die sich aus der bäuerlichen Bevölkerung, seltener aus sozial höherrangigen Schichten rekrutierten, stellten die große Gruppe der klösterlichen Arbeiter, ohne die kein Kloster auskommen konnte. Die vielen Stunden, die die Mönche gemäß Regel und *consuetudines* im Gottesdienst und Gebet zuzubringen hatten, ließen für andere Arbeiten kaum Zeit, so dass sie den Wirtschaftsbetrieb des Klosters nicht ohne zusätzliche Hilfskräfte hätten führen können. Die Konversen legten ein Gelöbnis ab, das sie an ihr Kloster band und ihnen dort lebenslange Sicherheit und Versorgung bot. Einen Aufstieg ins Vollmönchtum war ihnen jedoch grundsätzlich verwehrt. Entsprechend waren sie aus dem inneren Klausurtrakt und dem Chorraum ausgeschlossen. Ihr klösterlicher Lebensbereich waren die Werkstätten und die Felder. Im Gegensatz zu Laienbrüdern bildeten sie eine Art eigenen Stand minderen Rechts, dessen Mitglieder aber unauflöslich an das Kloster gebunden waren.

Diese letzten Ausführungen genügen bereits, um deutlich zu machen, dass der Zisterzienserorden bereits wenige Generationen nach seiner Gründung genau die Entwicklung nahm, die Bernhard von Clairvaux bekämpft hatte. Der Orden machte sich der Anhäufung von Reichtum schuldig – an sich unfreiwillig und ohne dass er viel dagegen hätte tun können. Erfolgreiche Wirtschaftsführung und Spezialisierung auf bestimmte agrartechnische Gebiete einerseits und die allgemeine gesellschaftliche Akzeptanz andererseits, die in Spenden und Schenkungen ihren Ausdruck fand, machten den Zisterzienserorden zu einer begüterten, wohlhabenden Einrichtung. Darüber hinaus wurde er einflussreich, da seine Äbte, wie schon zuvor die Äbte benediktinischer Klöster, als Ratgeber kaiserlicher, königlicher und fürstlicher Herrscher agierten. 1145 stieg mit Eugen III. ein Zisterzienser zu päpstlicher Würde auf. Die Zugehörigkeit zum Orden der grauen Mönche wurde in adeligen Kreisen zum Ausweis frommer Gesinnung, die man noch im Tod dokumentieren wollte. Kaiser Friedrich II. (1194–1250) ließ sich nach eigenem Wunsch in der Kutte der Zisterzienser aufbahren.

5. Stationen im kirchenpolitischen Wirken Bernhards von Clairvaux

Bernhard von Clairvaux, der mit 25 Jahren zum Gründer und Abt eines Reformklosters bestellt wurde und dieses Amt bis zu seinem Tode innehatte, vertrat die zisterziensischen Vorstellungen nicht in erster Linie hinter den Mauern seines Klosters, sondern als Reisender in Sachen Kirchenreform sowie als Autor von Briefen, Traktaten und Predigten. Gerade seine Schriften stießen, insbesondere in der monastischen Welt, auf große Resonanz, wie sich aus der Vielzahl der mittelalterlichen Abschriften erkennen lässt, von denen uns etwa 1500 überliefert sind. Bernhard formulierte 1124/25 in der *Apolo-*

gia seinen großen Angriff gegen das cluniazensische Mönchtum. Er warf ihm Verweltlichung in allem Tun und Wirken vor, die Verselbständigung von künstlerischem Tun, das nicht mehr zur Ehre Gottes eingesetzt werde, sondern zur Befriedigung ausschweifender Fantasie, das Spiel mit bizarren Bauformen, das Schwelgen in immer pompöseren, dafür aber sinnentleerten Zeremonien. Gemeinsam mit anderen einflussreichen Äbten ergriff er im Kirchenschisma von 1130–38 wortgewaltig Partei. Bei dieser Kirchenspaltung hatten sich die Papstwähler, die Kardinäle, nicht auf einen gemeinsamen Nachfolger für die Position des Papstes einigen können. Zwei Päpste stritten um ihre Anerkennung: Innozenz II. (1130–1143), der die Forderung nach strikter kirchlicher Unabhängigkeit unterstützte, und Anaklet II. (1130–1138), der als Parteigänger des deutschen Königs, Konrads III. (1138–52), angesehen wurde. Bernhard setzte sich schließlich mit seiner Parteinahme für den Reformpapst Innozenz II. durch.

Ebenfalls erfolgreich blieb er in der Auseinandersetzung mit dem Gelehrten Pierre Abaelard (1079–1142), der insbesondere als Dialektiker und Theologe großen Zulauf von Studierenden hatte. Einige seiner Lehrsätze jedoch wurden als ketzerisch verurteilt. Eine erste Verurteilung geschah bereits 1121 auf der Synode von Soissons; eine zweite betrieb Bernhard vehement und erreichte sie 1140 auf der Synode von Sens. Abaelard hatte ursprünglich gebeten, seine Lehren in einer öffentlichen Diskussion mit Bernhard verteidigen zu dürfen, dies wurde ihm jedoch verweigert. Bernhard erreichte noch eine weitergehende päpstliche Verurteilung, so dass Abaelard gezwungen war, Teile seiner Lehren zu widerrufen. Er fand schließlich Aufnahme im Kloster Cluny.

Die offenbar geradezu charismatische Ausstrahlung Bernhards zeigte auch bei seinem Kreuzzugsaufruf 1146/47 Wirkung, als es nicht zuletzt aufgrund der öffentlichen Predigten und Reden Bernhards im burgundischen Vezelay gelang, ein großes Kreuzfahrerheer zusammenzuziehen, das dann allerdings unter enormen Verlusten scheiterte. Seine Schrift *De militia Christi*, bereits um 1130 als ideologische Grundlage für den Templerorden (vgl. Kap. IX) verfasst, war eine Segnung aller christlichen Kreuzfahrer, die sich nach Bernhard als gerechte Söldner ihres himmlischen Herrn sehen durften.

Bernhard war sich der Diskrepanz zwischen Anspruch und Wirklichkeit in seiner eigenen Lebensgestaltung bewusst. Trotzdem ist die schnelle Ausbreitung des Ordens und seine große gesellschaftliche Akzeptanz wohl bereits zu Lebzeiten Bernhards entscheidend durch sein persönliches Auftreten befördert worden.

6. Baukunst, Wirtschaftsführung und technische Meisterleistungen

Die Baukunst der Zisterzienser ist Thema zahlreicher kunsthistorischer Betrachtungen und wird stets in Verbindung gesetzt mit zisterziensischer Spiritualität und Lebensweise sowie mit einer Liturgie, die sich auf einfache, auf das Wesentliche reduzierte Formen stützte.

Wie bereits der idealtypische St. Galler Klosterplan vorschlug, bildete der Klausurtrakt das Herzstück einer zisterziensischen Klosteranlage. Er bestand aus der Kirche und dem Kreuzgang, an dessen Außenmauern sich in einem Flügel Dormitorium und Kapitalsaal befanden, Wärmesaal, Refektorium und Küche in einem zweiten Flügel sowie die Vorratsgebäude in einem dritten Flügel. Den vierten Flügel bildete die südliche Außenwand der Kirche, die mit dem Dormitorium durch eine Treppe verbunden war. Alle übrigen Gebäude lagen außerhalb des Klausurbereiches. Das gesamte Kloster war ummauert, weniger um des Schutzes oder der Verteidigung willen, als um die deutliche Grenze zwischen der Laien- und der Mönchswelt sichtbar zu markieren.

Die Unterschiede, die seit dem 12. Jahrhundert zwischen den Bauten der zisterziensischen und der cluniazensischen Klöster als ihrem Gegenbild gemacht wurden, betrafen nicht die Anordnung oder Nutzung der Gebäude, sondern ihre künstlerische Ausgestaltung. In den zisterziensischen Kirchen verzichtete man anfänglich nicht nur auf die hoch aufragenden Türme eines wehrhaft wirkenden Westwerkes, sondern insbesondere auf jeglichen Skulpturenschmuck, sei es am Fuß oder am Kopf (= Kapitell), einer Säule, sei es an den inneren oder äußeren Kirchenwänden. Die Portale erzählten keine Bildergeschichten im Bogenfeld über dem Türsturz (= Tympanon) oder entlang der Bogenfriese, die die Eingänge umrahmten, sondern öffneten sich relativ schlicht ins Innere. Es gab keine dort oder an anderen Stellen angebrachten Skulpturen, die die Korrespondenzen zwischen den alt- und neutestamentlichen Bibelstellen erklärten, keine in einer einzigen Szene verdichteten Gleichnisse, keine Panoramen der göttlichen Schöpferkraft, weder der irdischen Schönheiten noch der phantasievollen Absurditäten. Die Säulenarkaden im Inneren bildeten eine gleichförmige, zum Altar hinführende Einheit. Im Abschreiten der Säulen faltete sich der Kirchenraum ohne Ablenkung auf, der Altar im Osten war Ziel dieses Weges. Einfachheit und Formklarheit fand einen weiteren Widerhall im gregorianischen Gesang (einstimmiger Kirchengesang), den viele zisterziensische Konvente neu für sich entdeckten und pflegten.

In den zisterziensischen Kirchen, die bis in die Neuzeit als Gotteshäuser genutzt wurden, übernahm man später oft den gerade modernen Stil, so dass die ursprüngliche Architektur überbaut und drastisch verändert wurde. Die Formensprache der zisterziensischen Gründerzeit findet man am deutlichsten in den verlassenen Ruinen, die sich heute wieder interessierten Besuchern erschließen, sei es im burgundischen Fontenay oder in Chorin in der nordöstlichen Mark Brandenburg.

Die ersten zisterziensischen Klöster in Burgund wurden in unwegsamen Tälern, wenig besiedelten Gegenden, in dichten Wald-, Moor- und Sumpfgebieten erbaut – kulturell und zivilisatorisch *in eremo*, in der Wüste. Durch Stiftungen und Schenkungen erweiterte sich der zisterziensische Besitz jedoch rasch und umfasste auch bereits genutzte Felder, Wälder und Weidegebiete. Die ersten Orte, die sich die Zisterzienser für ihre Gemeinschaft in der Einsamkeit wählten, waren in der Regel keine trockenen Wüsten, sondern im Gegenteil, die frühen Konvente suchten sich bevorzugt wasserreiche Stellen aus. Manch eine der frühen Gründungen weist dies schon durch ihren Namen aus: z. B. Fontenay oder Fontevrault, letzteres ein Doppelkloster in Burgund, an dessen Spitze eine Äbtissin stand. Neben dem Roden gehörte die Entwässerung des Geländes zu den notwendigen Voraussetzungen, um das monastische Bauvorhaben umsetzen zu können. Auf der anderen Seite wurden Wasserläufe aber auch effektiv genutzt: Fischzucht und Mühlenbetriebe waren häufig wichtige und einträgliche Bestandteile der zisterziensischen Wirtschaft. Das Wissen um erfolgreiche Entwässerung, produktive Fischzucht oder die effektive Nutzung der vorhandenen Wasserkraft wurde durch ihre Verschriftlichung bewahrt und im zisterziensischen Umfeld weitergereicht. Die häufige Anwendung solcher Spezialkenntnisse machte die Zisterzienser auf diesem Gebiet zu Experten der Agrarwirtschaft, derer sich Fürsten und andere Grundherren gerne bedienten, im Nordwesten wie im Osten Europas.

Bereits die *Regula Benedicti*, die die alleinige Grundlage des zisterziensischen Lebens sein sollte, ließ eine Art Haushaltsplanung zu: sie legte die Brot- und Weinmenge fest, die jedem Mönch pro Tag zugestanden werden sollte. Mit Blick auf die Größe des Konvents ließ sich die in etwa benötigte Menge an Getreide und Wein ausrechnen, was wiederum ein vorausschauendes Wirtschaften ermöglichte. Der auf den Feldern produzierte Überschuss, die Gerätschaften und Tuche, die die Konversen herstellten, im Kloster selbst aber keine Verwendung fanden, wurden auf den lokalen Märkten verkauft. Da die landwirtschaftlichen Kenntnisse hervorragend und dementsprechend die Erträge hoch waren und da die Qualität der klösterlichen Produkte sehr gut war, wurde der Orden fast zwangsläufig reich. Ihre kaufmännischen Aktivitäten versetzten die einzelnen Klöster dann in die Lage, die erforderlichen finanziellen Mittel für die notwendigen Materialien und die Bezahlung der Bauleute für die Errichtung ihrer Bauwerke in stets erstaunlich kurzer Zeit aufzubringen.

7. Zusammenfassung

Vom 8. bis teilweise ins 11. Jahrhundert brauchte man die Klöster zur missionarischen Landeserschließung, bedurfte man der Experten in Fragen der christlichen Lehre und ihrer Vermittlung als Stützpfeiler der Herrschaft. Im 12./13. Jahrhundert war die agrartechnische Landeserschließung das Ziel herrschaftlicher Bemühungen und das zisterziensische Mönchtum der geeignete Ansprechpartner.

Bernhard von Clairvaux, zwar nicht Gründer, aber einer der ersten Mitglieder der neuen monastischen Bewegung, der sich zunächst vorwiegend junge Adelige anschlossen, wurde zum schärfsten Gegner der cluniazensischen Klöster, denen er Verweichlichung, Verweltlichung und Freude am kirchlichen Reichtum vorwarf. Er entfaltete seine Ideen auf zahlreichen Reisen und bei öffentlichen Auftritten. Die zisterziensischen Forderungen nach der Rückkehr zu ursprünglichen mönchischen Werten – ein Leben in Abgeschiedenheit, unter harten äußeren Bedingungen in der Verbindung von körperlicher Arbeit und Gebet – wurde anfänglich in etlichen Klöstern der sich schnell ausbreitenden Bewegung in praktische Lebenswirklichkeit umgesetzt. Der gesellschaftliche Zuspruch, agrartechnische Spezialkenntnisse und effektive Wirtschaftsführung bescherten dem Orden jedoch schnell ökonomische Erfolge, die auch die zisterziensischen Klöster zu wohlhabenden Einrichtungen machten.

Neben den Zisterziensern traten im 11. Jahrhundert im Zuge der kirchlichen Reformbewegung weitere Orden ins Leben, die alle nach weitgehender Unabhängigkeit kirchlicher Einrichtungen von weltlichen Machthabern strebten.

IX. Templer, Johanniter, Deutschherren – die großen Ritterorden

„Nimm dies Schwert: sein Glanz steht für den Glauben, seine Spitze für die Hoffnung, seine Schneide für die Liebe. Gebrauch es wohl ..." (aus dem Aufnahmeritual des Johanniter-Ordens)

Eckdaten zu den Kreuzzügen

1099	Eroberung Jerusalems auf dem 1. Kreuzzug
1187	Verlust von Jerusalem knapp 100 Jahre später
1204	Ein christliches Kreuzfahrerheer stürmt, plündert und verwüstet auf dem 4. Kreuzzug das christliche Byzanz
1291	Die letzte christliche Bastion, Akkon, fällt; dies ist das Ende des lateinischen Syriens und christlichen Herrschaftsanspruchs im Orient

Eckdaten zur Entwicklung des Templerordens

vor 1120	Zusammenschluss neun französischer Ritter unter Hugo de Payns zum bewaffneten Pilgerschutz. Ihnen wird
1120	als Wohnort der Tempel Salomons (Al-Aksa-Moschee) zugewiesen
1129	Bestätigung der *consuetudines*
1291	Alle Tempelritter müssen Kleinasien nach dem Fall von Akkon verlassen
1307–14	Der Inquisitionsprozess gegen die Mitglieder des Templerordens endet mit der Eliminierung des Ordens

Eckdaten zur Entwicklung des Johanniterordens

1113	Päpstliche Anerkennung des Johanniterordens
1291	Alle Johanniter müssen Kleinasien nach dem Fall von Akkon verlassen
1291–1310	Die Ordensmitglieder leben auf Zypern
1310–1521	Die Johanniter erobern und besetzen Rhodos
1521	Ausweisung aus Rhodos nach der Niederlage gegen die türkische Flotte
1530	Der Johanniterorden nimmt Malta von Kaiser Karl V. zu Lehen
1565	Sieg über die türkische Flotte
1571	Teilnahme an der Schlacht von Lepanto, Sieg über die türkische Flotte
1798	Übergabe Maltas an Napoleon

Eckdaten zur Entwicklung des Deutschherrenordens

1190/1	Gründung einer deutschen Spitalsgemeinschaft in Akkon
1199	päpstliche Bestätigung als Ritterorden (Deutscher Orden/Deutschherren)
1291	Ausweisung aller Deutschherren aus Kleinasien nach dem Fall von Akkon
1226	Der Herzog von Masowien ruft den Dt. Orden zu Hilfe gegen die Prutzen
1226	In der Bulle von Rimini übergibt Friedrich II. dem Deutschherrenorden im Falle der erfolgreichen Eroberung das Kulmer Land und angrenzende Territorien
1410	Niederlage des Ordens in der Schlacht von Tannenberg
1466	Abschluss des Thorner Friedens mit der Bestimmung, dass der Ordensmeister dem polnischen König den Lehnseid schwören muss

1. Bedingungen für die Kreuzzugsbewegung

Zwischen 1099 und 1291 liegen 200 Jahre Kreuzzugserfahrung. Die anfänglich euphorisch begrüßte und erfolgreiche Bewegung war zu ihrem Ende von militärischen Niederlagen geprägt. Im Verlauf der Kreuzzüge entstanden und konsolidierten sich die Ritterorden.

Aus welchen Gründen machten sich seit dem Ende des 11. Jahrhunderts Hunderte und Tausende, Berittene und Fußsoldaten, Pilger und sogar Kinder auf den Weg in eine unbekannte ferne Fremde, um einen „heiligen Krieg" zu führen? Seit der Jahrtausendwende hatte sich die milleniaristische Erwartung vom baldig bevorstehenden Ende der irdischen Welt noch immer nicht erfüllt. Papst Gregor VII. forderte für und durch seine Institution der christlichen Kirche eine grundlegende Reform. Die Kirche, so verlangte er, solle die Führungsposition in der Welt einnehmen, der Papst deren Haupt sein.

Als Kopf der westlichen katholischen Kirche hatte der Papst seinen Sitz in Rom, am Grabe Petri, aber das wahre Zentrum der Welt lag nach christlicher Vorstellung in Jerusalem. So machte man auf vielen Weltkarten, die keine geographische Orientierung, sondern christliche Ordnungsvorstellungen vermittelten, Jerusalem buchstäblich zum Nabel der Welt. Ein gutes Beispiel dafür ist die aus dem niedersächsischen ehemaligen Zisterzienserinnen-Kloster Ebstorf leider nur noch als Faksimile überlieferte Karte. Diese monumentale *mappa mundi*, ca. 3$^{1/2}$ × 3$^{1/2}$ m groß und auf etlichen sorgfältig zusammengenähten Pergamentbögen aufgebracht, ist wie die meisten mittelalterlichen Karten geostet, d. h. Osten liegt vom Betrachter aus gesehen oben. Sie ist gleichzeitig am Modell der T-Karten orientiert. Wenn man sich also ein T vorstellt, dessen Querbalken das Erdenrund halbiert, liegt der asiatische Erdteil oberhalb dieses Querbalkens, Afrika nimmt das untere Viertel rechts und Europa das untere Viertel links vom Längsbalken ein. Hinter der kreisrunden Welt steht der Körper Christi, sein Haupt mit dem Kreuznimbus überragt sie oben im Osten, unten im Westen stützt er die Welt mit seinen Füßen, im Norden und Süden umfängt er sie mit seinen Händen. In der Mitte liegt Jerusalem mit einer deutlich herausgehobenen Darstellung des auferstehenden Christus, dem Symbol für Heil und Erlösung. Dieses bildliche Motiv – Christus, der dem Grabe entsteigt, die Rechte zum Segen erhoben und die Siegesfahne in der Linken – ist vom Betrachter aus gesehen zur Seite gedreht; Christus blickt also gen Norden und ist damit dem europäischen Erdteil zugewandt.

Nun galt es, diesen geistigen Mittelpunkt christlichen Denkens, der im 8. Jahrhundert in die Hände von „Ungläubigen" gefallen war, zurückzugewinnen. Da dieses auf diplomatischem Verhandlungswege nicht erreichbar schien, suchte man die militärische Lösung. Der Papst – nicht mehr Gregor VII., sondern sein gleichgesinnter Nachfolger Urban II. (1088–99) – verfügte jedoch über kein Heer. Im Jahre 1095 rief er auf einer Bischofssynode in Clermont-Ferrand zur Befreiung der heiligen Stätten auf, die geschändet darnieder lägen, obwohl sie doch rechtmäßig den Christen gehörten.

Dem päpstlichen Ruf folgten Ritter aus allen Gegenden Europas. Vor allem mag er in den Gebieten Gehör gefunden haben, die schon damals verhältnismäßig dicht besiedelt waren und zu Ende des 11. Jahrhunderts für die nachwachsenden adeligen Söhne keinen bereits urbar gemachten und zur Verteilung anstehenden Raum mehr boten. Zu dieser Zeit war der mitteleuropäische Raum eine relativ befriedete Zone. Viele Adelige, deren gesellschaftlich akzeptierte Aufgabe die Kriegsführung gewesen war, oder anders ausgedrückt, der Schutz und Schirm der Waffenlosen, sahen sich nach neuen Einsatzgebieten um. Die Kreuzzüge konnten solche, durch allgemeine Befriedung frei gewordenen Kampfkräfte erneut binden. Manche mochte tatsächlich das fromme Feuer zur Heidenvernichtung erfasst haben. Viele werden aber auch aus sozialer Notwendigkeit oder Abenteuerlust aufgebrochen sein, um im Orient der Aufgabe nachzugehen, für die sie im Abendland erzogen worden waren: den Kampf – gemäß der funktionalen Dreigliederung der Stände, wie sie im 11. Jahrhundert formuliert worden war: Die Aufgabe des Betens hatte Christus den Priestern und Mönchen befohlen, den Kampf zum Schutz aller Christgläubigen den Adeligen und Rittern anvertraut und die Landarbeit den Bauern zugewiesen.

2. Mönchische Krieger oder kriegerische Mönche

Die heiligen Stätten von den Heiden zu befreien – das war der Auftrag, den die Kreuzfahrer erfüllen sollten. Aber aus welchen Beweggründen entstanden innerhalb dieser Ritterheere Mönchsorden, Kriegermönche?

Die Idee der religiös inspirierten Kämpfer war durchaus nicht neu. Schon die heidnischen Sagas berichteten von den kämpferischen Helden, die für ihren Gott Wotan in den Kampf zogen, für ihn starben und dafür sogleich nach ihrem Tod die Freuden von Walhalla als dem Ort der Seligkeit tapferer Krieger genossen. Im christlichen Europa wurde diese Vorstellung umgewidmet, aus dem Götterherrscher Wotan wurde Gott und aus Walhalla das Paradies.

Und letztlich waren es nicht so sehr die Glaubenskrieger selbst, die in der Kombination von Gottesfurcht und Kampfbereitschaft einen Orden ins Leben riefen, sondern es war der Mönch Bernhard von Clairvaux, die Leitfigur des Reformordens der Zisterzienser, der um 1130 mit seiner Schrift zum Lob der neuen *Milites christi*, den Streitern Christi, die Ordensritter zur Speerspitze der Kreuzfahrerheere machte. Die Ritterorden, wie sie sich nun ausbildeten, realisierten endlich den Wunsch Gregors VII. nach einer päpstlichen Militärmacht. Sie werden von einigen Historikern sogar als das erste wirklich organisierte Heer seit römischer Zeit beschrieben – nicht als ein Haufen zusammengewürfelter Eisenmänner, die vor allem den persönlichen Gewinn aus der zu erobernden Kriegsbeute im Visier hatten, sondern als schwerst bewaffnete, geübte, aufeinander eingespielte und vor allem disziplinierte Kampfmaschinen.

Als wichtigste Entwicklungsphasen seien folgende herausgestellt:

1099 eroberte das erste Kreuzfahrerheer Jerusalem. Durch weitere Gebietseroberungen entstanden in der ersten Hälfte des 12. Jahrhunderts fünf Kreuzfahrerstaaten: die Grafschaft Tripolis, das Fürstentum Antiochia, die Grafschaft Edessa, das Königreich Klein-Armenien, das Königreich Zypern und das Königreich Jerusalem. An allen Fronten kämpften die christlichen Ritter gegen islamische Krieger: an der ägyptischen, an der persischen, an der türkischen Grenze. Die Einfälle mongolischer Reiterheere von Norden und Osten in den vorderasiatischen Raum seit der Mitte des 13. Jahrhunderts, mit denen die verschiedenen Kriegsparteien wechselnde Bündnisse eingingen, schufen weitere Schwierigkeiten. Auf lange Sicht waren seit der zweiten Hälfte des 12. Jahrhunderts ständige Verluste zu verzeichnen. Die fünf Kreuzfahrerstaaten lösten sich allmählich auf, bis sie am Ende des 13. Jahrhunderts gänzlich von der Landkarte verschwanden. Schon 1187, keine 100 Jahre nach der erfolgreichen Einnahme, ging Jerusalem wieder verloren, 100 Jahre später fiel Akkon als letzte Bastion der christlichen Heere. Für die Verluste werden vielfältige Gründe angeführt: Die christlichen Eroberer wären „verweichlicht", nachdem sie begonnen hätten, sich mit der einheimischen Bevölkerung zu vermischen und deren gehobenen Lebensstandard zu übernehmen, der sich nicht mit Krieg und Kampf in Einklang bringen ließ. Die Disziplin der Ritterheere hätte im Laufe der Jahrzehnte nachgelassen. Die Eroberer, nicht zuletzt auch die verschiedenen Ritterorden, hätten sich in Konkurrenzkämpfen verzettelt und sich dadurch gegenseitig geschwächt. Die militärtechnischen Veränderungen machten schließlich die sehr beweglichen islamischen Kampftruppen den schweren und damit auch schwerfälligeren europäischen Rittern überlegen.

3. Templer

a) Anfänge und mönchisches Ritterleben

Etwas vor 1120 schlossen sich im Heiligen Land auf Veranlassung des burgundischen Ritters Hugo de Payns (1080–1136, Ordensmeister seit 1118) neun französische Ritter zusammen, um in organisierter Form den Pilgerschutz zu übernehmen. Sie lebten einige Jahre als Männergemeinschaft zusammen und entwickelten in dieser Zeit ein Selbstverständnis, das sie in mönchische Tradition stellte. Um als fromme Gemeinschaft anerkannt zu werden, legten sie 1120 vor dem Patriarchen von Jerusalem und in Anwesenheit mehrerer Bischöfe ein Gelübde ab, das sie zu Armut, Keuschheit und kirchlichem Gehorsam verpflichtete. In Anerkennung ihrer Verdienste wurde ihnen als Wohnort der Tempel Salomons überlassen, heute bekannt als El Aksa Moschee. Dort lebten sie weiter in laienhafter Kenntnis tatsächlichen mönchischen Lebens zusammen. Dies mag von manchen Zeitgenossen als Anmaßung und Hochmut ausgelegt worden sein – acht Jahre später jedenfalls erbat Hugo de Payns von der Kirche die Anerkennung der Gemeinschaft als Orden. Zu diesem Zweck wurde 1128 in Troyes ein Konzil einberufen und Hugo de Payns reiste mit einigen seiner Gleichgesinnten dorthin, um dieser Kirchenversammlung die bisherige Lebenspraxis der Ritter zu schildern.

Auf der Grundlage der *Regula Benedicti* und Schilderung de Payns' wurden dann tatsächlich ein Text mit Lebensgewohnheiten formuliert, den man zur Überarbeitung noch einmal zum Patriarchen nach Jerusalem und zum salomonischen Tempel schickte, um ihn so zu gestalten, dass sein Inhalt den realen Lebensbedingungen der Kreuzritter entsprach.

Das, was dann schließlich in Kraft trat – der ursprüngliche Text ist nicht mehr erhalten, es existieren nur noch in der Reihenfolge der Absätze voneinander abweichende lateinische und französische Texte – zerfiel einerseits in solche Abschnitte, die auch in jedem europäischen Kloster Geltung hatten, andererseits in Abschnitte, die sich speziell auf das Kriegerleben der Ritter bezogen. Die Befolgung des Armutsgebotes, die von den Ordensmitgliedern erwartet wurde, drückte sich z.B. in folgenden Vorschriften aus: Die Ritter trugen gleiche einfache, aus grober Wolle gewirkte einfarbige Kleidung; jeglicher Prunk oder Zierrat war verboten; sie aßen wenig abwechslungsreiche Speisen; sie teilten sich zu zweit eine Essschüssel; sie schliefen auf einfachen Lagerstätten in gemeinsamen Schlafräumen; verboten war das Erbitten wie das Annehmen von Geschenken gleich welcher Art. Keuschheit sollte durch folgende Anordnungen gewährleistet werden: Die Ritter schliefen bekleidet, im Schlafraum brannte die ganze Nacht ein Licht; der Umgang mit Frauen war, egal in welcher Form, verboten. Gehorsam war jeder Anordnung des Ordensmeisters ebenso zu leisten wie einem Abt; das Verschließen der Satteltaschen war verboten; ein- und ausgehende Briefe wurden durch den Meister kontrolliert, der darüber hinaus fast uneingeschränkte Verfügungs- und Strafgewalt hatte. Den monastischen Charakter der Gemeinschaft unterstrich man durch einen geregelten Tagesrhythmus und bestimmte geistliche Leistungen: Eine Gebetsordnung regelte Häufigkeit und Umfang der Gebete; täglich wurde die Messe gelesen; in Gedenkfeiern wurde der Toten gedacht; Anweisungen zum Stehen beim Chorgebet und zum sonstigen anständigen Benehmen beim Gebet sollten die ritterlichen Kämpfer demütige Haltung lehren; bestimmte Fastentage waren vorgeschrieben; nach dem letzten Nachtgebet, der Komplet, war Stille geboten. Nach jedem Essen, das stets von einer Lesung aus der Bibel begleitet wurde, sollten die Reste der Mahlzeit an die Armen verteilt werden. Die Krankenpflege gehörte ebenfalls zu den Aufgaben der Ritter.

Eingedenk der Tatsache, dass es sich bei diesen Ordensmitgliedern nicht in erster Linie um betende Mönche, sondern um waffenstarrende Krieger handelte, bedurfte es auch solcher Bestimmungen, die diesem Status Rechnung trugen. Der Aufnahmeritus sah einen Schwur auf den bewaffneten Gotteskampf vor. Die Aufnahme von nichtadeligen Knappen und Knechten konnte nur nach ausdrücklicher Empfehlung durch andere Ordensmitglieder erfolgen, ausdrücklich wurde ein Friedegebot für die Ritter untereinander erlassen, und es gab Vorschriften, wie man sich bei der Lieferung von Waffen und Pferden zu verhalten hatte. Kinder waren von der Aufnahme in den Orden ausgeschlossen. Die Jagd, Standesprivileg und eines der größten Vergnügen für die Angehörigen des europäischen Adels, war strikt verboten.

Man mag sich darüber wundern, wie das Armutsgebot und die Vorschrift, dass kein Ritter mehr als drei Pferde haben durfte, in Einklang zu bringen waren. Aber tatsächlich waren für einen hochgerüsteten Ritter drei Pferde das absolute Minimum: Das Reitpferd trug in der Regel den adeligen Ritter, das Packpferd transportierte die Rüstung und Ausrüstung, das trainierte Schlachtross kam ausschließlich im Kampf zum Einsatz. Bernhard von Clairvaux, der Theoretiker des Zisterzienserordens, hatte die bestehenden Lebensgewohnheiten vor allem um die geistigen und monastischen Aspekte ergänzt, wenn er auch in seiner Schrift über die neue Ritterschaft Christi vor allem ihren Kampfgeist lobte; ein Kampf, der – so martialisch klingt die Schrift an vielen Stellen – nicht auf Bekehrung, sondern auf Vernichtung der Ungläubigen abzielte.

Die Rechtssituation des Templerordens war einige Jahrzehnte lang ungeklärt. 1163 jedoch erreichte er endgültig die Exemtion, womit der Orden nur noch dem Papst gegenüber für seine Handlungen verantwortlich war.

b) Blüte des Ordens

Nach dem Konzil in Troyes, das 1129 die Lebensform der Templer festschrieb, unternahm Hugo de Payns eine Reise durch mehrere Länder Europas, um Mitglieder für den Orden zu rekrutieren. Seine Werbekampagne war erfolgreich: Nicht nur zählte der Orden in seiner Glanzzeit mehrere tausend Mitglieder (allerdings wohl nie mehr als 5000), sondern er wurde – trotz des Armutsgelöbnisses der einzelnen Mitglieder – durch Schenkungen und Überschreibungen unaufhaltsam zu einem der größten Grundbesitzer sowohl in den Kreuzfahrerstaaten als auch in Europa, hier vor allem in Frankreich. Die Gelder des Königreiches von Jerusalem wurden in einer besonderen Schatztruhe aufbewahrt, die durch drei Schlüssel gesichert war, je einer befand sich in den Händen des Templer- und des Johanniter-Ordens, einer beim Patriarchen von Jerusalem. Gleichzeitig waren die Ordensritter, das gilt für Templer und Johanniter gleichermaßen, Finanziers und Händler: Truppen wurden von West nach Ost bewegt und Waren in umgekehrter Richtung. Die französischen Einkünfte des Templer-Ordens betrugen acht bis zehn Millionen Franken im Jahr, etwa viermal soviel, wie die Einkünfte des Königs von Frankreich. Dieser verschuldete sich bei dem Ritterorden so hoch, dass ihm ohne das Templer-Vermögen am Anfang des 14. Jahrhunderts der Bankrott drohte.

Die Templer waren gute Rechner. Das zeigt auch ihr Umgang mit solchen Gastrittern, die in den Burgen der Templer Aufnahme fanden: Die Ritter zahlten am Ende ihres Aufenthaltes in bar und erhielten, wenn sie nach Europa zurückkehrten, das Angebot, ihre Pferde dem Orden für den halben Marktwert zu verkaufen.

So blühte die „arme Ritterschaft Christi vom salomonischen Tempel" in den Kreuzfahrerstaaten und mehr noch in den europäischen Baylies, d.h. den einzelnen Gemeinschaften und den Provinzen. Die Ritter im weißen Mantel mit dem roten Kreuz mögen sich nicht immer an die monastischen Gesetze der Armut und Keuschheit gehalten haben; sie mögen in Jerusalem, in Tyros, in Akkon und allen anderen Schlachten wider das christliche Gebot der Feindesliebe gehandelt haben – unzweifelhaft gehörten sie aber zu den „Kriegshelden" der Kreuzzüge.

c) Untergang des Ordens

1314, fast genau zwei Jahrhunderte, nachdem Hugo de Payns die neun ersten Ritter um sich geschart hatte, existierte der Orden nicht mehr oder höchstens noch in einem sagenumwobenen Untergrund. Was war geschehen? Waren die Tempel-Ritter in einem blutigen Gemetzel niedergemacht worden? Hatten sie eine Festung gegen die Muselmanen bis zum letzten Mann gehalten und waren dann heroisch gefallen? Hatten sie vielleicht keinen Nachwuchs mehr rekrutieren können? Hatten die süßen Düfte des Orients sie so verweichlicht, dass sie die asketische Ordensstrenge aufgaben zu Gunsten eines angenehmeren adeligen Luxuslebens? Alle Fragen, die in diese Richtung zielen, müssen verneint werden. Der Templer-Orden war ein Opfer der Spitzfindigkeit kirchlicher Justiz, der Inquisition, geworden.

Im Jahre 1307 lud Papst Clemens V. (1305–14) die beiden Führer, die Großmeister, der Templer und Johanniter an seinen Hof, um über eine Zusammenlegung der beiden Orden zu verhandeln. Die Päpste hatten im Jahr 1303 ihre Unabhängigkeit eingebüßt, als eine kleine Militärtruppe im Auftrag des französischen Königs den damaligen Papst Bonifaz VIII. (1294–1303) bei Anagni gefangen genommen und ihm einen neuen Sitz in Avignon zuwiesen hatte. Avignon lag auf burgundischem Reichsgebiet, aber im französischen Einflussbereich. Clemens V., der ehemalige Bischof von Bordeaux, war Papst nicht zuletzt von König Philipps des Schönen (1285–1314) Gnade. Er schloss mit dem französischen König ein Abkommen: Als gewählter Papst würde er Philipp vom Kirchenbann lossprechen, die von seinem Vorgänger erlassenen Bullen, die den französischen König aus der Gemeinschaft der Christenheit ausgeschlossen hatten, außer Kraft setzen, für fünf Jahre die Besteuerung des Klerus billigen und – was Clemens jedoch nach seiner Einsetzung beharrlich verweigerte – Bonifaz' VIII. als Ketzer verurteilen.

Auf Grund der päpstlichen Ladung reiste der Großmeister der Ritter vom salomonischen Tempel, Jacques de Molay, tatsächlich nach Avignon, begleitet von 60 Rittern und zwölf mit Schatztruhen beladenen Pferden. Zur gleichen Zeit lancierte Philipp der Schöne unter Mithilfe seines Beichtvaters und seines Kanzlers eine Propagandakampagne gegen die Templer. Dominikaner- und Franziskanermönche verbreiteten im ganzen Land Gerüchte, die zunächst von einem zum Tode verurteilten niederen Adeligen in die Welt gesetzt wurden, der sie angeblich von einem Zellengenossen hatte, der sie seinerseits von einem sterbenden reuigen Templer gehört haben sollte. Die Gerüchte wurden laut genug, dass König Philipp ein Verfahren gegen die Templer fordern konnte. Papst Clemens V. stimmte einer durch die Kirche geführten Voruntersuchung zu. Seine Zustimmung hatte zur Folge, dass am 12. Oktober 1307 von der französischen Beamtenschaft ein königlicher Brief geöffnet werden durfte, der schon seit längerem vorlag. Er enthielt den Befehl, alle Templer, derer man habhaft werden konnte, zu verhaften. Die Anklagen lauteten: Die Templer verleugneten das Kreuz. Sie praktizierten ein unsittliches Aufnahmeritual, bei dem der Neuling den Meister auf Mund, Nabel und Steiß küssen müsse. Sie praktizierten Homosexualität. Sie verehrten ein Götzenbild namens Baphomet und trügen einen Götzengürtel. Sie würden bei der Messe die Konsekrationsworte auslassen. Bereits einen Tag später wurden hunderte, vielleicht sogar tausende von Templern ohne Gegenwehr gefangen gesetzt. Die „Voruntersuchung" wurde in weltlichen Kerkern unter Anwesenheit von kirchlichen Inquisitoren durchgeführt. Die rechtliche Spitzfindigkeit, mit der man diese Vorgehensweise rechtfertigte, hatte bis zum Ende des Ordens Bestand: Dem Papst unterstünde der Orden als Einheit, dem weltlichen Gericht jedoch die einzelnen Mitglieder. Schon bei diesen ersten Untersuchungen legte man Besitzverzeichnisse der Ordenskommenden an.

Die Protokolle, die an den französischen König und den Papst geschickt wurden, enthielten zum großen Teil Schuldgeständnisse, versehen mit der Einschränkung, das die Templer angaben, die Taten, derer sie angeklagt würden, nur mit dem Mund, nicht aber mit dem Herzen begangen zu haben: Die Worte des Aufnahmeritus seien lediglich ein Zeremoniell und kein Bekenntnis, in dem Bespucken oder Urinieren auf das Kreuz habe man nur seine Verachtung für den Tod, und sei es auch der Kreuzestod, Ausdruck verleihen wollen. Der Aufnahmekuss sei ein Bruderkuss, in anderer Version ein Zeichen der Unterwerfung und des Gehorsams gewesen. Die Anbetung eines Götzen konnte nicht nachgewiesen werden. Auch die Neigung zur Homosexualität wurde von den meisten verneint. Bei den ersten Untersuchungen starben 61 Templer an den Folgen der angewandten Folter; 36 allein in den Kerkern von Paris. Auch Jacques de Molay legte ein Geständnis ab – vielleicht als Schutzmaßnahme, damit man die anderen Templer zufrieden ließ.

Der Papst, der zunächst gegen die Verhaftung und das Verhör durch weltliche Schergen protestiert hatte, wechselte die Taktik. Er versuchte, die Sache in die eigene Hand zu bekommen, indem er selbst die Verhaftung der Templer in allen europäischen Ländern anordnete. In England, Portugal und Deutschland wurde ihm allerdings nur wenig Unterstützung zuteil.

Zu Beginn des Jahres 1308 begannen erneut die Verhöre der in Paris eingekerkerten Templer-Oberen, dieses Mal durch päpstliche Legaten. Viele Templer widerriefen ihre ersten Geständnisse. Daraufhin startete Philipp einen Angriff gegen den Papst und klagte ihn der gleichen Vergehen wie die Templer an. Er berief im Mai 1308 eine Reichsversammlung in Tours ein, wo ihm die drei Stände des Reiches den Auftrag erteilten, den Orden zu vernichten. Zu diesem Schritt hatte er jedoch gemäß Kirchenrecht keinerlei Befugnis. Zwischen Anfang Mai und Anfang Juni trafen sich der französische König und der Papst in Poitier. 72 Templer wurden Clemens vorgeführt, keiner von ihnen widerrief sein Geständnis. Papst und König einigten sich auf folgenden Kompromiss in der weiteren Vorgehensweise: Die fünf Großwürdenträger des Ordens wurden dem Papst überlassen, natürlich auch Jacques de Molay. Zwei Kommissionen wurden eingesetzt: die päpstliche Kommission sollte die Verurteilung des Ordens als Ganzem vorantreiben, die bischöfliche Kommission sollte die einzelnen Mitglieder verurteilen. Die Gelder des Ordens wurden zunächst bis zum Abschluss des Verfahrens der königlichen Verwaltung unterstellt, und man kann davon ausgehen, dass der stets in Geldnöten befindliche König sich dort nach seinem Begehr bediente. Die päpstliche Kommission rief 1310 Mitglieder der Templer zur Verteidigung des Ordens auf. Es meldeten sich 700 Verteidiger. Noch während der Sitzungen dieser päpstlichen Kommission berief der königstreue Erzbischof von Sens ein Konzil ein, das die schnelle Verurteilung der einzelnen Templer anstrebte, vor allem derjenigen, die sich als Verteidiger gemeldet hatten. Als Widerrufende waren sie nicht mehr, wie nach ihrem Geständnis, bußfertig, sondern konnten als rückfällige Ketzer verurteilt werden. Und die Urteile wurden gefällt. 54 Templer wurden in einer ersten Urteilsphase verbrannt, 120 der 700 Verteidiger zogen ihren Widerruf zurück, ihr Urteil lautete auf mehrjährige Haftstrafen.

Untersuchungen der Gerichtsprotokolle einzelner französischer Regionen, die noch lange nicht alle ausgewertet sind, ergaben, dass die Verhöre der Templer durch Fragebögen erfolgten, die weder eine abwägende Antwort der Verhörten noch ein Abwägen der Urteile zuließ, denn „Le but recherché était l'obtention d'aveu", das Ziel war es, ein Geständnis zu erlangen, so fasst eine französische Historikerin zusammen, die die Prozessakten der Auvergne untersucht hat. Gleichzeitig ließ sich aber auch feststellen, dass sich die Anklagepunkte nie in ihrer Gesamtheit bestätigen ließen, sondern stets nur Teilbestätigungen gegeben wurden.

Am 16. Oktober 1311 wurde auf dem Konzil von Vienne trotz einer starken Opposition, die sich zunächst gegen die Absichten des Papstes ausgesprochen hatte, die päpstliche Bulle *Vox in exelso* verkündet, die die Verurteilung und Auflösung des Templerordens beinhaltete. Das Resteigentum des Templer-Ordens wurde dem Johanniter-Orden übertragen, die Schulden des französischen Königs galten als getilgt. Damit hatte der Orden aufgehört zu existieren.

Der Kommentar des Chronisten der Magdeburger Schöppenchronik zur Zerschlagung des Templerordens
(zit. nach: Chroniken der deutschen Städte 7, Magdeburg 1, 1868, ND 1962, S. 180/81)

Und im Jahre 1308 begann man, den Orden der Tempelherren zu zerstören, der bis dahin 200 weniger 20 Jahre bestanden hatte. Papst Clemens und der König von Frankreich hatten das so befohlen, dass man sie aufgriff in allen Ländern … Man bezichtigte sie der Ketzerei, dass sie Christus verleumdet und das Kreuz Christi angespien hätten. Man meint jedoch wohl eher, dass der Papst und der König von Frankreich und andere Fürsten ihr Gut hatten haben wollen, denn sie waren unmaßen reich. Aber sie trieben auch großen Hochmut, und es düngt mir dies der eigentliche Grund, warum Gott es zuließ, dass sie zerstört wurden.

Im März 1314 wurde das Urteil im Prozess gegen den Großmeister des Ordens und drei seiner weiteren Oberen öffentlich in Paris vor versammeltem Volk und in Anwesenheit der Beklagten verkündet. Nach der Verlesung der Straftaten lautete es: lebenslängliche Haft. Auf diese Urteilsverkündung hin erhoben sich zwei von ihnen und widerriefen ihre ehemaligen Geständnisse. Sie beteuerten ihre eigene und die Unschuld des Ordens als Ganzem und erklärten, sie wollten lieber sterben als lebenslang mit der Schmach des falschen Bekenntnisses in Kerkern vegetieren. Noch am gleichen Tag verurteilte man sie als rückfällige Häretiker zum Tode durch Verbrennen. Am folgenden Tag wurde das Urteil vollstreckt. Die Legende sagt, noch vom Scheiterhaufen aus hätte Jacques de Molay den beiden Hauptakteuren in diesem Prozess, Papst Clemens V. und König Philipp dem Schönen, den baldigen Tod vorausgesagt. Tatsächlich starben beide noch im selben Jahr.

Manche Mitglieder des aufgelösten Ordens fanden in anderen Orden Aufnahme, das Schicksal vieler weiterer ist ungeklärt und um dieses ranken sich wilde Spekulationen, dass die Extempler sowie ihre Bekenntnisse und Praktiken nach einiger Zeit in Geheimbünden, bei den Rosenkreuzlern oder Freimaurern, wieder aufgetaucht wären.

4. Johanniter

Die Geschichte des Johanniter-Ordens und seiner Auflösung liest sich, im Gegensatz zum Templer-Schicksal, nicht wie ein Justizkrimi, hat dafür aber einige 100 Jahre länger gedauert und ebenfalls dramatische Entwicklungen gezeigt. Noch ausgeprägter als die Templer betrachteten die Angehörigen des Johannes-Hospitals in Jerusalem den Dienst an Pilgern, Reisenden und Kranken als ihre eigentliche Aufgabe. Bereits 1113 hatte der Orden die päpstliche Anerkennung erhalten. Wahrscheinlich war er von italienischen Kaufleuten aus Amalfi ins Leben gerufen worden, die schon 1080 ein Hospiz gegründet hatten; er zählte jedoch später bis zu zwei Dritteln Mitglieder französischer Herkunft. Dem Hospital in Jerusalem folgten bald weitere in allen größeren Städten der Kreuzfahrerstaaten sowie in Europa in Marseille, Bari und Messina, in deren Häfen sich viele Kreuzfahrer zur Überfahrt ins heilige Land einschifften. Die Hospitäler waren nach dem fortschrittlichsten Stand der damaligen christlichen Medizin eingerichtet. Die Krankenpflege wurde von speziell dafür ausgebildeten Brüdern betrieben. Doch schon in der Mitte des 12. Jahrhunderts hatte sich auch dieser Orden militarisiert, und man unterschied zwischen Rittern, Brüdern und Laienangehörigen. Templer und Johanniter standen sich zum Teil in harten Konkurrenzkämpfen um Land und Burgen gegenüber. Den beiden Orden war jedoch mit dem Fall der Festung Akkon 1291 das gleiche Schicksal beschieden. Sie mussten Palästina verlassen.

a) Zypern, Rhodos, Malta – Stationen des Ordens

Zunächst fanden die Ordensmitglieder Zuflucht auf Zypern, wo der Orden von 1291 bis 1310 blieb. Einem regelrechten Piratenstreich verdankte er den ersten Wechsel von einer Insel zur nächsten, nämlich von Zypern nach Rhodos. Rhodos gemeinsam zu erobern war das verlockende Angebot eines genuesischen Piraten an den damaligen Großmeister des Ordens, Fulko von Villaret (Großmeister des Ordens von 1308–1328). Papst Clemens V. gab nach anfänglichem Zögern seine Zustimmung dazu, eine unter christlicher, nämlich byzantinischer Herrschaft stehende Insel mit Waffengewalt zu nehmen. Mit Hilfe des Piratenschlachtplans und der Johanniter-Flotte wurde Rhodos nach mehrmonatiger Belagerung eingenommen; dort installierte sich der Orden 1310 mit einem Hospiz für die nächsten 200 Jahre. Die Insel war gut gewählt, denn sie war landwirtschaftlich erschlossen und bot genügend Holz für den Ausbau der Flotte.

In den Türkenkriegen des 15. Jahrhunderts agierten die Johanniter besonders erfolgreich. Mehrmals, 1480, 1503 und 1510, trugen die Truppen des Johanniter-Ordens gegen türkische, zahlenmäßig weit überlegene Belagerungstruppen den Sieg davon.

1521 kam es zur Entscheidung zwischen den Johannitern und Sultan Suliman dem Prächtigen (1494–1566). Von Juni bis Dezember 1521 tobte zu Land und zu See die Schlacht um Rhodos. Als die Bevölkerung der Insel kurz vor der Rebellion gegen den unbeweglichen Orden stand, akzeptierte dieser eine ehrenvolle Kapitulation. Die Insel wurde übergeben. Die Ritter und alle Rhodier, die mit ihnen gehen wollten, erhielten freien Abzug. Sie durften ihre leichten Waffen, aber keine Kanonen, mitnehmen und ihren Ordensschatz, darunter auch kostbare Reliquien, z. B. die noch aus Palästina mitgebrachte Hand Johannes des Täufers.

Es dauerte neun Jahre, bis 1530, bevor die Johanniter wieder ein festes Quartier aufschlagen konnten. Karl V. (1500–1558) erreichte dies, indem er dem Orden die strategisch günstig zwischen Europa, Afrika und Kleinasien gelegene Inselgruppe Malta, Gozo und Comino zu Lehen gab. Aus den Johannitern wurden, aufgrund ihres neuen geographischen Hauptquartiers, Malteserritter. Als Lehensgabe forderte der Kaiser jährlich die Überbringung eines Malteser-Falkens. Der Orden lag zu jenem Zeitpunkt militärisch darnieder. Die Verteidigung von Rhodos hatte fast den gesamten Flottenbestand gekostet. Malta selbst war nicht das fruchtbare Paradies, das der Orden hatte aufgeben müssen – klein und kahl, mit einer nur dünnen Erdkrume über weichem blanken Kalkstein. Trotzdem nahmen die Johanniter das Lehen Karls V. an. Sie wurden Malteser-Ritter. In wenigen Jahren bauten sie den fünffingrigen natürlichen Hafen im Nordosten der Insel zu einer Festung mit mehreren Forts aus.

Schon sechs Jahre, nachdem die Johanniter Malta übernommen hatten, wurden sie von türkischen Truppen belagert, aber es dauerte bis 1565, bevor die nackte Existenz des Ordens bei einer erneuten Belagerung von Mai bis September bedroht war. Wieder hieß der Gegner Suliman der Prächtige; der Ordensmeister Parisot de la Valette (1557–68) hatte schon als junger Mann die Belagerung von Rhodos miterlebt. Die beiden Feldherren waren beide inzwischen um die siebzig Jahre alt. Die Belagerung, von türkischer Seite aus mit gut 30 000 Mann in Angriff genommen, denen etwa 5500 Belagerte – Malteser-Ritter, spanische Arkebusiere und Fußsoldaten – entgegenstanden, wurde gleichzeitig von Wasser und von Land aus geführt. Schien es zunächst von Nachteil zu sein, dass die Verteidigung sich auf drei unabhängig voneinander agierende Forts stützte, was zu Nachschubproblemen führte, hatte dies im sich hinziehenden Kampf aber auch den Vorteil, dass die Truppen der Angreifer sich teilen mussten. Das erste Fort hielt der Belagerung drei Wochen stand, das zweite einige Wochen länger. Schließlich hatten sich alle Belagerten in das letzte Fort zurückziehen müssen, das schon kurz vor der Kapitulation stand, als aus Sizilien Verstärkungstruppen die Insel anliefen, so dass in einem letzten Kampf die türkischen Truppen zwischen zwei Fronten zerrieben wurden.

Die Zahl der Opfer, die die Belagerung auf beiden Seiten gekostet hatte, waren erschreckend. Nur ein Bruchteil der Belagerten hatte überlebt, davon die meisten verwundet oder verkrüppelt. Die Bastionen, die in wenigen Jahren errichtet worden waren, hatten schwer gelitten. Aber, und das war offenbar das Zeichen für die europäischen Finanzminister: der Kampf war letztlich gewonnen worden; Malta hatte sich als Schutzschild gegen die islamische Bedrohung erwiesen. Und so flossen die Gelder für den Wiederaufbau Maltas reichlich. Bis heute kann man die Befestigungsanlagen der zweiten Hälfte des 16. Jahrhunderts rund um den ganzen Hafen bestaunen und nicht zuletzt auch die nach dieser Belagerung in ihrem Rücken gebaute Stadt La Valetta, die nach dem schließlich doch siegreichen Großmeister benannt wurde.

Malta wurde nie wieder von See her angegriffen. Erst im Zweiten Weltkrieg erreichte es ein wochenlanges zermürbendes Luftbombardement, die Insel in einen einzigen Trümmerhaufen zu verwandeln.

Der Malteser-Orden widmete sich nach 1565 zunächst der Wiederherstellung seiner Verteidigungsbauten und schließlich wieder seinen eigentlichen Aufgaben, der Krankenpflege und dem Schutz der Meere vor Piraten und islamischen Kriegern. Bei der entscheidenden Schlacht von Lepanto 1571, die den Sieg der christlichen über die islamische Flotte brachte, konnte der Orden allerdings nur mit drei Schiffen teilnehmen. Die anderen hatte er schon zuvor verloren. Als die Malteser dem französischen Finanzminister Necker (1732–1804) großzügig unter die Arme griffen, trug ihnen das die Feindschaft der 1789 siegreichen Revolutionspartei ein. Napoleon (1769–1821) erhielt den offiziellen Auftrag, Malta für Frankreich einzunehmen. Er blockierte mit seiner Flotte die Hafenzufahrt und nach einigen diplomatischen Verhandlungen wurde die Insel von dem damaligen Großmeister Ferdinand von Hompesch (1797–99) 1798 an Napoleon übergeben. Als Ritterorden mittelalterlicher Prägung in der Kombination von mönchischen Lebensregeln und ritterlichem Kampfesethos hatten die Malteser mit dieser Übergabe aufgehört zu existieren.

5. Deutschherren

Als mittelalterliche Sturmtruppen bezeichnete sie ein englischer Historiker – in dem Sinne, dass katholische Edelleute für ein weltumspannendes Christenreich stritten.

Auch dieser Orden entstand im Heiligen Land und wandelte im Laufe seiner Entwicklung seine Funktion. Friedrich von Schwaben (1196–1216), der Sohn des in Anatolien ertrunkenen Friedrich Barbarossa (1123–1190), gründete 1190 in Akkon einen Hospitalsorden für Pilger und Ritter deutscher Herkunft und Sprache. Er wurde mit der Johanniter-Regel ausgestattet und erlangte 1191 die Anerkennung und Billigung des Oberhauptes der Kirche. 1198 wurde er nach der Auflösung des Kreuzfahrerheeres und dem Tod Heinrichs VI. (1165–1197) in einen Ritterorden umgewandelt, um seine Schlagkraft zu erhöhen. Schon ein Jahr später erhielt er die päpstliche Bestätigung durch Innozenz III. (1198–1216).

Die Ritter im weißen Mantel mit schwarzem Kreuz kehrten nach Europa zurück und gründeten dort rege Niederlassungen, Kommenden genannt. Bis 1300 waren es über 300. Eine Kommende musste mindestens zwölf Mitglieder und einen Oberen aufweisen, in Anlehnung an Christus und seine zwölf Jünger. Mehrere Kommenden, geführt von einem Komtur, waren als Ballei zusammengefasst. Die deutschen Balleien unterstanden dem sog. Deutschmeister. Die oberste Ordensinstanz war die Versammlung aller Ordensritter, das Generalkapitel, angeführt von ihrem Großmeister. Wie bei allen anderen Ritterorden unterschied man zwischen Rittern, Priesterbrüdern und dienenden Brüdern oder Halbbrüdern.

Im Jahr 1226 rief der Herzog von Masowien den Deutschen Orden gegen die Prutzen zu Hilfe. Die Prutzen waren ein baltischer, noch heidnischer Stamm, der die westlichen Grenzen des herzoglichen Gebietes bedrohte. Die Ritter des Deutschen Ordens folgten diesem Ruf. Gleichzeitig stellte Kaiser Friedrich II. (1196–1250) ihrem Großmeister, Hermann von Salza (1209–1239), mit der Bulle von Rimini 1226 einen Wechsel auf die Zukunft aus. Er überschrieb dem Deutschen Orden das Kulmer Land und angrenzende Gebiete – die keineswegs zum Herrschaftsgebiet des deutschen Reiches zählten – als uneingeschränktem Souverän, unabhängig vom Reichslehensverband. Damit erhielt der Deutsche Orden in einem noch zu erobernden Land vollständige Handlungsfreiheit und Autonomie. Nicht einmal der Papst oder der Kaiser sollten Einfluss nehmen können. Der Orden wusste dieses Privileg zu nutzen.

Die Bewertung der folgenden Entwicklung des Ordensstaates ist durchaus ambivalent. Einerseits rottete der Orden unbarmherzig alle nicht taufwilligen Menschen in dem von ihm kontrollierten Gebiet aus und zwang mit Hilfe seiner militärischen Überlegenheit der unterjochten Bevölkerung eine harte Herrschaft auf. Abgaben und Steuern waren hoch, Widerstand gegen die neuen Herren wurde unverzüglich niedergekämpft. Die Ordensburgen waren dafür ein unübersehbares Zeichen. Andererseits traf der Orden Maßnahmen, die fast schon mit einer modernen Staatsverwaltung vergleichbar sind. Stadtgründungen wie die von Kulm 1231, Thorn 1231, Marienwerder 1233, Elbing 1237, Balgar 1239, Memel 1252 und Königsberg 1254/55 (die letzteren beiden Städte liegen in Livland) überzogen das Land des Deutschen Ordens sowohl mit militärischen Stützpunkten als auch mit Handelsplätzen entlang der bisher nur als Durchgangsstrecke genutzten Verkehrswege zwischen Köln und Novgorod. Die Städte waren planmäßig angelegt und orientieren sich in der Bauweise an den Ordensburgen, die als geschlossener Block um einen offenen Innenhof gebaut wurden – Erfahrungen aus der Kreuzfahrerzeit fanden hier eine architektonische Umsetzung. Die rege Bautätigkeit wurde unterstützt durch die Einführung von Ziegelöfen. Ein auf den Burgen entwickeltes Heizungssystem wies Rohrleitungen auf, durch die die Hitze heißer Steine in Räume abgestrahlt wurde. Jede Stadt wurde mit Mühlen ausgestattet; die dort erwirtschafteten Einnahmen flossen dem Orden zu. Ein ausgedehntes Kurier- und Postwesen, eine einheitliche Münze im ganzen Ordensland und eine straffe Verwaltungsorganisation erleichterten Handel und Gewerbe. Auch das Hospitalswesen erhielt neuen Aufschwung.

Seine militärische Grundausrichtung bewies der Orden noch zu Ende des 14. Jahrhunderts durch seine Streifzüge in der Ostsee und seinen Kämpfen mit den dortigen Piraten, durch den erfolglosen Angriff auf Dänemark und durch den Einsatz einer neuen Waffentechnik, dem Hinterladersystem, die die Benutzung von Handfeuerwaffen erheblich beschleunigte.

Trotz oder vielleicht gerade wegen der effektiven Verwaltung gingen Orden und Bevölkerung immer mehr auf Distanz zueinander. Die Ordensmitglieder waren schwer bewaffnete Ritter, Priester (die Schreib- und Lesekundigen, die die Messe lasen und die Bücher führten), Brüder niederer Klasse, die als leicht bewaffnete Hilfskämpfer und niedere Amtsträger fungierten, Halbbrüder und Halbschwestern, die als Laien die Krankenpflege übernahmen, und weitere *familiale*, also Männer und Frauen, die sich der Leitung des Ordens unterstellten und ihm ihr Vermögen ganz oder teilweise überschrieben. Die übrige Bevölkerung setzte sich aus christianisierten Prutzen, zumeist Bauern, und Einwanderern zusammen, die teils in die Städte zogen, teils im Rahmen von Rodungs- und Entsumpfungsprogrammen ein eigenes Stück Land erwerben konnten.

Doch die dem Orden zu leistenden Abgaben drückten schwer. Als sich am Ende des 14. Jahrhunderts mehrere Parteien miteinander zur Eroberung des Ordenslandes verbündeten, erhielten die Deutschordensritter von Seiten der eigenen Bevölkerung keinerlei Unterstützung. Bürgerkrieg überzog das Land; der preußische Bund aus polnischem Adel und den Städten des Ordenslandes kämpfte gegen die Ritter des Ordens. 1410 gipfelte diese Auseinandersetzung in der Schlacht von Tannenberg, bei der das

Deutschordensheer aufgerieben und zu großen Teilen vernichtet wurde. 1454 erreichte der Orden noch einmal einen militärischen Sieg, doch konnte er die Söldnertruppen, denen er diesen Sieg zu verdanken hatte, nicht mehr bezahlen. Der Orden verpfändete ihnen das eigene Land, das 1457 einschließlich aller Burgen inklusive der Marienburg an den König von Polen verkauft wurde. 1466 wurde der Thorner Frieden geschlossen und das westliche Preußen fiel an Polen. Unter anderem enthielt der Friedensvertrag die Bestimmung, dass künftig der Hochmeister des Deutschen Ordens dem polnischen König den Treu- und Gefolgschaftseid zu leisten hatte.

Ordenszucht und ritterliche Disziplin ließen wohl schon seit langem zu wünschen übrig. Zu Beginn des 16. Jahrhunderts trafen die Auseinandersetzungen um die Reformation auch den Orden. Seit 1498 wurde nur noch der Sohn eines amtierenden Fürsten zum Hochmeister gewählt, was zuvor streng untersagt gewesen war, um nicht in politische Konflikte hineingezogen zu werden. 1510 war Albrecht von Brandenburg zum Hochmeister gewählt worden. 1525 trat er zum Protestantismus über, legte den Ordensmantel ab und nahm vom polnischen König Ostpreußen zu Lehen. Im 16. und 17. Jahrhundert übernahmen Ritter des Deutschen Ordens noch einmal Aufgaben im Grenzschutz gegen die Türkeneinfälle, im 18. Jahrhundert führte er nur noch eine Schattenexistenz. 1805 wurde er von Napoleon aufgelöst und bestand nur noch in Österreich fort. 1834 wandelte man ihn in ein geistliches Institut um. Erst in der zweiten Hälfte des 19. Jahrhunderts ließ man es sich in adeligen Kreisen angelegen sein, den Orden wieder zu unterstützen. 1866 wurde das Institut der Ehrenritter gegründet, 1871 fanden sich die Marianer des deutsche Ordens zusammen. 1938 wurde der Orden durch die Nationalsozialisten aufgehoben, 1947 wurde die Aufhebung annulliert. Danach konstituierten sich wieder mehrere Kommenden, eine der regsten wohl in Frankfurt a. M. Die Tendenz ist steigend, heute hat der Orden etwa 1 000 Mitglieder. Er hat aber auch ein Museum, in Bad Mergentheim (Franken). Und das zeigt vielleicht am deutlichsten, dass die Zeit über die ursprünglichen Anliegen dieses Ordens hinweggegangen ist. Er ist „museumsreif".

6. Zusammenfassung

In den Ritterorden verband sich die adelige Konzeption eines kämpferischen Daseins mit Aspekten monastischer Existenz. Sie alle nahmen ihren Ausgang während und nach der ersten Konsolidierung der Kreuzfahrerstaaten im 12. Jahrhundert und widmeten sich in unterschiedlichem Maße der Krankenpflege, dem bewaffneten Pilgerschutz und der Sicherung der Verkehrswege. Mit dem Fall von Akkon als der letzten Bastion der Kreuzfahrer suchten die Ritterorden neue Tätigkeitsfelder und fanden sie in europäischen Zusammenhängen. Die Johanniter erkämpften sich eine Position als Beschützer des westlichen Mittelmeers vor türkischen Angriffen, die Deutschherren taten sich in der ambivalenten Rolle als Eroberer einerseits und Organisatoren eines fast modern anmutenden Staates im Baltikum andererseits hervor. Einzig der Templerorden fiel finanzpolitischen Erwägungen des französischen Königs zum Opfer und wurde in einem Inquisitionsverfahren vernichtet.

X. Grundlegende Veränderungen im 12. Jahrhundert

Das 12. Jahrhundert hat in der geschichtswissenschaftlichen Forschung immer schon besondere Charakterisierungen erfahren. Es gilt als das Jahrhundert des Aufbruchs und der Entdeckung des Individuums, als Umbruchszeit, in der die Blüte der Klöster zu Ende ging und die Zeit der Kathedralen begann. Expansion und Urbanisierung sind zwei Kernbegriffe, die wichtige Entwicklungsaspekte erfassen und die auch in der sich verändernden Kloster- und Ordenslandschaft wieder zu finden sind.

1. Expansion

Mit den Kreuzzügen hatte die europäische Expansion nach außen begonnen. Sie beschränkte sich nicht allein auf militärische Eroberungszüge – deren Erfolge letztendlich keine Dauer beschieden war –, sondern eröffnete auch die Chance, Vergleiche zwischen europäischen Verhältnissen und fremden Kulturen anzustellen. In unterschiedlichem Ausmaß profitierten alle davon, Europäer und Nicht-Europäer, Angehörige des christlichen und islamischen Glaubens. Zum einen dehnten sich die internationalen Handelsmöglichkeiten aus, wurde das genutzte Wegenetz erweitert und das Warenangebot in alle Richtungen vergrößert. Zum anderen gaben die expandierenden Kommunikationswege den Anstoß zu geistigem Austausch, zur Wahrnehmung anderer Denkweisen, zum Erwerb unbekannter antiker Schriften, zur Entdeckung medizinischer Kenntnisse und philosophischer Methoden. Die territorialen Expansionsbemühungen fanden ein unrühmliches Ende; die wirtschaftlichen und intellektuellen Gewinne aber waren insbesondere für Europa beträchtlich.

Neben der Expansion nach außen stand die Expansion nach innen, bei der mannigfaltige Faktoren eine Rolle spielten. Befördert durch ein sich günstig entwickelndes Klima und die Verbesserung der Agrartechniken – z. B. den Einsatz des Wendepfluges auf tieferen, schwereren Böden oder die Anwendung der Dreifelderwirtschaft, die eine optimale Bodennutzung ermöglichte – erzielten die Bauern bessere Ernteerträge. Die Häufigkeit von Hungersnöten und Mangeljahren verringerte sich; die Bevölkerung wuchs rasch an. Innerhalb des bereits mehr oder weniger dicht besiedelten Landes wurden den Wäldern, Sümpfen und Mooren neue Ackerflächen abgerungen, kargere Böden wurden mit Hilfe verbesserter Fruchtfolge und intensiver Düngung erfolgreich unter den Pflug genommen. In den dünner besiedelten Gegenden Nord-, Nordwest- und Osteuropas wurde neues Siedlungsland erschlossen. Dies geschah nicht zuletzt durch landesherrliche Förderung, indem man Neusiedler mit bestimmten Privilegien lockte, z. B. Steuerbefreiungen für eine festgelegte Zahl von Jahren. Sowohl bei der äußeren wie der inneren Landeserschließung spielten die Klöster der Zisterzienser eine bedeutende Rolle.

Landwirtschaftliche Überschüsse, verbreitertes Warenangebot und eine wachsende Bevölkerung veränderten die adeligen Vorstellungen von Lebensqualität und die soziale Zusammensetzung insbesondere der urbanen Bevölkerung, die sich in Händlergruppen wie Fernhändler und einfache lokale Kaufleute, handwerkliche Berufsgruppen und eine große Unterschicht aus Gesellen und Lehrlingen, Knechten, Mägden und Tagelöhnern ausdifferenzierte.

So entstand im 12. und verfeinerte sich im 13. Jahrhundert die höfische Kultur adeliger Damen und Herren, die in der Architektur von Burgen und Palästen sowie in der Selbstinszenierung der Mitglieder des adeligen Standes in der Kleidung, dem höfischen Fest, dem Turnier und anderen Repräsentationsformen ihren Ausdruck fand. Um diese Ansprüche an feine Stoffe, erlesene Speisen, kunstvoll bearbeitete Waffen etc. „standesgemäß" befriedigen zu können, bedurfte es der notwendigen Barmittel. Diese beschaffte man sich durch die Umstellung der von den Bauern geforderten Leistungen. Statt Naturalabgaben verlangte man Geldpacht, was dem adeligen Lehnsherrn die Möglichkeit bot, sich auf den Märkten nach seiner Vorstellung und Vermögenslage mit den von ihm gewünschten Produkten zu versorgen, und den Bauern ein eigenverantwortliches Wirtschaften – je nach Erfolg – aufbürdete bzw. ermöglichte. Auch benediktinische und zisterziensische Klöster verfuhren mit ihren grundherrschaftlichen Besitzungen auf diese Weise. Sie wandelten sich von Lehnsherren zu Pachtherren, für die die Eigenwirtschaft eine immer geringere Rolle spielte.

2. Urbanisierung

Wo aber befanden sich die Märkte, auf denen die landwirtschaftlichen Überschüsse verkauft und die kostbaren Luxusgüter erworben werden konnten? Die Märkte waren ein essentieller Bestandteil der urbanen Kultur, die allmählich wieder begann, in wirtschaftlichen Kontexten eine zentrale Rolle zu spielen; sie schickte sich an, das bisherige gesellschaftliche Gefüge einer funktionalen Dreiständeordnung von Betern, Kämpfern und bäuerlichen Arbeitern zu sprengen. Die Urbanisierung Europas war keine überall gleichzeitige Entwicklung, sondern geschah in unterschiedlichen Regionen zeitlich versetzt.

Bereits das Römische Reich hatte über städtische Strukturen verfügt. Aber keines der urbanen Gefüge überstand unbeschadet die Veränderungen zwischen 400 und 600, also verkürzt gesprochen das Ende des Römischen Reiches, die Völkerwanderung und die Verlagerung der herrschaftlichen Zentren in den nordalpinen Raum. Alle größeren Zentren, sowohl im südlichen Gallien als auch in Italien, ebenso wie die zum Teil zu Großstädten angewachsenen ehemaligen römischen Grenzkastelle entlang von Rhein und Donau, schrumpften in dieser Zeit auf einen Kernbestand zusammen. Um 500 kann man kaum noch von Städten sprechen. Es waren eher auf sich selbst zurückgeworfene, manchmal noch befestigte Siedlungen.

Es waren diese auf ihren Kern zusammengeschmolzenen römischen Städte, in denen sich zunächst eine neue kirchliche Verwaltung etablierte. Dort entstanden seit dem frühen Mittelalter die Bischofsstädte, in denen der Bischof zum Stadtherrn avancierte und mit seinen kirchlichen Verwaltungsstrukturen sowohl architektonische Präsenz in Form von Kirche und Bischofspalast demonstrierte als auch die verwaltungstechnische Grundlage für die Organisation der Stadt als Markt- und Kommunikationsort bot. Im gallischen Raum waren es z.B. Lyon oder Montpellier, auf der italienischen Halbinsel die Städte der Lombardei, der Toskana und selbstverständlich Rom, nördlich der Alpen Augsburg, Regensburg, Mainz, Köln oder Xanten. Nicht alle diese Städte entwickelten sich jedoch im Laufe des frühen und hohen Mittelalters wieder zu urbanen Zentren ihres Umlandes.

Es gab aber auch noch andere Formen mittelalterlicher städtischer Entwicklung. Unter anderen haben Edith Ennen und Carl Haase sich darum bemüht, Typen der Stadtentstehung zu entwickeln und Modelle zu entwerfen, die für jeweils eine ganze Gruppe von Städten Gültigkeit haben könnten. Neben den Bischofsstädten, die von alten, gegebenen Siedlungsstrukturen und neuen, kirchlichen Organisationsformen ausgingen, kann man a) Handelsknotenpunkte z.B. an Flussübergängen sowie die Hafenstädte finden, b) Städte, die als Handelsorte angelegt wurden, wie z.B. Bremen, oder c) von Anfang an als echte Stadtgründungen gedachte Siedlungen, wie z.B. Lübeck, also herrschaftliche Kristallisationspunkte, an die sich eine Siedlung anlagerte, oder schließlich auch d) Dörfer, die an strategisch wichtiger Stelle zu städtischen Gebilden heranwuchsen. Dazu kommen insbesondere im hohen Mittelalter während des inneren und äußeren Landesausbaus die Neugründungen, die zunächst als Landgemeinden fungierten, weil sie aufgrund eben dieses Landesausbaus entstanden, sich aber zügig zu, wenn auch meist kleineren selbstverwalteten städtischen Gebilden entwickelten.

Von London über Flandern und die Rheinschiene entlang bis hinunter nach Mittelitalien erstreckte sich ein breites Städteband, das an den Rändern dünner wurde und ausfranste, aber letztlich in ganz Mitteleuropa feste Verbindungslinien schuf. Man kann auch von Städtelandschaften sprechen, also von Regionen intensiver Urbanität, in denen die Städte gleichzeitig untereinander in Kontakt standen und miteinander konkurrierten, dabei aber trotzdem ähnliche Wirtschafts- und Verwaltungsstrukturen ausbildeten. Die südenglischen Hafenstädte wären da zu nennen, die vor allem Tuch produzierende flandrische Region, viele der Städte entlang der Rheinschiene, die etwas weniger zahlreichen Städte entlang der Donau und eine ausgesprochen dichte Städtelandschaft in Oberitalien, sowohl in der Lombardei als auch in der Toskana. Neben diesen großen und bekannten Städten entstanden zahlreiche wesentlich kleinere Gebilde, die aber durchaus alle für sich in Anspruch nehmen dürfen, im Mittelalter „Stadt" gewesen zu sein.

Wir unterscheiden mehrere Phasen der Städtebildung bis ins späte Mittelalter. Eine erste Hochphase ist das 10. und 11. Jahrhundert, die insbesondere in Italien das Zeitalter der Kommunen einläutete, die mit einer teilweise protodemokratisch anmutenden Verfassung ausgestattet waren und in denen eine Vielzahl von Repräsentanten der Bürgerschaft in diversen Gremien agierte. Die Gründungswelle des 12. Jahrhunderts erfasste vor allem Mitteleuropa in der Zeit des inneren und äußeren Landesausbaus; und schließlich kann man eine dritte Phase von Gründungen im 14. und 15. Jahrhundert insbesondere in Mittel- und Osteuropa ausmachen. Diese Gründungen sind vielfach auf den herzoglichen Willen zurückzuführen, durch Stadtgründungen das eigene Territorium zu strukturieren und zu befestigen. Viele dieser zuletzt gegründeten Städte blieben sog. Minderstädte, also Städte mit kleiner Einwohnerzahl, noch teilweise ländlichen Strukturen innerhalb der Stadtmauern und eingeschränkten städtischen Selbstverwaltungsrechten. Zu den wirklichen Metropolen zählten Paris, London, Florenz und Rom. Sie erreichten Einwohnerzahlen von über 50 000. Großstädte um die 40 000 Einwohner waren z.B. Gent oder Köln. Groß waren Städte auch noch mit etwa 20 000 Einwohnern, wie z.B. Lübeck, Nürnberg oder Augsburg. Zwischen diesen und der erheblichen Zahl der Minderstädte liegt die Vielzahl der Städte mit etwa 5000 bis 20 000 Einwohnern, wozu z.B. Städte wie Münster oder Dortmund, Soest, Duisburg oder Bremen zu rechnen wären.

a) Innerstädtische Ordnungen

Was zeichnete die Bürger und Einwohner dieser Städte aus und vor allem, wie unterschied sich die urbane von der bisher vorherrschenden agrarischen Lebensweise und wie konnten diese Differenzen die religiösen Vorstellungen beeinflussen? Die Städte waren ein ambivalenter, in steter Bewegung begriffener Lebensraum. Sie boten viele Chancen und bargen gleichzeitig zahlreiche Risiken. Für Wagemutige und Glücksritter, für findige, aber auch risikobereite Kaufleute und Händler eröffnete der sich intensivierende Handel die Möglichkeit wirtschaftlicher Gewinne. Die sich konstituierende *civitas* ermöglichte den ökonomischen und politischen Führungsgruppen die Ausbildung von Selbstverwaltungsgremien in dieser neuen, in den vergangenen Jahrhunderten nicht gelebten Form von Gemeinschaft. Für die Männer und Frauen, die ihre agrarischen Lebenszusammenhänge verließen, um innerhalb der Stadtmauern die persönliche Freiheit zu erlangen oder die auf einträgliche Arbeit, unabhängig von den ländlichen Herrschaftsstrukturen hofften, bedeutete der Schritt durch das Stadttor zunächst einmal die Aufgabe von sozialen Versorgungs- und Kommunikationsnetzen, die die ländlichen Gemeinschaften zusammenhielten. Die Auseinandersetzung mit dem anderen Rechtssystem, die Konfrontation mit primärer und sekundärer Armut, mit sozialer Entwurzelung und wirtschaftlicher Abhängigkeit von stadtökonomischen Konjunkturen mochte die Neuankömmlinge von Anfang an in eine Randposition drängen. Trotzdem brach die städtische Gesellschaft von Händlern, Kaufleuten, Handwerkern und Tagelöhnern aller Art das gesamte soziale Gefüge der funktionalen Dreiständeordnung auf, in die dieses Modell nicht einzuordnen war. Die bislang bestehende hierarchische Gesellschaftsordnung, wie sie mit Blick auf das Ordenswesen sowohl Benediktiner und Zisterzienser als auch die Ritterorden vorbehaltlos bestätigt hatten, wurde in der viel stärker fluktuierenden Gesellschaft der Städte in Frage gestellt.

b) Wandel der religiösen Bilderwelt

Damit gerieten auch die bisherigen Vorstellungen vom hierarchisch gegliederten Himmelsgefolge Gottes und der Fortsetzung dieser Himmelsordnung auf Erden ins Wanken. Das Christusbild begann sich zu ändern und mit ihm die Vorstellungen über die Möglichkeiten der Annäherung. Bis dahin waren die Mönche und Nonnen in den Klöstern sowie die Weltkleriker an den Kirchenaltären – ihnen übergeordnet selbstverständlich die Heiligen und Märtyrer – die vermittelnden Instanzen zwischen der irdischen und der himmlischen Welt gewesen. Ihnen hatte man die Aufgabe der Versöhnung mit Gott überlassen. Künftig aber ging es nicht mehr um die Besänftigung von göttlichem Zorn, für die es der betenden Spezialisten bedurfte, der Experten liturgischer Zeremonien, die durch die richtigen Worte in der korrekten Art ausgesprochen die himmlische Rache an der sündigen Menschheit zu bannen wussten. An den bildlichen und plastischen Darstellungen der inneren und äußeren Kirchenwände und -portale sind diese Veränderungen am besten abzulesen.

Aus dem himmlischen König der Romanik, dem Herrscher und Richter, der mit ausgebreiteten Armen auf dem Hintergrund des Kreuzes wie an einem Thron stand, wurde der erbarmungslos Gekreuzigte der Gotik, der leidende Gott in menschlicher Gestalt, der Retter, der dem Menschen durch sein Leiden die Erlösung gebracht hatte, der gequälte Gottessohn, dessen vom eigenen Gewicht aus den Armen gerenkter und nach unten sackender Körper Mitleid erweckte, der Mensch gewordene Gott, dem man sich in all der eigenen menschlichen Unzulänglichkeit nähern und trotzdem in der Hoffnung auf Erhörung anvertrauen konnte. So wie sich der Herrscher zum barmherzigen Jesus Christus, der himmlische König zum Mensch gewordenen Gottessohn veränderte, wandelte sich auch die Gestalt der Maria von der künftigen Himmelskönigin, die in strenger adeliger Pose den Sohn auf ihren Knien als designierten Herrscher präsentiert, zur liebenden jungen Frau, die dem Kind auf ihrem Schoß lächelnd verschiedenes – wenn auch symbolgeladenes – Spielzeug hinhält, und zur gramverzerrten, weinenden (aber doch meist immer noch jungen) Mutter, die den Leichnam des toten Sohnes mit ihren Armen umfängt.

Auch die Heiligen, ebenso wie alle Szenen des biblischen Geschehens, kommen der irdischen Welt näher und rücken immer stärker in die den Zeitgenossen bekannte Umgebung und deren gesellschaftliche Umstände ein. Die Goldgrundierung von Gestalten und Szenerien auf den Altartafeln, Zeichen für Transzendenz und Ewigkeit, wurde allmählich, mit Vehemenz ab dem 13. Jahrhundert, zu Gunsten eines realistischer werdenden Hintergrundes ersetzt, der zunächst Landschafts- und Stadtvorstellungen schablonenhaft erfasste, bis er im späten Mittelalter mit identifizierbaren Burg- und Stadtdarstellungen die Heiligen und das Heilsgeschehen zum gegenwärtigen Bestandteil des Lebens aller Christgläubigen machte.

c) Der Wunsch nach aktiver Teilhabe an der christlichen Lehre

Die Partizipation der Gläubigen an den Heilsangeboten der Kirche veränderte sich dabei ebenfalls. Die passive Erfahrung der Heilsvermittlung wandelte sich zum Wunsch nach aktiver Teilhabe. Ein Leben in der Nachfolge Christi, die selbstgewählte und gelebte *vita apostolica* in demütiger Armut, wird zu einem neuen Lebensideal. In letzter Konsequenz führte dies zu einer Ablehnung aller weltlichen Ordnung einschließlich derjenigen, die sich in den kirchlichen Institutionen realisierte. Eine solche Haltung war nach dem Verständnis der *sancta ecclesia* Häresie und Ketzerei, ein Aufbegehren gegen den göttlichen Willen und damit streng zu verfolgen. Wer sich in der Befragung, der Inquisition, zu seiner Schuld bekannte, durfte hoffen, wenn auch unter Erleidung von Strafen, wieder in den Schoß der Kirche aufgenommen zu werden. Wer „verstockt" und unwillig zum Bekenntnis blieb, musste nach Ansicht der „Rechtgläubigen" nicht nur die irdische Gerichtsbarkeit, sondern noch im Jenseits ewige Pein erleiden.

In weniger dramatischer Folgerichtigkeit führte die steigende Anerkennung der *vita apostolica* zu einem schlechten Gewissen der reichen Städter, die ihren irdischen Erfolg entweder durch Werke der Barmherzigkeit in Form von Schenkungen und Stiftungen für die städtischen Armen oder z. B. auch durch den Eintritt in eine der zahlreich entstehenden religiösen Bruderschaften quasi zu kompensieren suchten. Das Gleichnis vom reichen Prasser und armen Lazarus – der Reiche am gedeckten Tisch, der den Armen der Tür verweist, landet nach seinem Tode in den Zangen von höllischen Teufeln, der Arme dagegen sicher und getröstet in Abrahams Schoß – war „stadtbekannt" und von mancher Kirchenpforte als Warnung ablesbar.

In der „Zeit der Klöster" waren die Betenden in ihren ummauerten Konventen verhältnismäßig stark von der Masse der Gläubigen getrennt. In der im 12. Jahrhundert heranbrechenden „Zeit der Kathedralen" gingen die kirchlichen Institutionen mit den städtischen Bürgern und Einwohnern enge Verbindungen ein. Der Monumentalbau einer

Kathedrale entstand im Zentrum einer Stadt. Sie wurde ihr „Aushängeschild", an dessen Gestaltung die ganze Stadtgemeinde aktiv Anteil nahm, so dass es zwischen den einzelnen Städten sogar zu Konkurrenzen um die prachtvollste Realisierung der gigantischen Bauvorhaben ging. Diese machten einen Teil der Stadt zu Dauerbaustellen und schufen gleichzeitig Arbeitsplätze für ungelernte Tagelöhner wie hoch bezahlte Spezialisten. Die Reliquien, mit denen Kirchen- und Bauherren eine solche Kirche ausstatteten, wurden zum Anziehungspunkt für Fremde und Reisende, die Verpflegung und Unterkunft brauchten und diese Leistungen einkaufen mussten. Die Märkte fanden oftmals auf den Vorplätzen von Kirchen und Kathedralen statt, die im Laufe der Zeit nicht nur der Ort der Gottesdienste waren, sondern sich auch zu Stätten von Rechts- und Verkaufsgeschäften sowie Versammlungsplätzen der kirchlichen wie der politischen Gemeinde entwickelten. Darüber hinaus erfüllten die Kirchen im Inneren und Äußeren die Funktion von Repräsentationsstätten, in denen man individuell, z. B. als Familie, in Stiftungen und Testamenten, oder als Korporation, z. B. als Zunft, durch die Stiftung von Altären oder Glasfenstern die eigene Stellung in der Gemeinschaft darstellen lassen konnte. Prozessionen und Heiltumsweisungen, die öffentlichen Zur-Schau-Stellungen der in städtischem oder stadtklösterlichem Besitz befindlichen Reliquien, wurden zu Akten der städtischen Identitätsstiftung. Die städtischen Gemeinschaften unterstellten sich zum einen dem Schutz eines eigenen Heiligen und taten dies auch nach außen kund, z. B. durch entsprechende Siegel. Zum anderen hatten sie dadurch gemeinsam und geordnet an dessen Heil Anteil.

Im 12. Jahrhundert lagen nur wenige Klöster innerhalb der Stadtmauern. Die *Regula Benedicti* gebot Einsamkeit und die war im Trubel städtischer Straßen und Märkte eigentlich nicht zu gewinnen. Die Städter versammelten sich zum Gottesdienst in ihren Pfarrkirchen. Die Pfarrbezirke deckten sich oftmals mit den innerstädtischen gemeindlichen Strukturen, wie z. B. den Zuständigkeiten für die Verteidigung der Stadtmauern oder den militärischen Kontingenten. In den Pfarrkirchen hielten die Pfarrer, die wohl nicht immer optimal für ihre Aufgaben ausgebildet waren, die Messen ab, kümmerten sich um die Aufrechterhaltung der Seelsorge und agierten darüber hinaus oftmals als schriftkundige Helfer für den Rat der Stadt. Die wachsende Zahl der Gemeindemitglieder und deren steigende Ansprüche zur Befriedigung ihrer religiösen Bedürfnisse dürften viele Pfarrer überfordert haben.

Armut und Unsicherheit auf der einen Seite, Reichtum und Verschwendung auf der anderen Seite standen innerhalb der Stadtmauern Seite an Seite. Das Beispiel des armen Christus wirkte auf Reiche und Arme. Um es aber auch für beide Seiten lebbar zu machen, bedurfte es neuer Formen der Zuwendung. Sie entstanden zu Beginn des 13. Jahrhundert in den sog. Bettel- bzw. Predigerorden.

XI. Armut und Predigt – die Bettelorden

„Damit die Vierzahl der nach einer Regel Lebenden fest gegründet sei, fügte der Herr den genannten drei Orden der Eremiten, der Mönche und der Kanoniker in diesen Tagen eine vierte Ordenseinrichtung dazu, die Zier und Heiligkeit des Ordenslebens, die Minderbrüder, die nicht so sehr eine neue Regel halten, als vielmehr die alte des apostolischen Lebens erneuern" (Jakob von Vitry, vor 1221)

Zum Orden der Franziskaner

1181/82	Franz von Assisi wird als Giovanni Bernadone in Assisi geboren
1209	Mündliche Bestätigung der franziskanischen Lebensregel durch Papst Innozenz III. (1298–1216)
1220	Rücktritt des Franz von Assisi von der Ordensleitung und Rückzug in ein Eremitendasein
1223	Päpstliche Approbation der Ordensregel
1226	Tod des Franz von Assisi
1228	Heiligsprechung
1279	Päpstliche Bestätigung der franziskanischen Lehre, dass Christus und die Aposteln keinen individuellen oder kollektiven Besitz gehabt hätten
1317	Päpstliche Verurteilung dieser Ansicht als häretisch
1322	Aufkündigung des päpstlichen Eigentumsrechtes an allen Gütern des Ordens; der Orden wird zum Eigentümer (nicht nur Nutznießer seines Besitzes)

Zum Orden der Dominikaner

1170	Domingo de Guzmán wird als Sohn einer altkastilischen Adelsfamilie geboren
1215	Ordensgründung zum Zweck der Bekämpfung der südfranzösischen Katharer
1216	Bestätigung der Ordensregel durch Papst Honorius III.
1221	Tod des Dominikus in Bologna
1234	Heiligsprechung des Dominikus
nach 1250	schnelle Ausbreitung des Ordens, Gründung von Männer- und Frauenklöstern in ganz Europa

1. Franziskaner

a) Franz von Assisi – die Konversion

Zwei Namen sind unauflöslich mit dem Beginn der Entwicklung eines neuen Ordenstyps verbunden. Giovanni Bernadone war der Begründer des Ordens der *fratres minores*, der minderen im Sinne von einfachen, demütigen Brüder, Dominicus Guzmán der Gründer des Predigerordens.

Giovanni Bernadone wurde 1181/82 als Sohn eines wohlhabenden und politisch einflussreichen Kaufmanns in Assisi geboren. Aufgrund seiner Vorliebe für alles französische wurde er Francesco gerufen. Bis etwa zum 20. Lebensjahr durchlief er die für junge Männer dieser Schicht gängigen Sozialisationsstufen. Er hatte eine städtische Schulbildung genossen, pflegte regen gesellschaftlichen Umgang mit den anderen Familien seiner Stadt und repräsentierte seinen Stand durch verschwenderische Ausgaben für Kleidung, Luxusartikel und Festgelage. Im Verlauf der immer wieder aufflackernden Kämpfe zwischen konkurrierenden Städten geriet er 1202/03 in Perugia für etwa ein Jahr in Gefangenschaft. Während seiner Haft machte er die ihm bislang völlig unbekannte Erfahrung von Entbehrung, Hunger und Verlassenheit. Wohl nicht zuletzt dieses für ihn einschneidende Erlebnis leitete in den folgenden Jahren für Francesco eine Zeit des Umdenkens ein, begleitet von Visionen, Bildern und Träumen, an deren Ende er sich für einen völlig neuen Lebensweg entschied. 1206 distanzierte er sich in einem öffentlichen Akt von den Rechtsansprüchen gegenüber seiner Familie, verzichtete auf Unterhaltszahlungen und Erbe und begann stattdessen seine Hilfsleistungen für Aussätzige und Arme sowie die Wiederherstellung verfallender Kirchen. Die von ihm angestrebte Nachfolge Christi verstand er in erster Linie als Aufgabe sämtlichen Besitzes. Ein Leben in Armut war ihm und den rasch sich um seine Person sammelnden Anhängern oberstes Gebot. Armut bedeutete ein Leben in einfachster Kleidung, ohne eine feste Behausung und ohne jegliche Vorsorge, angewiesen auf die täglich neu erhoffte Barmherzigkeit der Gläubigen, die freiwillig Almosen gaben oder von denen man sie erbetteln durfte.

> **Franz von Assisi (1181/82–1226)**
> Giovanni Bernadone, genannt Francesco, wurde 1181/82 als Sohne einer reichen Kaufmannsfamilie in Assisi geboren. Als junger Mann erlebte er nach der einschneidenden Erfahrung von Gefangennahme und einjähriger Haft im Zuge interstädtischer Auseinandersetzungen eine geistige Wandlung. 1206 trennte er sich von allen familiären und bisherigen gesellschaftlichen Bindungen, um seiner neuen Überzeugung zu leben, dass die Nachfolge Christi nur in demütiger Armut geschehen könne. Obwohl er von sich aus keineswegs nach Gleichgesinnten suchte, fand seine Überzeugung rasch zahlreiche Anhänger. 1209 erhielt seine Lebensweise – wandernd in Armut, sich nur von Almosen ernährend – eine erste, mündliche päpstliche Billigung, gekoppelt an die Erlaubnis zu einfacher Bußpredigt. Seine Wanderungen führten ihn durch ganz Italien und schließlich sogar bis nach Ägypten, wo er erfolglos einen Bekehrungsversuch des dortigen Sultans unternahm. Er stand der Gruppe seiner Anhänger bis 1220 vor, zog sich dann jedoch in die Einsamkeit zurück. Sein Glaube war so stark, dass dieser nicht nur seinen Geist, sondern auch seinen Körper bestimmte: 1224 empfing er die Wundmale Christi an Händen und Füssen (Stigmatisation). Er starb 1226 und wurde auf Betreiben seiner Anhänger bereits 1228 heilig gesprochen.

b) Die ersten Entwicklungsschritte

Franziskus und seine Mitbrüder stellten weder die Institutionen der Kirche noch die Kleriker als Mittler des Heils zwischen Gott und den Menschen in Frage. Im Gegenteil wiederholte Franziskus immer wieder seine Unterwerfung unter die Kirche. So erreichte er 1209 eine mündliche Bestätigung seiner Lebensregeln durch Papst Innozenz III. (1198–1216), die als eine Art Protoregula für seine Gemeinschaft verstanden werden kann: die *vita apostolica*, das Leben in der Nachfolge Christi, realisierten Franziskus und diejenigen, die sich ihm anschlossen, indem sie wandernd, ohne reguläre Unterkunft, von Stadt zu Stadt zogen, barfuß, in eine grobe, braune, gegürtete Kapuzenkutte gekleidet, und ausschließlich von der Barmherzigkeit ihrer Mitmenschen, von Almosen, lebten. Gleichzeitig erlangten er und seine Anhänger die Erlaubnis, einfache Bußpredigten zu halten. Damit wies ihnen die Kirche selbst eine Aufgabe zu, die den Fähigkeiten von Franziskus und seinen Anhängern – Überzeugung durch gelebtes Beispiel – besonders gut entsprach.

Nicht nur Männer folgten dem Beispiel Franziskus. Auch zahlreiche Frauen wünschten den Weg der *vitae apostolicae* zu gehen und bemühten sich um den Anschluss an die Gemeinschaft des Franziskus, allen voran die junge Stadtadelige Clara von Assisi (1194–1253). Franziskus brachte sie mit ihren Anhängerinnen 1212 gegen den Willen ihrer Familie in ein benediktinisches Kloster und kleidete sie dort als Nonne ein. Die den Frauen vorgeschriebene Regel verlangte von ihnen jedoch neben dem Gelöbnis von Armut, Keuschheit und Gehorsam die Einhaltung der strengen Klausur. Was also für die männlichen Ordensmitglieder essentieller Bestandteil ihres Lebens wurde – die öffentliche Predigt und vor allem die soziale Arbeit in einem städtischen Umfeld – blieb den Clarissen verwehrt. Ihren Verzicht auf jeglichen Luxus und auf Besitz schlechthin leisteten sie unbemerkt in den geschlossenen, der Laiengesellschaft unzugänglichen Klausurtrakten der Klöster.

Franziskus' Wanderungen führten ihn 1219 bis nach Ägypten, wo er seine Überzeugungen – erfolglos, aber auch unbehelligt – vor Sultan Melek-el-Kamel darlegte.

Die Zahl seiner Anhänger war im 2. Jahrzehnt des 13. Jahrhunderts stark gestiegen. Franziskus legte 1220 die Leitung des Ordens nieder und zog sich in eine einsame Klause zurück. Diese Entscheidung wird unterschiedlich interpretiert. Vielleicht traf Franziskus sie selbst, da er sich der Verantwortung, für jeden einzelnen Bruder da zu sein, wie er es von sich selbst in seiner Rolle als Ordensführer verlangte, nicht gewachsen fühlte. Denn sein eigenes Verständnis von Armut bedeutete auch Bindungslosigkeit und Unterwerfung, nicht aber die Ausübung von Befehlsgewalt. Vielleicht wurde aber auch klar, dass Franziskus trotz all seines Charismas als *poverello*, als kleiner Armer, gar nicht in der Lage gewesen wäre, die organisatorischen Aufgaben wahrzunehmen, die notwendig waren, um der sich ständig vergrößernden Gruppe nicht nur einen inneren, sondern auch einen äußeren Zusammenhalt zu geben, und um nicht zuletzt das Verhältnis zu den Mächtigen in Kirche und Welt in gegenseitigem Einvernehmen zu regeln. Erst im Jahr 1223 erhielt der Orden für seine Lebensregel die päpstliche Approbation durch Honorius III. (1216–27), die *Regula bullata*.

In der Zurückgezogenheit seiner Klause empfing Franziskus 1224 die Zeichen der Stigmatisation. Kurz darauf entwarf er seinen berühmten Sonnengesang, ein uneingeschränktes Lob auf die göttliche Schöpfung. Vor seinem Tod verschriftlichte er sein geistiges Vermächtnis, das noch einmal materielle und geistige Armut als Basis seines Gedankengutes nannte und als notwendige und grundlegende Haltung für die Ordensmitglieder vorschrieb. Er starb 1226, wurde bereits zwei Jahre später 1228 von Papst Gregor IX. (1227–1241) heilig gesprochen und 1230 endgültig in Assisi bestattet. Die Kirche seiner Grabstätte wurde unverzüglich zum Ziel frommer Wallfahrt. Die Verehrung des Heiligen wurde durch die bereits kurz vor seinem Tod einsetzende Beschreibung seiner Taten und Wunder befördert, die in unmittelbarem franziskanischem Umfeld entstand. Die Tagebuchnotizen von Franziskus' ständigem Begleiter Leo, zusammen mit anderen Schriften im *Speculum perfectionis* von 1318 überliefert, fanden Eingang in die Franziskus-Vita des Ordensbruders Thomas von Celano (1200–1255) und 1260 in die *Legenda maior* aus der Feder des später heilig gesprochenen Bonaventura (1221–1274) sowie in andere Schriften, die der Verehrung des Ordensgründers gewidmet waren. Die Ausmalung der Grabeskirche in Assisi um 1290, beeindruckend in ihrer Größe, Plastizität und Farbgebung von dem Maler Giotto (1266–1337) und/oder seinen Schülern gestaltet, und der Freskenzyklus in der Kirche von St. Croce in Florenz, der um 1320–30 entstand, taten ein Übriges, um bestimmte Schlüsselszenen im Leben und Wirken des Heiligen für ihre Tradierung festzulegen.

Drei Aspekte tauchen immer wieder auf: die Auseinandersetzung mit dem urbanen Ambiente, dessen Kontrastierung mit einer lieblichen und friedlichen Natur und schließlich die gefühlvolle Bindung der ersten Brüder an ihren Ordensgründer. Insbesondere zwei Szenen im Freskenzyklus der Oberkirche von Assisi zeigen beeindruckend den städtischen Hintergrund, auf dem sich die franziskanische Bewegung entwickelte. Die Lossagung vom Vater und der Familie, seine symbolische und tatsächliche Entkleidung von allem Reichtum findet vor dem Hintergrund der mehrgeschossigen, steinernen, hinter- und übereinander geschachtelten, nur durch Balkone und Loggien aufgelockerten stadtbürgerlichen Architektur oberitalienischer Handelszentren statt. Ähnlich Assoziationen weckt die Szene der „Vertreibung der Teufel aus Arezzo"; auch hier zeigt sich die Stadt in ihrer Ambivalenz von Reichtum einerseits und drangvoller Enge andererseits; die Wohntürme der wohlhabenden Familien sind gleichzeitig Ausdruck ihrer wirtschaftlichen Potenz wie ihrer räumlichen Einschränkung. Im Gegensatz dazu stehen die Szenen, die außerhalb der Stadtmauern in offenen, wenn auch je nach Thema der gesamten Szene künstlerisch gestaltete Naturlandschaften eingebettet sind, die einen weiten Blick erlauben und in der Darstellung von Franziskus' Predigt vor den Tieren ihren Höhepunkt im Gleichklang vom Menschen und seiner Umgebung finden. Heftige Gefühle spiegeln sich in der Mimik und Gestik der in ihre braunen Kutten gewandeten Franziskanermönche am Totenbett ihres Meisters auf einem der Fresken von St. Croce. Emotionalität, Hingabe an den Glauben und Freude an der Schöpfung waren auch diejenigen Haltungen, die Franziskus immer wieder als positive Grundstimmungen eines *poverello* lobte.

c) Zu Ordenscharakteristiken und Ordensorganisation

Bereits vor der endgültigen Regulierung des Ordens 1223 war der Orden der Minderbrüder in kirchlichen Kreisen als ein solcher bekannt und akzeptiert. Die Minderbrüder unterschieden nicht zwischen Vollmönchen und Laienmönchen, sondern bildeten eine *fraternitas* gleichberechtigter Mitglieder. Zunächst agierten sie als Wanderprediger ohne feste Behausung, also ohne Klaustrum im Sinne eines fest umgrenzten Klosterbezirkes. Ihren Lebensunterhalt erwarben sie durch die Ausübung eines gelernten Handwerks – nicht gegen Lohn, sondern gegen Unterkunft und Nahrungsmittel. Wenn dies nicht hinreichte, sollte man sich „an den Tisch des Herrn setzen", also betteln, was zu Beginn des 13. Jahrhunderts in den Städten eine durchaus gängige und noch keineswegs schmählich verachtete oder gar kriminalisierte Art des Broterwerbs war. Der Zusammenhalt der Anhänger war durch den Gehorsamsschwur vor dem Ordensleiter, dem Generalminister, gewährleistet sowie durch regelmäßige Zusammenkünfte aller Mitglieder in den Kapitelversammlungen. Die Kleidung sollte billig und schlicht sein. Sie bestand aus einem locker fallenden, groben, braunen Wollgewand mit Kapuze, einem zweiten, kapuzenlosen Gewand sowie Hosen und Gürtelstrick.

Da die Mitgliederzahl enorm schnell wuchs, wurden rasch bestimmte Kontrollmechanismen und organisatorische Maßnahmen notwendig. Bis 1220 war jeder Aufnahmewillige bereitwillig empfangen worden. Ab 1220 jedoch wurde für diejenigen, die um Aufnahme in den Orden baten, ein Probejahr eingeführt. Erst nach Ablauf dieses Noviziats entschied man über die endgültige Aufnahme eines Applikanten. Dazu bedurfte es fester Häuser, in denen die Unterweisung der Novizen in die franziskanische Geisteshaltung und in die Bestimmungen des mönchischen Miteinanders erfolgen konnte. Das Stundengebet strukturierte auch in diesem Orden den Tagesablauf. Die Häuser, die fromme Bürger den Franziskanern in den Städten überließen, betrachteten diese nicht als ihr Eigentum. Sie nahmen dort nur ein Nutzungsrecht wahr. Später ernannte sich der Papst zum nominellen Eigentümer der Ordensgüter, an denen die Ordensbrüder nur den *usus pauper*, den Gebrauch im Geiste der Armut hatten. Um 1216/17 legte man die Einteilung des Ordens in Provinzen fest. Dem gesamten Orden stand der Ordensgeneral vor, einer Provinz der Provinzialminister, einzelne Teile einer Provinz unterstanden dem obersten Kustoden, die Hausoberen wurden als Guardiane bezeichnet. Alle Amtsinhaber des Ordens waren für die ihnen Anvertrauten als Seelsorger verantwortlich und übten gleichzeitig die kirchliche Strafgewalt über ihre Schutzbefohlenen aus.

d) Von der Lehre der Armut zu Lehramt und Predigt

Noch zu seinen Lebzeiten hatte Franziskus die offizielle Leitung des Ordens abgegeben. Auf seinen Nachfolger kam die Aufgabe zu, die wachsende Zahl von Ordensmitgliedern und Häusern zu organisieren, Wege zu finden, die kirchlichen Ansprüche an den Orden zu befriedigen und die Diskussionen innerhalb des Ordens um die rechte Auslegung des franziskanischen Testamentes in solche Bahnen zu lenken, die die innere Einheit nicht zerstören würden.

Ein Jahrhundert zuvor hatten die Zisterzienser, insbesondere in adeligen Kreisen, eine religiöse Aufbruchstimmung initiiert, die in den ersten Jahrzehnten des Bestehens des Ordens einen regelrechten Klostergründungsboom ausgelöst hatte. In der ersten Hälfte des 13. Jahrhunderts entsprach die Frömmigkeit eines Franziskus einer neuen, urban geprägten Religiosität. Seine Forderungen nach Einfachheit und Schlichtheit, aber auch Barmherzigkeit und Brüderlichkeit reagierten ganz offensichtlich auf Bedürfnisse der städtischen Gesellschaft, in der sich bei allen individuellen Chancen die Schere zwischen Armen und Reichen weiter öffnete. Die Armen suchten nach Auswegen aus der permanenten materiellen Unsicherheit und den aktuellen Notlagen, die Reichen drückte das schlechte Gewissen, wenn sie an die Lehre vom reichen Prasser und dem armen Lazarus dachten. Der Zulauf zur franziskanischen *fraternitas* war jedenfalls bei Armen und Reichen beträchtlich und zwar da, wo die Mitglieder des Ordens ihr eigentliches Betätigungsfeld sahen – in den Städten. Nur dort gründete der Orden feste Häuser. Oftmals siedelten sich die Franziskaner bewusst am Stadtrand an, nicht in den politischen und wirtschaftlichen Zentren der Städte, sondern da, wo die Häuser niedriger, die Bevölkerung ärmer wurde.

Auch die späteren Kirchenbauten entsprachen der Forderung nach Einfachheit und Schlichtheit. Kein turmbewehrtes Westwerk, keine aufwendigen Skulpturenprogramme, keine Kapitele, die auf antike Vorbilder rekurrierten oder Bibelkenntnisse und Gelehrsamkeit in steinernen Szenen verbanden – stattdessen schlichte Gebäude mit einem kleinen Dachreiter für die Glocke, im Inneren eher eine offene Halle als hierarchisch gegliederte Kirchenschiffe. Zunächst aber waren die Häuser der Franziskaner lediglich Unterkünfte zum Essen und Schlafen. Die eigentliche Arbeit der Brüder begann draußen in den Straßen.

Hier hatte die Kirche auch die Erwartungen in den Orden gesetzt. Ohne dem regulären Pfarrklerus etwas „wegzunehmen" – schon gar keine Einnahmen – sollten die Minderbrüder, immer und nur mit Erlaubnis der ortsansässigen Pfarrer, Buße predigen. Predigen aber ist eine Tätigkeit, die man in der Regel nicht ohne Vorbereitung ausüben kann. Nicht jedem fällt eine überzeugende Rhetorik in den Schoß, nicht jeder ist ein geborener Didaktiker. Rhetorische und didaktische Fähigkeiten aber waren gefordert, wenn eine diffuse, heterogene Masse von Zuhörern angesprochen sein wollte. Die Minderbrüder bedurften also einer gehobenen Ausbildung, wenn sie ihrem kirchlichen Auftrag gerecht werden wollten. Franziskus hatte nach den Worten seiner frühen Anhänger mit engelsgleicher Zunge geredet. Seine Anhänger übten sich auch hier in der Nachfolge, aber sie bedurften dazu intensiven Trainings. Aus den Wanderpredigern wurden streng organisierte Ordensleute in festen Häusern, die die Programme ihrer Predigten, den intellektuellen Hintergrund ebenso wie die sprachlichen Mittel ihrer Realisierung, sorgsam vorbereiteten. Dazu unterhielten sie Schulen, sie schickten geeignete Mitglieder auf die Universitäten, sie wetteiferten mit den Brüdern anderer Orden, z. B. des Dominikanerordens, um die Besetzung von Lehrstühlen. Einige verfassten Predigtsammlungen zur Unterstützung der weniger begabten Redner, damit auch diese bei ihren Auftritten reiche Ernte, die Bußfertigkeit der gläubigen Zuhörer, einfahren konnten; andere schrieben Abhandlungen über schwierige theologische Fragen, die nur noch von gelehrten Fachleuten rezipiert und diskutiert wurden.

Grammatik, Rhetorik und Dialektik waren gefordert, wenn ein Redner des Ordens verständlich, mitreißend und überzeugend predigen wollte. Wenn er beabsichtigte, dies vor einem städtischen Laienpublikum zu tun, musste er Latein, die Universalsprache der Gelehrten, hintanstellen und stattdessen in der Lage sein, sich gewandt und beredt in der Volksprache auszudrücken. Nur dann konnte er erwarten, dass seine Beispiele verstanden, seine eigene Begeisterung geteilt und seine Aufforderungen überdacht werden würden.

Wenn ein Ordensbruder auf lange Sicht gesehen vorhatte, mit anderen Klerikern, Universitätsgelehrten oder päpstlichen Ratgebern über die Inhalte der eigenen Ordenshaltung zu diskutieren oder wenn er gar plante, andere geistige Haltungen zu kritisieren, anzugreifen oder zu widerlegen, brauchte er mehr als nur die Kenntnisse des Grundstudiums. Er benötigte eine theologische Ausbildung, die ihm das notwendige Wissen über die Texte der Bibel und ihrer Interpreten an die Hand gab, um andere in der Kombination von Rednerkunst und theologischen Kenntnisse durch geschickte Fragen einer nicht kirchlich autorisierten Vorstellung zu überführen – das Verfahren der Inquisition, von „inquire" = befragen.

e) Der Armutsstreit

Aber war der Besitz von Häusern, denen – gewollt oder ungewollt – immer mehr Gaben und Spenden aus der städtischen Bevölkerung zuflossen, waren Prediger und Theologen, die ihre Rednerkunst als öffentliche Vergnügungen anboten, noch im Sinne des Testamentes des Franziskus, der doch die Armut gepredigt hatte, die materielle wie die geistige Armut? Über die Frage, was Armut sei und in welchen Formen sie im monastischen Leben der Franziskaner realisiert werden müsse, spaltete sich der Orden der Minderbrüder und geriet in eine – für einige fatale – Auseinandersetzung mit dem Papsttum.

Der Begriff der Armut und deren Konkretisierung war Gegenstand heftigster Konflikte sowohl innerhalb des Ordens als auch zwischen den Franziskanern und dem Papsttum. 1279 hatte Papst Nikolaus III. (1277–1280) die franziskanische Lehre bestätigt, dass Christus und die Aposteln jeglichen Besitz individueller oder kollektiver Art abgelehnt hätten und dass dies die Höchstform der Vollkommenheit sei. Darauf beriefen sich zunächst radikalere Kräfte des Ordens, die Spiritualen, die eine genaue Einhaltung der Regel im Sinne des Testamentes des Franziskus forderten. Wissenschaftliche Arbeit, wie sie von der Mehrheit der Kommunität, den Konventualen, als Grundlage für erfolgreiche Predigttätigkeit befürwortet wurde, lehnten sie als Quelle des Hochmutes ab. Die Konventualen wollten dagegen begrenzte Besitztümer kollektiver Art zulassen, und das wissenschaftliche Studium fördern. Nach gewalttätigen Ausschreitungen zwischen Spiritualen und Konventualen im zweiten Jahrzehnt des 14. Jahrhunderts, die in einigen wenigen Gebieten, wo erstere die Mehrheit bildeten, stattfanden, appellierten die Franziskaner an den Papst. Johannes XXII. (1316–1334) verurteilte die Ansichten der Spiritualen 1317 als häretisch und forderte sie auf, in den Orden zurückzukehren. Widerspenstige wurden als Ketzer verfolgt, mehrere von ihnen verbrannt. Die Spiritualen, die in den Orden zurückkehrten, formierten sich in der Gruppe der Observanten und lösten sich 1334 mit Billigung des Papstes vom Orden der Franziskaner. Die Übrigen flohen vor der Inquisition meist nach Süditalien und bildeten dort eremitenhaft lebende Gemeinschaften, die sog. Fratizellen, die bis in die vierziger Jahre des Jahrhunderts verfolgt wurden.

Doch auch die Mehrheit der Franziskaner geriet in Opposition zum Papst: Sie versuchte durch den Verweis auf die Entscheidung von Papst Nikolaus III. ihre Position zu untermauern: Ihre Ansicht zur Armut sei als Glaubenslehre von päpstlicher Seite bereits bestätigt worden. Johannes XXII. kündigte daraufhin 1322 zunächst sein päpstliches Eigentumsrecht an allen Ordensgütern auf, was faktisch bedeutete, dass der Orden jetzt auch nominell Besitzer seiner Güter war und damit seiner eigenen Lehre widersprach. Des Weiteren erklärte der Papst die Ansicht, Christus und die Aposteln hätten an den Dingen, derer sie sich bedienten, kein Gebrauchsrecht besessen, zur Häresie. Dem Orden war damit jeglicher Boden entzogen, um seine bisherigen Positionen in der Armutsfrage aufrechtzuerhalten. Er übernahm seine Besitztümer von nun an als Eigentümer. Die harte Konfrontation mit dem Papsttum führte zwar, wie oben erwähnt, 1334 zur Abspaltung einer kleineren Gruppe vom Orden; ansonsten arrangierte sich dieser aber mit den neuen Bedingungen.

Der Armutsstreit war jedoch kein ausschließlich innerkirchlicher Streit, sondern kann nur im Zusammenhang mit der politischen Auseinandersetzung zwischen Papsttum und Kaisertum verstanden werden.

f) Politische Aspekte des Armutsstreits

Der Streit um die rechte evangelische Armut gipfelte in den Konfrontationen zwischen Johannes XXII. und Ludwig dem Bayern (1281/82–1347, König seit 1314, Kaiser seit 1328) in den zwanziger Jahren des 14. Jahrhunderts. Dabei wurde Armut zum zentralen Begriff für die Begründung bzw. Zurückweisung von Herrschaftsansprüchen.

Wenn man von der Voraussetzung ausging, dass die evangelische Armut, die materielle und geistige Armut umfasst, Ausdruck höchster Vollkommenheit war, dann war mit dieser Ansicht die Position des Papsttums in Zweifel gezogen. Denn man konnte bei ihm weder materielle noch geistige Armut finden. Geistige Armut des kirchlichen Oberhauptes hätte bedeutet, dass sich der Papst weder berechtigt noch befähigt gesehen hätte, weltliche Angelegenheiten zu beurteilen und zu richten. Genau dies jedoch beanspruchte das Papsttum mit der Begründung, auch weltliche Fragen fielen in den Kompetenzbereich der Geistlichkeit, da alles weltliche Leid auf den Sündenfall zurückzuführen sei, der letztlich eine Geisteshaltung wäre. Ohne das geistliche Primat der Kirche in Frage zu stellen, ja eher um dieses noch zu unterstreichen, forderten **Marsilius von Padua** (ca. 1290–1342) und insbesondere der Franziskaner **Wilhelm von Ockam** (ca. 1285–1347/9) eine Trennung von Glaube und Vernunft, wobei Letzterer den Glauben als einen höheren Wert einstufte als die Vernunft. Diese Trennung negierte jedoch klar den universalen Machtanspruch des Papstes. Ein großer Teil der Franziskaner schloss sich dieser Forderung an.

Wilhelm von Ockam (1285–1349)

Er trat früh in den Franziskanerorden ein, studierte ab 1309 in Oxford und lehrte dort ab 1317. Die Promotion wurde ihm verweigert, da er unter Häresieverdacht stand. Ein Prozess, der von 1324–28 in Avignon gegen ihn geführt wurde, endete ohne ein Urteil. Er floh jedoch von Avignon nach Pisa und wurde vom Papst daraufhin exkommuniziert. In Italien kam er in Kontakt mit Kaiser Ludwig dem Bayern, der ihn 1330 einlud, nach München zu kommen. In seinen Schriften vertrat Wilhelm die Ansicht, dass weltliche und geistliche Gewalten voneinander getrennte Aufgaben auszuüben hätten. Dies machte ihn zum Parteigänger des römischen Kaisers und zum politischen Gegner des Papstes. Er gilt zudem als strenger Verfechter des Nominalismus, einer Denkrichtung, die davon ausgeht, dass das Einzelne (im Gegensatz zum Allgemeinen) Grundlage allen Wissens und aller Erfahrung ist.

Marsilius von Padua (ca. 1290-ca. 1342)

Er war seit 1313 Rektor der Universität von Paris. Seine 1324 erstmals erschienene Überlegung zum *Defensor Pacis* (Verteidiger des Friedens) gilt als fast revolutionäre Staatsschrift. Er vertrat darin Ansichten, die von seinen Erfahrungen in den oberitalienischen Stadtstaaten geprägt waren: Allein die Bürger eines Staates wären zur Herrschaft berechtigt bzw. bestimmten denjenigen, der ihren Willen vertreten sollte. Zum vehementen Gegner der bestehenden kirchlichen Ordnung wurde er jedoch aufgrund der Ansicht, dass das höchste Entscheidungsgremium der Kirche ein Generalkonzil, zusammengesetzt aus Priestern und Laien, sein sollte und dass die kirchlichen Institutionen keinerlei weltliche Befugnisse haben dürften. Marsilius wurde dafür als Ketzer verurteilt und floh an den Hof Kaiser Ludwigs des Bayern, für den er zeitweise als kaiserlicher Vikar in Rom bei dem von Ludwig eingesetzten Gegenpapst Nikolaus V. (1328–20) tätig war.

Mit der Doppelwahl Friedrichs des Schönen und Ludwigs des Bayern 1314 im Reich begann eine über 40 Jahre andauernde Verfeindung zwischen Papsttum und Reich, die erst unter Karl IV. (1316–1378, König seit 1346, Kaiser seit 1355) beigelegt werden konnte. Johannes XXII. lehnte Ludwig als Kaiser des Reiches ab und verweigerte ihm die Krönung. Er setzte von Avignon aus den von Ludwig ernannten kaiserlichen Vikar in Italien ab und an seine Stelle den von Ludwigs Vorgänger Heinrich VII. (1275–1313, König seit 1308, Kaiser seit 1312) in Capua geschlagenen Robert von Neapel (1309–1343) ein. 1322 ging Ludwig als Sieger aus dieser Auseinandersetzung hervor. 1322 und 1323 ergingen auch die päpstlichen Urteile im Armutsstreit, die für die Franziskaner, die aufgrund ihrer oben beschriebenen Haltung politisch auf Seiten Kaiser Ludwigs des Bayern standen, eine erhebliche Niederlage bedeuteten. Mit den beiden Bullen *Ad conditore* (Rückgabe des päpstlichen Eigentumsrechtes an franziskanischen Gütern an den Orden) und *Cum inter nonnullos* (Erklärung, dass die Ansicht,

Jesus und die Apostel hätten kein Gebrauchsrecht an den Gütern, die sie benutzten, gehabt, häretisch sei) wurde ihnen ihr ordensrechtlicher und theologischer Boden entzogen. Viele der führenden Franziskaner, unter ihnen der Ordensgeneral Michael von Cesena, flohen an den Hof Ludwigs, den der Papst 1324 bannte und dessen Untertanen er vom Treueid löste. Ludwig antwortete im gleichen Jahr mit der Appellation von Sachsenhausen, in der er ein allgemeines Konzil zur Beurteilung Johannes XXII. forderte und ihn aufgrund seiner Haltung im Armutsstreit mit den Franziskanern der Ketzerei anklagte. Es folgte die Exkommunikation Ludwigs, seine Absetzung durch den Papst und ein Interdikt über seine Anhänger. Vier Jahre später, 1328, setzte Ludwig im Gegenzug den Papst ab, besetzte Rom und den Kirchenstaat, ließ einen Gegenpapst aus dem Franziskanerorden aufstellen und sich von diesem zum Kaiser krönen, woraufhin der Papst gegen Ludwig zum Kreuzzug aufrief.

Die gegenseitigen Absetzungen, die Exkommunikation bzw. die Anklage gegen den Papst blieben ohne politische Wirkung im Sinne der vorgenommenen Handlungen. Der Streit um den Begriff der Armut, der immer wieder vorgeschoben wurde, war ein Schlagwort für den politischen Machtkampf zwischen Kaiser und Papst, in dem die theologische Gewichtung je stärker abnahm, je weiter sich das Papsttum zu einer Art weltlichem Fürstentum mit einem geistlichen Oberhaupt entwickelte, wie es in Avignon begann und in Italien im 15. Jahrhundert fortgeführt wurde, als der Kirchenstaat ein selbständiges italienisches Staatsgebilde wurde. Der kaiserliche Angriff von 1328 zog eine Grenze zwischen Kaiser und Papst, die in der Goldenen Bulle von 1356, der erstmals verschriftlichen „Verfassung" des deutschen Reiches, noch einmal scharf nachgezogen wurde: dem Papst wurde das Recht bestritten, den kaiserlichen Anwärter zu begutachten; für den Fall, dass der Papst sich weigerte, dessen Krönung vorzunehmen, sollte jeder andere Bischof oder Erzbischof an seiner Stelle dazu berechtigt sein.

Damit sei jedoch nicht gesagt, dass die theologische Frage um die evangelische Armut ganz allgemein an Bedeutung verlor, sondern lediglich für die oben beschriebene Auseinandersetzung zwischen Kaiser und Papst. Im innerkirchlichen Bereich und in den religiösen wie politischen Laienbewegungen blieb der Streit um die evangelische Armut eine Kernfrage. Nicht zuletzt aufgrund ihrer zunehmenden Verweltlichung durch den Ausbau ihres Verwaltungs- und Finanzwesens wurde die Legitimität der hierarchischen kirchlichen Institutionen immer wieder in Zweifel gezogen. Zu Ende des 14. Jahrhunderts kam dies in der Lollardenbewegung in England und im 15. Jahrhundert in der hussitischen Bewegung in Böhmen beispielhaft zum Ausdruck.

2. Dominikaner

a) Dominikus – die Vorgeschichte

Im 12. Jahrhundert hatten sich nicht nur die Klöster der Zisterzienser ausgebreitet, erlebten nicht nur die Städte einen beeindruckenden Aufschwung. Diese Zeit des Aufbruchs war auch eine Zeit religiöser Suche. Die Wege, auf denen diese Suche vonstatten ging, waren jedoch von kirchlich-institutioneller Seite nicht immer erlaubt. Denn die sich vor allem in Süd- und Südwesteuropa ausbreitenden Häresien hatten bei allen Unterschieden im theologischen Verständnis – z. B. Gleichheit oder Hierarchie innerhalb der Dreifaltigkeit, der Grad des Menschseins von Jesus Christus – eine Gemeinsamkeit, die sie den kirchlichen Institutionen zu Feinden machte: Sie lehnten die Heilsvermittlung und die sakramentalen Handlungen durch die von der Kirche anerkannten Pfarrer ab und beanspruchten diese für sich selbst.

Petrus Waldes (um 1140–nach 1206) z. B., nach der Legende ein Kaufmann aus Lyon, hatte sich aller seiner Besitztümer entledigt und predigte die Armut als den rechten apostolischen Weg. Damit war er weder im Lebensweg, noch in seinem Tun weit entfernt von dem, was wenige Jahrzehnte später Franz von Assisi vertreten sollte. Doch Petrus Waldes predigte ohne kirchliche Zustimmung und machte sich damit der Missachtung des kirchlichen Verständnisses der Heilsvermittlung schuldig, und er wurde dafür verurteilt.

Eine der Häresien, die die katholische Kirche am heftigsten bekämpfte, war der Katharismus. Die Katharer sahen sich selbst als die „Reinen". Sie glaubten, dass die Welt eine Schöpfung des Satans sei. Alles, was von dieser Welt war, war deshalb von Übel – alles Leben auf dieser Erde, alles menschliche Tun und alle geistlichen und politischen Institutionen. Auch die Kirche war von dieser Welt und damit in den Augen der Katharer von vornherein verdammt. Nur diejenigen, die dies einsahen, würden gerettet werden. Also, schlossen auf der anderen Seite die Vertreter der kirchlichen Institutionen, würden die Katharer auch sämtliche ethischen und moralischen Grundsätze ablehnen, die das Zusammenleben zwischen Mann und Frau, in der Ehe, in der Familie, in den kirchlichen Gemeinschaften etc. in christlichem Sinne regelten. Wenn alles ohnehin verteufelt wäre, müsse folgerichtig auch alles erlaubt sein – jede Ausschweifung, jede Unzucht, jede Prasserei. Die Katharer widersprächen damit in ihrer Lehre wie in ihrer Lebensweise den Grundsätzen der katholischen Kirche. Die Aussagen, die von angeklagten Katharern in den Inquisitionsprozessen gemacht wurden, bestätigten zwar vielfach den Kern ihrer Lehre, die allein für sich genommen in den Augen der katholischen Kirche bereits verdammenswert war, selten jedoch die Vorwürfe, die ihnen bezüglich ihrer Lebensweise gemacht wurden.

Das katharische Gedankengut hatte seinen Ursprung in Südosteuropa. Dort hatte man die Häretiker, die die Konzeption von zwei getrennt voneinander existierenden Welten des Guten und des Bösen vertraten, als Bogomilen bezeichnet, vielleicht abgeleitet von einem geistigen Führer namens Bogomil, was soviel heißt wie Gottesfreund. Die dualistischen Vorstellungen setzten sich in sehr vielen Gemeinden in Südfrankreich fest; sie zentrierten sich um die Stadt Albi, was die südfranzösischen Katharern den Namen Albigenser gab. Die Auseinandersetzungen zwischen dem König von Frankreich und den südfranzösischen Adeligen seit der zweiten Hälfte des 12. Jahrhunderts um die Frage der Unabhängigkeit ihrer Gebiete von königlicher Befehls- und jurisdiktioneller Gewalt politisierte und instrumentalisierte die Katharerbewegung; das gemeinsame Bekenntnis schuf eine kollektive Identität, die weit über religiöse Fragen hinausging. Graf Raimund VI. von Toulouse (1194–1215), Kopf und Führer der südfranzösischen Bewegung gegen die königlichen Zentralisierungsbestrebungen, wurde ihr prominentester Anhänger. Trotz großer militärischer und politischer Erfolge des französischen Königs im Süden seines Reiches gelang es weder ihm noch den dortigen Bischöfen oder ihren Abgesandten, das Katharertum auszurotten. Das prächtige, gewaltige wie gewaltsame Auftreten der kirchlichen Vertreter, die ihren Herrschaftsanspruch deutlich zum Ausdruck brachten, schien nicht geeignet, die Angehörigen der katharischen Gemeinden zu überzeugen, weder in den Städten noch in den ländlichen, vielfach schwer zugänglichen Regionen des Pyrenäenvorlandes. Es bedurfte offensichtlich einer anderen Form der Annäherung.

b) Kämpfer gegen die katharische Häresie

Domingo de Guzmán (1170–1221) war in Spanien als Sohn einer altkastilischen Adelsfamilie geboren worden. Er war fast 30 Jahre alt, als er 1199 als Kanoniker in das Domkapitel von Osma eintrat. Die nächsten 20 Jahre seiner Lebens widmete er der Bekämpfung der Katharerbewegung in Südfrankreich. Er tat dies zunächst weiterhin in seinem Stand als Kanoniker, kam aber rasch zu der Überzeugung, dass eine effektive Katharerbekehrung nur durch wegweisende Predigten und das gelebte Beispiel, das auch einfache Gläubige in seiner Richtigkeit erkennen könnten, zu erreichen war. Im Jahr 1215 gründete er zu diesem Zweck in Toulouse, einem Zentrum der katharischen Bewegung, einen eigenen Orden, der sich der Ketzerbekämpfung durch Predigt und argumentative Überzeugung sowie einem Leben in freiwilliger Armut verschrieb. Papst Honorius III. bestätigte den Orden bereits ein Jahr später.

Dominikus starb 1221 in Bologna, die Hebung seiner Gebeine und seine Heiligsprechung erfolgten 1234, die Kirche S. Domenico wurde zur Wallfahrtsstätte. Die Viten des Dominikus interpretieren sein Wirken als eine ihm von Gott vorherbestimmte Aufgabe: Seine Mutter soll vor seiner Geburt im Traum einen kleinen schwarz-weißen Hund gesehen haben, der mit einer Fackel im Maul die Welt erleuchtete. So wurde später auch der Name des Ordensgründers sowie sein Wirken in der Ketzerverfolgung erklärt – die *domini canes* waren die Wachhunde des Herrn. Auch die Farben der Ordenstracht lagen darin begründet: langes weißes gegürtetes Gewand mit schwarzem Kapuzenmantel.

Die bildlichen Darstellungen bringen Dominikus häufig mit einer besonderen Marienverehrung in Zusammenhang, wobei zwei Typen besonders hervorzuheben sind, da sie in der Buch- wie in der Tafelmalerei häufig erscheinen: die „Schutzmantelmadonna" behütet Dominikus und die Mitglieder seines Ordens, die sich unter dem ausgebreiteten Câpe der Gottesmutter versammeln; die Rosenkranzmaria überreicht Dominikus die Gebetskette.

> **Dominikus**
> Domingo de Guzmán wurde 1170 als Sohn einer altkastilischen Adelsfamilie geboren. Mit 29 Jahren trat er als Kanoniker in das Domkapitel von Osma ein, fand aber eine neue Bestimmung in der Bekämpfung und Bekehrung der südfranzösischen Katharer, die er durch das positive Beispiel einer einfachen, vorgelebten Nachfolge Christi und durch intensive Predigt zu erreichen hoffte. Mit der bald nachfolgenden päpstlichen Bestätigung gründete er zu diesem Zweck einen Orden in Toulouse als einem Zentrum der katharischen Bewegung. Er starb 1221 in Bologna und wurde 1234 heilig gesprochen.

c) Die dominikanische Methode: wissenschaftliche Argumentation

Der Dominikanerorden wuchs rasch und umfasste schon wenige Jahrzehnte nach seiner Gründung zahlreiche Männer- und Frauenklöster. Dabei traten neben das ursprüngliche Anliegen der Ketzerbekämpfung, der der Orden weiterhin verpflichtet blieb, weitere Aufgabenfelder vor allem im städtischen Bereich. Freiwillige Armut und die intensive Auseinandersetzung mit der christlichen Lehre waren die besonderen Charakteristika des Ordens. Von den Mönchen erwartete man, dass sie sich ausführlich in Grammatik, Rhetorik und Dialektik schulten sowie theologische Studien betrieben, um die gewonnenen Fähigkeiten in der Laienpredigt wie in der gelehrten Disputation an den Universitäten einzusetzen. Albertus Magnus (1193–1280) und Thomas von Aquin (1224/25–1274) werden als die bedeutendsten Denker ihres Ordens im 13. Jahrhundert angesehen, die das gesamte theologische und philosophische Denken des Mittelalters und darüber hinaus beeinflussten.

In den Städten entstanden fast überall Dominikanerinnenkonvente. Ihre Nonnen waren, wie in allen Orden, vom Zugang zu den Universitäten ausgeschlossen. Das Studium der heiligen Texte fand innerhalb der Klostermauern statt. Die Intensität, mit der diese Studien betrieben wurden, inspirierte die Vorstellungskraft vieler Nonnen, die die Gegenwart Christi in mystischen Bildern erlebten. Gleichzeitig entwickelte sich in den Nonnenklöstern eine besondere, weiblich geprägte Form der Christusverehrung, die das kleine, hilflose Kind in den Mittelpunkt stellte. Das Weihnachtsgeschehen rund um die Krippe gewann große Bedeutung und die Zuwendungen, die eine Mutter ihrem Säugling angedeihen lässt, nähren, wickeln, liebkosen, schaukeln etc., wurden in visionärer Schau erlebt.

Die Sublimierung der Triebe durch die Vorstellungen von der Vereinigung mit Christus fand in Männer- wie in Frauenklöstern Eingang.

3. Zusammenfassung

Domingo de Guzmán und Giovanni (Francesco) Bernadone waren Zeitgenossen, aber keine Weggenossen. Beide jedoch hätten nach gängigem sozialen Muster einen ganz anderen Lebensweg nehmen müssen. Dominikus aus ländlichem Adel hätte als Kanoniker im Domkapitel von Osma den Einfluss seiner Familie zur Geltung bringen und der klerikale Knotenpunkt in deren familialem Netzwerk sein sollen. Franziskus, aus städtischem Patriziat, hätte der Nachfolger seines Vaters im kaufmännischen Geschäft und in dessen stadtpolitischen Ämtern werden können. Sie entschieden sich jedoch für eine andere, ihrer gesellschaftlichen Herkunft widersprechenden Lebensführung, die, zumindest nimmt man dies für Franziskus als sicher an, zunächst keineswegs die Anerkennung in der eigenen Schicht fand. Beide wählten die Wanderpredigt und die Armut, doch ihre Motive waren verschieden.

Franziskus stellte die Armut im Sinne von Einfachheit, Schlichtheit und Demut in den Vordergrund; eine Armut, die er in ihrer sozialen und materiellen Form auf den Straßen der Städte gesehen hatte und die er sich zu Eigen machte, um zu einer spirituellen Armut im Sinne der gesellschaftlichen Bindungslosigkeit und gleichzeitigen ausschließlichen Bindung an den schöpferischen Gott zu gelangen. Seine Wanderpredigten hatten den Lobpreis dieser Armut und der Kreativität Gottes zum Inhalt. Seine Wanderungen führten ihn in die Städte, wo man ihn und seine Anhänger als diejenigen ansah und verehrte, die das Los der Armen teilten und diese durch ihre Predigten in der Volkssprache gleichzeitig teilhaben ließen an den Worten und Taten eines menschlicher werdenden Gottes.

Dominikus' Intention dagegen war die effektive Ketzerbekämpfung in Südfrankreich durch überzeugende Predigt und unangreifbare vernunftgeleitete Argumentation. Wirkungsvoll konnte dies aber nur sein, wenn auch das sonstige Verhalten derjenigen, die predigten und argumentierten, die Zuhörer überzeugten. Es musste deutlich werden, dass die katholische Lehre nicht um Reichtümer oder um gesellschaftlicher Positionen willen vertreten wurde, sondern um ihrer selbst willen. Und das war nach Dominikus nur zu erreichen, wenn man weltlichen Besitz und Karrieren ablehnte.

Die hehren Ziele der Gründer gerieten mit der weiteren Entwicklung ihrer Orden zu großen finanzkräftigen und einflussreichen Organisationen in Widerspruch. Allein die rasch wachsende Zahl ihrer Mitglieder erforderte Organisationsformen, wie Behausung und Versorgung, die nicht mehr durch einfachen Straßenbettel zu gewährleisten waren. Die Betonung von Ausbildung und Studium als Voraussetzung für die Hauptaufgabe der Predigt führte zu ihrer Dominanz und gegenseitigen Konkurrenz an den Universitäten. Ihre Vorstellungen vom Leben in materieller und spiritueller Armut wurde von geistlichen und weltlichen Herrschaftsträgern instrumentalisiert und beide Orden waren immer wieder in die ausbrechenden politischen Auseinandersetzungen zwischen Papsttum und Kaisertum involviert. In den Städten als einer neuen gesellschaftlichen Komponente im ständischen Gefüge seit dem 12. Jahrhundert, fassten sie dauerhaft Fuß. Dort waren im 14. Jahrhundert die Häuser der Dominikaner und Franziskaner, ihre seelsorgerischen Bemühungen, ihre Auftritte als begeisternde Prediger, ihre Unterstützung als Ratgeber oder Schreiber von Stadträten, aber später auch die Konflikte um Steuerleistungen oder Immobiliengeschäfte der Ordensgemeinschaften nicht mehr weg zu denken.

XII. Beginen, Laienschwestern und Mystikerinnen

1. Alte und neue Orden versus offene Organisationsformen

Die Umbrüche in Welt und Kirche im 12. Jahrhundert und beginnenden 13. Jahrhundert waren vornehmlich mit der Entstehung von städtischen Lebensformen verbunden. Urbanität wurde im größeren und kleineren Rahmen zu einer selbstverständlichen Existenzweise. In diesen Zusammenhängen entstanden der Dominikaner- und Franziskanerorden als Reaktion auf Widerstand gegen kirchliche Lehrmeinungen (Ketzerei) und auf der Suche von Laien nach dem rechten Glaubensweg. Die Entwicklungen im Ordenswesen fanden damit zwar zunächst einen Abschluss, aber keine endgültige Auflösung oder Harmonisierung der im Zuge dieser Umbrüche entstandenen Differenzen.

Im Gegenteil kann man die Entwicklungen im Ordenswesen des 13. und 14. Jahrhunderts als das Entstehen von Spannungsfeldern beschreiben. Neben den festen Strukturen der alten und neuen Orden etablierten sich offenere Organisationsformen; neben die in den Universitäten vermittelten theologischen Lehren der parallelen Existenz von Glaube und Vernunft sowie der kritischen Hinterfragbarkeit der Existenz Gottes – natürlich mit der Absicht, einen argumentativ gestützten Gottesbeweis zu leisten – trat die auf das individuelle Erlebnis gegründete Gottesschau und Gotteserkenntnis. Zugespitzt und aus dem Blickwinkel der gender studies (historische Frauen- und Geschlechterstudien) ließe sich dies auch als die verschiedenen Formen der männlichen und weiblichen Partizipation am religiösen Leben fassen.

Zwar entstanden auch einige neue Orden, aber keiner von ihnen erreichte auch nur annähernd den Zulauf derjenigen Gemeinschaften, die bis zu Beginn des 13. Jahrhunderts als Ordensgemeinschaften gegründet worden waren.

Unabhängig davon, ob es sich um den Orden der Benediktiner, den in Opposition bzw. in anderer Ausrichtung zu diesem entstandenen Orden der Zisterzienser, der Prämonstratenser und Augustiner Chorherren oder die im städtischen Ambiente bzw. in der Ketzerbekämpfung tätigen Orden der Franziskaner und Dominikaner handelt, um nur die zahlenmäßig größten zu nennen – sie alle zeichneten sich durch eine von päpstlicher Seite anerkannte Regel aus, in der die grundlegenden Lebensweisen, die hierarchische Struktur der Gemeinschaft, ihre Zielsetzungen für alle Gemeinschaften und jedes einzelne Mitglied verbindlich festgeschrieben waren. Man konnte sie zudem nicht nur institutionell, sondern auch räumlich und funktional erfassen: Ein Kloster war ein durch Mauer, Tor, Kirche oder Kapelle ausgewiesener, abgegrenzter und erkennbarer Ort und eine Stätte des Gebets. Seinen Mitgliedern waren von Seiten der Kirche wie der Gesellschaft bestimmte Aufgaben zugewiesen, die ihnen sowohl soziale Anerkennung einbrachten als ihnen auch das gehobene Selbstverständnis vermitteln mochte, Teil der intellektuellen und geistigen Elite zu sein. In diesem Sinne lebten sie in Übereinstimmung und Akzeptanz mit der gesamtgesellschaftlichen Ordnung und den dominierenden Vorstellungen, die die Institutionen der Kirche und ihre Mitglieder als Mittler zwischen Diesseits und Jenseits, der Welt und dem Himmel, dem Menschen und Gott konzipierten, als Fürsprecher für die sündige Menschheit insgesamt und Begleiter für die Einzelnen auf dem Weg vom irdischen Dasein zur göttlichen Ewigkeit.

Seit dem 12. Jahrhundert aber wurde diese herausgehobene Position von Mönchen und Nonnen auf mehreren Ebenen in Frage gestellt. Einerseits geschah dies dergestalt, dass man jegliche Vermittlerrolle von Klerikern anzweifelte oder andere als von den kirchlichen Institutionen anerkannte Glaubensgrundsätze vertrat, wie es die sog. ketzerischen Bewegungen taten, die aber hier nicht weiter verfolgt werden sollen. Andererseits waren es insbesondere die Bemühungen der Laien, die eine deutlichere Teilhabe an den Gnadengaben der Kirche anstrebten, ein nicht nur vermitteltes, sondern selbst erlebbares Verständnis Gottes wünschten oder ohne die institutionelle Bindung an einen Orden und in offeneren Organisationsformen die *vita apostolica*, ein Leben in der Nachfolge Christi, führen wollten.

2. Beginen

Eine der bekanntesten dieser Laienbewegungen ist die Beginen-Bewegung. In der historischen Forschung sind bislang weder ein genauer Entstehungszeitraum noch der Name dieser Bewegung, die je nach Blickwinkel stärker als religiöse oder sozial-religiöse Frauenbewegung angesehen wird, völlig geklärt. Man geht davon aus, dass im 12. Jahrhundert der Zulauf von Frauen zu den Zisterziensern, seit dem zweiten Viertel des 13. Jahrhunderts dann auch zu den Franziskanern und Dominikanern so stark wurde, dass diese sich weigerten, weitere Frauengemeinschaften in ihren Orden aufzunehmen, da sie die mit der Aufnahme verbundene *cura monialium*, also die geistliche Sorge für die Nonnen, nicht leisten konnten oder wollten. Viele Frauen dürften sich auf dem Hintergrund dieser Entwicklung dann dazu entschlossen haben, sich ohne Bindung an einen Orden in selbstverwalteten Gemeinschaften zusammenzuschließen. Man nannte sie Beginen. Dass sich diese Namensgebung auf einen Gründer zurückführen lasse, nämlich auf Lambert li Beges, der in Lüttich in der Spitalsbewegung tätig war, wird mittlerweile ebenso verneint wie die Ableitung des Namens aus der einheitlichen meist beige-grauen Kleidung der Beginen. Eher vermutet man eine Herleitung von der katharischen Gruppe der Albigenser bzw. eine Verkürzung ihrer Bezeichnung. Vorläufer der Beginen-Bewegung werden zum einen im Konversentum der etablierten Orden gesehen, zum anderen in der Hospizbewegung. Das Konversentum bot den Laien die Möglichkeit zu klösterlichem Dasein und frommem Dienst unter der Ägide eines Abtes oder einer Äbtissin, auch wenn sie weder durch ihre Herkunft noch durch ihren Stand oder gar eine entsprechende Ausbildung je zu Vollmitgliedern einer monastischen Gemeinschaft würden aufsteigen können. Die städtischen Hospitäler eröffneten dagegen ein weites Feld aktiver, karikativer Tätigkeiten.

Erste Beginen-Gemeinschaften entstanden am Ende des 12. Jahrhunderts in den flandrischen Städten und verbreiteten sich von dort im 13. Jahrhundert schnell nach Osten. V.a. in den rheinischen Städten und im Nordwesten des Reiches fand die Bewegung große Akzeptanz. In Köln z.B. lässt sich 1223 das erste Beginen-Haus nachweisen, in Osnabrück 1233, in Frankfurt 1242, in Straßburg 1246 und in Münster 1248. Um 1300 existierten in Köln bereits 22 Beginen-Häuser mit ca. 575 Mitgliedern und um 1550 lebten etwa 1170 Beginen in der Rhein-Metropole. Die Frauen wohnten überwiegend in Gemeinschaft. In den flandrischen Städten bildete eine Vielzahl von einzelnen kleinen Häusern rund um eine eigene Kirche einen sog. Beginen-Hof, wie man ihn sich heute noch in Brügge vorstellen kann. Ansonsten lebten die ledigen oder verwitweten Frauen gemeinschaftlich in gemieteten oder käuflich erworbenen Häusern zusammen, oftmals nahe der Häuser der Bettelorden. Zwischen zwei und siebzig Frauen wurden in diesen Gemeinschaften gezählt. Sie unterstanden keiner, allen Häusern gleichen Regel und legten beim Eintritt in die **Beginen**-Gemeinschaft kein Gelübde ab. Aber sie gaben ihre soziale Stellung auf, entsagten allem Reichtum ebenso wie der Ehe und verpflichteten sich selbst auf Keuschheit, freiwillige Armut und ein vom Auftrag der *vita apostolica* geprägtes Leben. Nicht nur zu Beginn, sondern auch im Laufe ihrer Verbreitung traten insbesondere Angehörige der besitzenden Schichten der städtischen Bevölkerung in die Beginen-Gemeinschaften ein, so dass diese also keineswegs als Versorgungseinrichtungen verarmter oder mittelloser Frauen angesehen werden können.

> **Beginen**
> Die beginische Lebensform entstand seit der Mitte des 12. Jahrhunderts in den flandrischen Städten und verbreitete sich von dort im 13. Jahrhundert in die Rheingegend und nach Nordwesten. Die Frauen wohnten überwiegend in Gemeinschaften von zwei bis zu siebzig Mitgliedern, ohne eine Ordensregel und ohne das Ablegen eines Gelübdes, aber unter einer strikten Hausordnung. Beim Eintritt in eine Beginengemeinschaft gaben sie ihre soziale Stellung auf, entsagten der Ehe und allem weltlichen Besitz, verpflichteten sich selbst auf Keuschheit, freiwillige Armut und ein vom Auftrag der *vita apostolica* geprägtes Leben. Sie finanzierten ihre Gemeinschaft durch handwerkliche Tätigkeiten und übten innerhalb ihrer urbanen Umgebung karitative Tätigkeiten aus.

Die Beginen vertraten eine Lebensform, die ihnen karikative Tätigkeiten im Sinne der *vita apostolica* ermöglichte und ihnen auch eine autonome wirtschaftliche Existenz sicherte. Sie erfüllten Aufgaben in der Krankenpflege, besorgten die Waschung und Einkleidung von Verstorbenen, übernahmen Totenwachen und boten in einigen Städten eine einfache Schulbildung für Mädchen an. Ihren Lebensunterhalt bestritten sie durch textile Handarbeiten wie Spinnen und Weben, Sticken und Nähen. Gerade dies machte sie in den tuchproduzierenden flandrischen Städten zur ungeliebten Konkurrenz der dortigen Zünfte, die zum Teil gewaltsam die handwerkliche Arbeit der Beginen zu beenden suchten. Vereinzelt sind auch das Bierbrauen und das Abschreiben von Büchern als Arbeitsbereiche der Beginen nachgewiesen.

a) Zwischen Verketzerung und Duldung

Die gesellschaftliche und kirchliche Akzeptanz der Beginen-Gemeinschaften war großen Schwankungen unterworfen. Im Besonderen gilt dies für allein lebende oder gar wandernde, nicht sesshafte fromme Frauen, die durch ihre Lebensweise allen sozialen Konventionen widersprachen und auf kirchlicher Ebene schnell in den Ruf der Ketzerei gerieten. Aber auch die Mitglieder der größeren und kleineren Beginen-Höfe und Häuser mussten erfahren, dass es keine selbstverständliche Anerkennung solcher Gemeinschaften gab, die keine institutionellen Bindungen aufwiesen, sondern lediglich auf der individuellen Entscheidung für eine bestimmte Lebensform basierten. Sie bedurften gewichtiger Fürsprecher und konnten rasch jeglicher Unterstützung verlustig gehen. Auf dem Laterankonzil von 1215, einer allgemeinen Kirchenversammlung, die im päpstlichen Palast von Rom stattfand, war von Innozenz III. (1198–1216) das Verbot weiterer Ordensgründungen ergangen. Trotzdem erreichte der Kleriker Jakob von Vitry (1170–1254), der sich bereits als Seelsorger intensiv in Brabant um die Beginengemeinschaft der Maria von Oignies (um 1177–1213) gekümmert hatte, im Jahr 1216 die Zustimmung des kirchlichen Oberhauptes zur beginischen Lebensweise. Seit der Mitte des

13. Jahrhunderts jedoch setzte nach und nach eine Verketzerung der Beginen ein. Im Jahr 1311 erging auf dem Konzil von Vienne die Verurteilung der beginischen Lebensform. Das Konzil fasste den Beschluss, das alle existierenden Gemeinschaften aufzuheben und diese Lebensform künftig zu verbieten sei. Man warf den Beginen vor, sich der Ein- und Unterordnung in die bestehenden Orden und Ordensregeln zu verweigern. Die Ablehnung einer intensivierten *cura monialium*, wie sie von den etablierten Orden ausgesprochen worden war, wurde in dieser Argumentation nicht berücksichtigt. Stattdessen lastete man den frommen Frauen ihre erfolgreiche Suche nach einer Alternative zum Klosterleben als oppositionelle Geisteshaltung an. Des Weiteren warf man ihnen vor, und dieses Argument wog sicherlich schwerer, die kirchliche Vermittlung zwischen Gott und dem Menschen abzulehnen und für sich eine individuelle Gottesannäherung zu reklamieren, was besonders in ihren volkssprachlichen Schriften zum Ausdruck käme.

Tatsächlich wurde der Aufhebungsbeschluss nur partiell durchgesetzt, abhängig von den jeweiligen lokalen Herrschaftsträgern. Die Mitglieder der aufgelösten Gemeinschaften ebenso wie solche Frauen, die sich von ihrer Grundhaltung her sonst vielleicht den Beginen angeschlossen hätten, fanden zu großen Teilen Aufnahme in den städtischen Konventen der Dominikanerinnen.

b) Forschungsansätze

Die Forschungsmeinungen zur Beginen-Bewegung sind durch die jeweiligen Ausgangspositionen vorgeprägt, denn man kann sich ihr gleichermaßen mit religionsgeschichtlichen, frauengeschichtlichen wie stadtgeschichtlichen Fragestellungen nähern. In den Forschungen zur Entwicklung der religiösen Laienbewegung dominierten die beiden Fragen, ob a) die Beginen-Bewegung tatsächlich eine Art „Notlösung" war, weil die bestehenden Orden die Intensität der *cura monialium* verweigerten, die notwendig gewesen wäre, um alle an dem monastischen Leben interessierten Frauen geistlich zu betreuen, oder aber ob b) nicht doch v. a. die Ablehnung alles Weltlichen mit der Entsagung gesellschaftlicher Reputation und materiellen Überflusses als Motivation der männlichen wie weiblichen religiösen Laienbewegung anzusprechen ist. In den Überlegungen der Frauen- und Geschlechtergeschichte steht im Vordergrund die Diskussion, wie sich die Beginen in das facettenreiche Bild mittelalterlicher weiblicher sozialer Rollen und Weiblichkeitskonstruktionen einfügten. War das Beginentum ein Ausdruck des Aufbegehrens gegen geschlechtsspezifische, gesellschaftlich zugewiesene Rollen? Bekämpften Beginen mit ihrer, von der klösterlichen Lebensform doch sehr verschiedenen Existenz, die männlichen Konstruktionen von Weiblichkeitsmustern? Schließlich zeigen einige Fallstudien zum Beginenwesen in einzelnen Städten, wie sich diese Gemeinschaften entwickelten und welchen sozialen und wirtschaftlichen Einfluss Beginen in eben diesen urbanen Verhältnissen hatten.

3. Tertiarinnen

Während die Beginen v. a. in Nordwest- und Mitteleuropa zu finden waren, gab es in Italien eine andere Gruppe religiös bewegter Frauen, die v. a. den Tertiarinnen des Franziskaner- und Dominikanerordens zuzurechnen sind. Die Tertiaren und Tertiarinnen bildeten den Laienzweig der Orden; sie widmeten sich insbesondere karikativen Aufgaben. Die Lebensbeschreibungen der dominikanischen Laienschwestern, die den Heiligenleben nachgebildet sind, zeigen ein anderes Bild als die kirchenrechtlichen Quellen, aus denen man nur das Fazit ziehen könnte, dass es ein aktives religiöses Leben in der Gesellschaft für Frauen nicht gegeben habe. Diese Viten machen deutlich, dass seit dem 13. Jahrhundert Weltflucht nicht mehr als der einzige Weg angesehen wurde, ein religiös erfülltes Leben zu führen. Trotzdem gab es für Frauen nur sehr eingeschränkte Möglichkeiten für frommes Tun. Ihre Aktivitäten waren auf die direkte häusliche Umgebung sowie die unmittelbare Nachbarschaft begrenzt. Die Viten gestalteten die sozialen Taten der Frauen nach den Bildern der Barmherzigkeit Christi: Arme durch Almosen unterstützen, Kranke versorgen, Sterbende begleiten und Tote bestatten, Frieden unter Streithähnen stiften – es war ein ähnliches Programm von Werken der Nächstenliebe, wie es auch bei den Beginen zu finden war. Mit Ausnahme der Katharina von Siena (1347–1380), die öffentlich vor größerem Publikum predigte, beschränkten sich die Belehrungen, die die übrigen Laienschwestern aussprachen, auf ihren eigenen, engeren häuslichen Bereich. Entscheidend war aber offenbar nicht nur die tatsächliche Wirkmächtigkeit dieser Frauen, sondern ihr Verständnis von der eigenen Frömmigkeit. Sie trugen es dergestalt nach außen, also in ihre städtische Umgebung, dass sie sich in eine Art Nonnenhabit kleideten, besonders häufig die Beichte ablegten und um den Empfang der Kommunion baten sowie strikte asketische Gewohnheiten einhielten. Auf diese Weise schufen sie sich selbst so etwas wie einen inneren, geistigen Gebetsraum, der sie gegen Äußerlichkeiten und Anfeindungen abschottete – so berichten es jedenfalls die Viten.

4. Mystikerinnen

Die relative Offenheit, mit der man im 13. Jahrhundert den religiösen Praktiken von Frauen gegenüber gestanden hatte, erfuhr seit dem 14. Jahrhundert, u. a. mit der Verketzerung der Beginen, wieder starke Einschränkungen. Zahlreiche Beginengemeinschaften ebenso wie allein lebende, in ihrem sozialen Tun religiös bewegte Frauen schlossen sich dem aufnahmebereiten Dominikanerorden an.

Hier nun entstand ein weiteres Spannungsfeld in der Frage der Gotteserfahrung – die vernunftgeleitete Erkenntnis Gottes mit Hilfe der an den Universitäten gelehrten Methoden der Beweisführung oder die spirituelle Annäherung über die mystische Schau.

Die Universitäten, das muss betont werden, waren ausschließlich Männern vorbehalten. Das heißt, dass die dort zur Verfügung stehenden Inhalte und Methoden – das Erlernen der Gesetze der Logik, die Rezeption von Texten zu unterschiedlichen Bereichen des Wissens, die Praxis der Textexegese und –analyse, die Erarbeitung von Formen der gelehrten Disputation sowie die Methoden didaktischer Vermittlung – die in geistlichen Gemeinschaften lebenden Frauen ausschließlich in höchst reduzierter Form erreichten durch das, was ihnen ihre geistlichen Betreuer an Instruktionen zukommen ließen, und durch die Art und Weise, wie sie dies taten. Das an den Universitäten erarbeitete Wissen blieb Frauen vorenthalten, sie hatten keinerlei Anteil an dieser Form institutionalisierter und expandierender wissenschaftlicher Kommunikation und Diskussion. Der Weg, den geistlich lebende Frauen auf ihrer Suche nach Gotteserkenntnis beschritten, musste also ein anderer sein, nämlich einer, der im klausurierten Leben, dem

Leben in Abgeschlossenheit, möglich war. Einerseits auf das innere Selbst zurückgeworfen, andererseits in einer und für eine Gemeinschaft Gleichgesinnter lebend, eröffnete sich der gesuchte Zugang zum einen durch die eigene Person in ihrer geistigen und körperlichen Existenz, zum anderen in der Bindung an und die gegenseitige Beeinflussung durch die Gemeinschaft. Die Hinterlassenschaften auf diesem Weg sind die Schriften der Mystik, die in der historischen, theologischen, literaturwissenschaftlichen und kunsthistorischen Diskussion zahlreiche, und zum Teil noch immer offene Fragen aufgeworfen haben. Einige davon seien hier skizziert.

Erste mystische Schriften, die eine individuelle, glaubens- und gefühlsbetonte Gotteserkenntnis formulierten, finden sich seit dem 12. Jahrhundert, z. B. bei Bernhard von Clairvaux (1090–1153), der besonders der Brautmystik zugetan war. Am Ende des 12. und zu Beginn des 13. Jahrhunderts finden sich erste Schriften von weiblichen Mystikerinnen, die sich zum Teil der flandrischen Beginenbewegung angeschlossen hatten, wie Odila von Lüttich (1165–1220), Ivetta von Huy (1158–1228), Maria von Oignies oder Ida von Nivelles (1190–1231). Ebenfalls im 13. Jahrhundert erschließen sich im Rahmen der franziskanischen Bewegung zahlreiche Frauen den Zugang zur Gotteserkenntnis über die mystische Schau. Das Zisterzienserinnen-Kloster Helfta brachte gleich mehrere Mystikerinnen hervor – eine gegenseitige Inspiration wird man wohl nicht ausschließen können. Im 14. Jahrhundert waren es zahlreiche süddeutsche Dominikanerinnen-Konvente, deren Insassinnen sich gegenseitig ihrer Gotteserfahrungen versicherten, die sich auf die praktischen Seiten ihres realen klösterlichen Lebens bezogen.

a) Mystik – Erlebnis oder Reflexion

Christkind- und **Passionsmystik** entwickelten sich aus den Wünschen nach einem nicht nur intellektuell erschließbaren, sondern körperlich erfahrbaren Gott. Ersteres war all denjenigen verwehrt, die nicht zur intellektuellen Elite der Kleriker, Klosterschüler und Universitätsangehörigen gehörten, also allen Laien und in jedem Fall allen Frauen. Der Wunsch nach körperlicher Nähe sowie der Schutz und die Zuwendung, die man einem kleinen Kind entgegenbrachte, mögen ihren Ursprung in menschlichen Grundbedürfnissen haben. Das Nachempfinden extremer Leiden brachte den Visionär oder die Visionärin sicherlich an die Grenzen körperlicher und seelischer Belastbarkeit. Es waren dies nicht die einzigen mystischen Bildmotive, aber sie gehören zu denjenigen, die in unterschiedlichsten Versionen von Männern und Frauen ausgestaltet wurden.

> **Braut-, Christkind- und Passionsmystik**
> Unter Brautmystik versteht man die Texte, die eine spirituelle Vereinigung der Seele mit dem „Bräutigam" Christus beschreiben und sich dabei auf das alttestamentliche Hohelied stützten bzw. sich in ihrer Bildsprache daraus bedienten. Der Visionär bzw. die Visionärin erleben in einer geistigen Schau die körperliche Nähe (ihrer Seelen) mit dem Geliebten Christus z. B. in Form von Umarmungen und Küssen.
> In der Christkindmystik wurde während der geistigen Schau das neugeborene Kind mit aller erdenklichen Zuneigung umsorgt, gestillt und geherzt; der weibliche (Seelen-)Körper suchte und fand direkten Kontakt zum geliebten Kind.
> In der Passionsmystik erlebten die Mystiker und Mystikerinnen das Leiden Christi während seines Martyriums nach, empfanden die Qualen, die die Erlösung kostete, in der eigenen Seele nach und anerkannten den Zusammenhang zwischen den erlittenen Schmerzen und dem Glücksgefühl der daraus resultierenden Errettung der Menschheit.

Zu Recht umstritten ist die seit längerer Zeit gängige Unterteilung in philosophische, spekulative und Frauenmystik. Eine solche Differenzierung unterstellt von vornherein die Notwendigkeit einer biologistischen Deutung in der Gegenüberstellung von Kulturwerken versus Naturerfahrung, theoretisches Denken versus praktisches Handeln, Spekulation versus Erlebnis. Aber auch, wenn man diese Einteilung aus pragmatischen Gründen zunächst akzeptiert, bleiben weitere Fragen offen, die sich vordringlich auf die Entstehungssituation der mystischen Texte beziehen. Handelt es sich bei ihnen um authentische Erlebnisberichte, die aus dem unmittelbaren Erleben heraus spontan niedergeschrieben wurden? Zentriert sich das Erlebnis auf den Autoren oder die Autorin, die aus individueller Motivation und im eigenen schriftlichen Niederlegen des in der visionären Schau Gesehenen und Gehörten auch ihr eigenes Sein und Tun beschreibt? Ist diese Literatur Spiegelung einer konkreten Lebensform, die durch das mystische Erleben geprägt ist? Oder handelt es sich nicht doch eher um „Schreibtischprodukte", die die mystische Erfahrung erst nach sorgsamer Reflexion, quasi durch den Intellekt gefiltert, in einem dauerhaften Text verdichteten? Und muss diese Form von Schriftlichkeit, die Produktion und Distribution mystischer Texte nicht auch auf dem Hintergrund der institutionellen Bindung der Autoren und Autorinnen betrachtet werden?

b) Zur Entstehungssituation von frauenmystischen Texten

Insbesondere die Überlegungen zur Frauenmystik haben solche Fragen hervorgebracht, um der biologistischen Deutung einen anderen Zugang entgegenzusetzen, der sich auch für die Einordnung anderer mittelalterlicher Texte bewährt hat. Es gilt also, die frauenmystischen Texte auf ihren möglichen sozialen und institutionellen Bezug hin zu untersuchen sowie auf eine funktionale, am Kollektiv des Klosters orientierte Ausrichtung.

Eine lange Zeit favorisierte These sah die Entstehung frauenmystischer Texte als Ausfluss der *cura monialium* und des intensiven Kontakts zwischen einzelnen Seelsorgern und Nonnen. Dabei hätte der spirituelle und intellektuelle Einfluss der Theologen, Prediger und Beichtväter das mystische Erleben visionsbegnadeter Frauen befördert, ihre Schreibtätigkeit zum Teil angeregt und in jedem Fall in einer Ergänzung von theologischer Gelehrtheit und weiblicher Spiritualität zu fruchtbarer literarischer Zusammenarbeit geführt. Zugespitzt formuliert: Ohne die intellektuelle männliche Unterstützung hätte es keine frauenmystischen Texte gegeben.

Die genauere Untersuchung der Rahmenbedingungen für die *cura monialium* hat nun allerdings ergeben, dass die Verbindungen zwischen den männlichen Seelsorgern und den Nonnen weniger persönlicher als vielmehr institutioneller Art waren. Befragt man die normativen Quellen zur *cura monialium*, war die Häufigkeit und Intensität der Besuche genau geregelt und ließ engere Kontakte nicht zu. Wie kommt es dann trotzdem immer wieder in den Texten zur Beschreibung solch enger Beziehungen? Die Erklärung liegt in der Zuordnung zur literarischen Gattung der hagiographischen Texte. Die „Erlebnisberichte" entwerfen Heiligkeitskonzepte und beinhalteten Programme zur Gestaltung des klösterlichen Lebens; sie spiegelten nicht die Realität einer im Kloster gemachten Erfahrung, sondern das Konzept, wie eine Nonne ein heiligmäßiges Leben führen konnte – die Unterwerfung unter eine geistliche Führerschaft zählte dazu. Gleichzeitig konnten auf diese Weise die Frauenklöster die Aura und Dignität der Dominikaner als ihren geistlichen Führern in Anspruch nehmen und sich selbst über das von ihnen angestrebte Konzept heiligen Lebens definieren und legitimieren, das von einigen ihrer Insassinnen ja auch erreicht wurde, wie es ihre Schriften beweisen. Die mystischen Texte in Frauenklöstern entstanden also institutionsbezogen – in und für ein Kloster.

Besonders deutlich wird diese institutionelle Zuordnung in den sog. Schwesternbüchern süddeutscher Dominikanerinnenklöster des 14. Jahrhunderts. Es handelt sich dabei um ständig aktualisierte Kurzviten verstorbener Nonnen – also nicht um „authentische" oder „unmittelbare" mystische Erlebnisberichte. Diese Frauen aber hatte alle Erscheinungen oder Wunder erfahren, für die es Zeugen oder die mündlichen Berichte der Nonnen selbst gab. Sämtliche Erlebnisse ereigneten sich in konkreten klösterlichen Situationen, so dass das gesamte Schwesternbuch schließlich dem Kloster eine vorbildliche Tradition geistlichen Lebens bescheinigen konnte. Da geschahen kleine Wunder, wenn eine sonst sorgsame Nonne in dem Bemühen, einer kranken Schwester schnell zu helfen, ein Weinfass offen stehen ließ und es einige Zeit später doch wohlverschlossen vorfand; da sprachen Christus als Kind oder Liebender und verschiedene Heilige in der Küche oder im Kreuzgang mit einer Nonne; kranke Frauen empfingen in ihren Erscheinungen die Kommunion direkt aus Christi Hand usw. Dabei wurden die Frauen sehr konkret mit ihrem Namen angesprochen und ihre klösterlichen Aufgaben und Tätigkeiten erwähnt. Oftmals wurde von ihnen Gehorsam gegenüber Gott und Christus sowie gegenüber den anderen Schwestern bzw. den ihr übertragenen Aufgaben als wichtigste zu erfüllende Pflicht eingefordert – eine Lehre von der praktischen Mystik.

Einen weiteren Diskussionsaspekt stellt die Verbindung von Bildern und Texten in der klösterlichen literarischen und künstlerischen Produktion dar. Eine „visuelle Kultur" in den Nonnenklöstern übersetzte Glaubensvorstellungen in bereits kanonisierte ebenso wie in neue Bildmotive und bot auf Einzelblättern, Tafelbildern, Holzschnitten, handschriftlichen Manuskripten, Stick- und Webarbeiten weitere Medien zur andächtigen Versenkung ins Gebet. Bildliche Darstellungen konnten Hilfestellung zum meditativen Gebet sein und auch Teil der Selbsterfahrung werden, sie erfüllten eine außerliterarische Funktion im Rahmen der individuellen, vielleicht auch der affektiven Frömmigkeit. Die sich entwickelnde Laienfrömmigkeit, die neben Texten auch Bilder als Ausdruck des Glaubens verwendete, war in den Klöstern vorbereitet worden.

5. Neue Orden und neue Laiengemeinschaften

Im 14. Jahrhundert büßte das Papsttum bei Klerikern und Laien viel von seinem Ansehen ein. Die Verlegung der päpstlichen Residenz von Rom nach Avignon 1309, wenn auch nur unfreiwillig erfolgt, hatte die wichtigste Legitimation des Papsttums – Nachfolger Petri und Hüter seines Grabes zu sein – in Frage gestellt. Die Etablierung in einem Palast, der Aufbau eines Finanzimperiums, die Vergabe von Ämtern nach Höhe der angebotenen Summe und nicht nach Qualifikation der Bewerber, die Position im Armutsstreit – all dies untergrub langfristig die Autorität des Papsttums. Und auch die großen, alten wie neuen Orden erfüllten in vieler Hinsicht nicht mehr die ihnen einstmals übertragenen gesellschaftlichen Aufgaben, sie konnten zumindest offenbar nicht mehr bestimmte Aufgaben zu den ihren machen. Trotzdem hatte die Idee der gemeinschaftlich gelebten *vita apostolica* nicht an Kraft verloren. Sie wurde im Gegenteil neu belebt, zum einen durch die Gründung einiger neuer Orden, die sich aber von vornherein bestimmten festgelegten Aufgaben bzw. Verehrungsformen verschrieben. So kümmerten sich z. B. die Mitglieder des Antoniterordens um die Pflege der vom sog. Antoniusfeuer (Mutterkornvergiftung) betroffenen Kranken. Zum anderen waren es Laiengemeinschaften, die nicht in der örtlichen Bindung an ein Kloster als vielmehr in der tätigen Verwirklichung der Nachfolge Christi ihre Aufgabe sahen.

Die bekannteste Laienbewegung, die schließlich doch auch konventartige Gemeinschaften ausbildete, war die *devotio moderna*. Wie bereits die Beginen nahm sie ihren Ausgang in einem städtisch geprägten Ambiente, nämlich der nordost-niederländischen Städte Deventer, Zwolle und Zutphen. Kaufleute und Handwerker, Männer und Frauen, schlossen sich der Forderung von Gert Groote (1340–1384) nach *simplicitas* an und fanden sich in den Häusern der natürlich getrennt lebenden Brüder und Schwestern vom gemeinsamen Leben zusammen. Ihren Lebensunterhalt bestritten sie durch handwerkliche Arbeiten. Abgesandte dieser Häuser trafen sich regelmäßig – ähnlich wie Äbte auf Kapitelversammlungen ihrer Orden –, um über die Formen ihres Zusammenlebens und ihrer praktischen Frömmigkeit zu beraten. Die Windesheimer Kongregation, die ihre Gemeinschaften als monastischer Zweig der *devotio moderna* unter eine Ordensregel stellte, breitete sich ebenfalls, von Zwolle ausgehend, in westliche Richtung, insbesondere in Westfalen, aus. Johannes Busch (1399–1479/80) zählte zu ihren tatkräftigsten Reformern, seine aktive Teilnahme an klösterlichen Reformprozessen und seine Schriften wirkten über die Grenzen seiner Ordensgemeinschaft hinaus.

XIII. Kirche und Orden zwischen Niedergang und Neubeginn: Konzilien und Ordensreformen im 15. Jahrhundert

Quod omnes tangit, ab omnibus tractari et approbari debet.
Was alle angeht, soll von allen behandelt und bewilligt werden.

1309	Beginn des sog. Avignonesischen Exils
1376	Beginn des großen Schismas (Kirchenspaltung) mit zunächst zwei Päpsten und zwei päpstlichen Residenzen (Rom und Avignon) bis
1409	zur Wahl von drei Päpsten
1414–18	Konzil von Konstanz unter der Schirmherrschaft von König Sigismund, Absetzung aller drei Päpste und Wahl Martins V. zum neuen Oberhaupt
1423/24	Konzil von Pavia/Siena
1431–49	Konzil von Basel

1. Konziliarismus und Re-Etablierung der päpstlichen Autorität

Seit Beginn des 14. Jahrhunderts verschlechterte sich kontinuierlich die gesellschaftliche ebenso wie die innerkirchliche Akzeptanz der höchsten geistlichen Institutionen. Nicht nur war Rom mit dem Grab Petri, nach Jerusalem das zweite Zentrum der westlichen Christenheit, verwaist, da die Päpste nach der Gefangennahme Bonifaz VIII. durch den französischen König gezwungenermaßen ihre Residenz nach Avignon, auf Reichsgebiet, aber in französischem Einflussbereich, hatten verlegen müssen. Der geistliche Charakter des Papsttums trat in der Zeit dieses Avignonesischen Exils besonders auffallend zugunsten eines sehr weltlichen Gebarens in den Hintergrund. In der päpstlichen Residenz pflegten die geistlichen Führer noch stärker als zuvor eine repräsentative Hofhaltung, die in ihrer Prachtentfaltung geradezu zum Vorbild für andere weltliche Höfe wurde. Der einträgliche Verkauf geistlicher Ämter füllte die Kassen. Dies und geschickte finanzielle Transaktionen ließen das Papsttum in der Mitte des Jahrhunderts zu einer europäischen Finanzmacht aufsteigen, eine Entwicklung, die jedem kirchlichen Aufruf zu christlicher Demut und Bescheidenheit Hohn sprach. Das große Schisma, also eine Kirchenspaltung, das 1376 mit der Wahl zweier Päpste begann und ein halbes Jahrhundert lang die Gläubigen ungewollt in zunächst zwei, ab 1409 gar drei kirchliche und kirchenpolitische Lager trennte, konnte auch nur durch eine große Anstrengung und mit Hilfe herrschaftlichen Drucks überwunden werden. Das Konzil von Konstanz (1414–1418) wurde berühmt durch seine ersten Reformanstöße und das Wiederaufleben des Grundsatzes „Was alle angeht, soll auch von allen behandelt und gebilligt werden". Es wurde aber auch berüchtigt wegen des rechtlich und politisch umstrittenen Prozesses gegen den geistlichen und politischen Führer der böhmischen hussitischen Bewegung, Johannes Hus (1370–1415), und der anschließenden Vollstreckung des Urteils, das auf Verbrennen lautete.

Die große beratende Versammlung in Konstanz, die Hunderte von kirchlichen Amtsinhabern zur gemeinsamen Diskussion zusammenführte, trieb ihre Entscheidungen nicht zuletzt aufgrund des Einflusses des deutschen Königs Sigismund (1368–1437, König seit 1410) voran. Das Schisma wurde auf diesem Konzil durch den Rücktritt bzw. die Absetzung der drei Päpste und die Wahl eines einzigen neuen kirchlichen Oberhauptes beigelegt; zudem wurden Missstände benannt und innerkirchliche Erneuerungsbestrebungen diskutiert. Das Konzil von Konstanz blieb keine einmalige Erscheinung; die Hoffnung auf die Entwicklung neuer Perspektiven für die Gemeinschaft der *ecclesia* trug auch die Konzilien von Siena (1423/24) und Basel (1431–49). Die Konzilien und die in gleichem Maße unternommenen Bestrebungen der fürstlichen Landesherren zur Verdichtung protostaatlicher Strukturen in ihren Territorien brachten dem 15. Jahrhundert in der historischen Forschung auch die Charakterisierung als Jahrhundert der Reformen ein. Das Konzil von Siena war nur ein kurzlebiges Zwischenspiel. Das Konzil von Basel dagegen dauerte insgesamt achtzehn Jahre und entwickelte sich in dieser langen Zeit zu einer Art innerkirchlichem Diskussionsforum für Kleriker verschiedenster Ausrichtungen, für Welt- und Ordensgeistliche, Universitätsgelehrte und fürstliche Räte. Trotz aller Schwerfälligkeit der verschiedenen Gremien und komplizierten mehrstufigen Prozessen der Entscheidungsfindung wurden auf den Konzilien über ihre Teilnehmer und deren heimatlichen Rezipientenkreis neue diskussionsbereite und -fähige Öffentlichkeiten für kirchliche Reformfragen geschaffen.

Konzil und Konziliarismus

Ein Konzil ist eine allgemeine Kirchenversammlung, auf der kirchliche Fragen, der allgemeinen Organisation wie der Lehre, diskutiert werden. Man unterscheidet zwischen episkopalem Konzil, also der Versammlung der Bischöfe, und allgemeinem Konzil, das auch die Teilnahme von Laien an den Diskussionen ermöglicht. Der Konziliarismus war eine Bewegung innerhalb der kirchlichen Einrichtungen, die forderte, dass alle Gläubigen, Kleriker wie Laien, an der Gestaltung ihrer Kirche partizipieren sollten. Diese Grundidee hatte bereits Wilhelm von Ockam in der ersten Hälfte des 14. Jahrhunderts vertreten. Sie hatte durch die zunehmende Unfähigkeit des Papsttums zu geistiger Führerschaft an Anhängern gewonnen und wurde im Konzil von Konstanz (1414–18) erstmalig und dann noch einmal im Konzil von Basel (1431–1449) in praktisches Tun umgesetzt. Der Konziliarismus konnte sich dauerhaft jedoch nicht durchsetzen. Die oberste Entscheidungsgewalt blieb letztlich beim Papst.

Die Vorstellungen darüber, was *reformacio in capite et membris*, Reform an Haupt und Gliedern, allerdings letztlich sein sollte, gingen bei den Diskutanten weit auseinander. Wörtlich genommen konnte es die Rückkehr bzw. Rückformung der bestehenden zu einer früheren und besseren Ordnung sein. Es konnte sich aber auch um die Anpassung von Einrichtungen und Organisationsformen an die veränderten Gegebenheiten, quasi eine Aktualisierung überkommener Strukturen handeln oder vielleicht auch nur darum, bestimmte Institutionen wieder funktionsfähig zu machen.

In den weltlichen Territorien erbrachten die konziliaren Diskussionen und Reformforderungen ein sich neu ordnendes Gemeindeleben durch die Bemühungen um eine besser ausgebildete und strenger als bisher kontrollierte Pfarrgeistlichkeit. Innerhalb der Orden wurden die Reformforderungen in einzelnen Klöstern und Klosterverbänden aufgegriffen und umgesetzt, was ihnen neuen und zum Teil dauerhaften Aufschwung bescherte.

Die konziliare Idee, die auf öffentliche Diskussion und eine breite Entscheidungsbasis der kirchlichen Amtsträger setzte, konnte sich trotz der Erfolge von Konstanz und Basel auf lange Sicht nicht durchsetzen. Letztlich waren in der katholischen Kirche seit der Mitte des 15. Jahrhunderts die päpstliche Autorität und der strenge hierarchische Aufbau der kirchlichen Institutionen re-etabliert.

2. Monastische Reformen

Die Reformbestrebungen im Mönchtum wiederholten sich in mehr oder weniger regelmäßigen Abständen, wenn es galt, die monastische Lebensweise den veränderten gesellschaftlichen Anforderungen anzupassen bzw. die gesellschaftliche Akzeptanz durch eine Rückbesinnung auf monastische, aber für die Gesamtgesellschaft wie den einzelnen Gläubigen nützliche Grundwerte wiederzugewinnen (s. a. **Quelle**). Damit waren monastische Reformen nicht nur eine innerklösterliche oder innerkirchliche Angelegenheit, sondern traten in Wechselwirkung mit ihrer herrschaftlichen, sozialen und wirtschaftlichen Umgebung. So vollzogen sich auch die Reformen des späten Mittelalters nicht nur im Rahmen von ordensinternen Neuerungsbewegungen, sondern auch durch den Antrieb und mit der Unterstützung landesherrlicher, weltlicher wie geistlicher Gewalten, die eine monastische Reformpolitik zur Stabilisierung ihrer eigenen territorialen Herrschaft betrieben. Im Interesse der Landesherren lagen Eingriffsmöglichkeiten in interne Klosterangelegenheiten, stärkere Kontrolle ihrer personalen und ökonomischen Entwicklung, die wirtschaftliche Nutznießung bis hin zur teilweisen Einschränkung der Macht des umliegenden Adels. Bei den städtischen Ratsherrschaften kam das Interesse an der Sicherung der Seelsorge und der Förderung des Schutz- und Fürsorgewesens sowie an der Möglichkeit der Einflussnahme auf geistliche Anstalten überhaupt hinzu. Orden und Klöster gerieten also in das Spannungsfeld von monastischen Innovationsbemühungen und herrschaftlichen Kontrollbestrebungen.

Johannes Trithemius, Abt von Sponheim und klösterlicher Reformer, zur sich wiederholenden Erscheinung monastischen Verfalls
(aus Schreiner, 1992, Zusammenfassung einer Schrift des Johannes Trithemius, S. 303)

Aufstieg und Niedergang des Mönchswesens (folgen) einer der monastischen Lebensform innewohnenden Logik ..., (der) Verquickung von klösterlicher Lebensführung und wirtschaftlichem Reichtum, von Geld und Geist. Enthaltsames Leben habe Reichtum hervorgebracht. Die Fülle zeitlicher Güter jedoch habe Klöster In Armut gestürzt ... Reichtum, dessen Gebrauch nicht mehr durch den Willen zur Askese und zu mitmenschlicher Caritas bestimmt werde, verhalte sich langfristig wie eine Tochter, die ihrer Mutter den Hals zuschnüre ...

Größere Zentren der monastischen Reformen waren z. B. die benediktinischen Klöster Melk an der Donau, Kastl in der Pfalz und Bursfelde an der unteren Weser. Von ihnen strahlte ein Neuerungsgedanke aus, der zahlreiche umliegende, aber auch entferntere Klöster erfasste, die sich jeweils in einem eigenen Verband zusammenschlossen. Wie eine solche Verbandsbildung zustande kam, soll am Beispiel der Bursfelder Kongregation erläutert werden.

a) Entstehung einer Reformkongregation

Bereits auf dem vierten, im päpstlichen Palast in Rom, dem Lateran, abgehaltenen Konzil von 1215 unter Innozenz III. (1198–1216) verpflichtete man die Orden zur regelmäßigen Einberufung von Provinzialkapiteln, also der Versammlung der Äbte einer Ordensprovinz, und zur Kontrolle ihrer Klöster durch **Visitationen**.

> **Visitation**
> Im Verlauf einer Visitation gaben die Mitglieder eines Konventes in mehr oder weniger formalisierter Weise mit Hilfe eines Fragenkataloges Auskünfte über die verschiedenen Bereiche ihres geistlichen Lebens. Die anschließenden Visitationsberichte kann man als die zusammengefassten Ergebnisse dieser Befragung lesen, die in Form von Ermahnungen und Vorschriften gefasst waren. Aus den neuen Soll-Bestimmungen lassen sich also die vorgefundenen Missstände rückschließen. Eine genaue Wiedergabe der klösterlichen Zustände zu einem bestimmten Zeitpunkt lässt sich daraus aber nicht erhoffen, da zum einen die formalisierten Fragen kaum individuelle Reflektionen erlaubten, zum anderen je nach Interesse des Visitators seine Berichte tendenziös, übertreibend oder verharmlosend ausfallen konnten.

Die noch weiterreichenden Reformstatuten des päpstlichen Nachfolgers Gregors IX. (1227–1241) verlangten die strikte Durchführung der *vita communis*, betonten die Bedeutung der klösterlichen Armut und forderten die strenge Beachtung von Askesevorschriften und Gehorsam. Die Bulle *Summa magistri*, die 1336 unter Papst Benedikt XII. (1335–1342) entstand und als „Benediktina" in die Ordensforschung einging, wurde zur Grundlage für die weiteren Reformbestrebungen des Benediktinerordens. Erneut unterstrich man die Verpflichtung zur Abhaltung von Provinzialkapiteln und die Notwendigkeit regelmäßiger Visitationen. Diese Forderung nach der Institutionalisierung regelmäßiger Versammlungen in den Provinzialkapiteln blieb ein zentraler Punkt der benediktinischen Reformbemühungen. Die zu Ende des 14. Jahrhunderts einsetzenden Reformen in Kastl und Melk, v. a. aber die Zusammenkünfte reformorientierter und -williger Äbte auf den Konzilen von Konstanz und Basel förderten die Ansätze zu neuer Orientierung in allen Orden. Die Abschriften der Statuten und der auf den Provinzialkapiteln gefassten Beschlüsse fungierten dabei als Grundlage für ihre Umsetzung in die klösterliche Lebenspraxis. Mehrere reformbewegte Äbte erreichten mit Hilfe landesherrlicher Unterstützung, dass das darniederliegende Kloster Bursfelde an der unteren Weser zu einem Zentrum klösterlicher Reformen im Norden des Deutschen Reiches wurde. Der Mönch und spätere Abt Johannes Dederoth (?-1439), der 1430 bereits Reformen in dem fast brachliegenden Kloster Clus bei Gandersheim durchgesetzt hatte, führte diese Neuerungen auch in Bursfelde ein. Abt und Konvent von Bursfelde bezeichneten sich schon 1436 als *in observantia regulari reformati*, reformiert im Sinne der *Regula Benedicti*. Dederoth orientierte sich an den Statuten des Trierer Reformklosters St. Matthias, die von dessen Abt Johannes Rode (1421–29) ausgearbeitet worden waren, und an den Erfahrungen der Reformklöster Windesheim und Böddeken, die die Ideen der *devotio moderna* in einem klösterlichen Rahmen umzusetzen suchten. Weitere Klöster schlossen sich zu einem Verband zusammen, um in gemeinsamer Anstrengung zu allen Vorschriften der *Regula Benedicti* zurückzufinden und verflochten sich durch den Austausch von Reformdelegationen auch personell miteinander.

Es lag im Interesse des Klosterverbandes, sich die selbst gesetzten Bestimmungen für die unter gemeinsamer Leitung stehenden Klöster von höherer Stelle als rechtmäßig anerkennen zu lassen. Abt Johannes Dederoth und später sein Nachfolger Johannes Hagen (?–1468) erbaten entsprechend für ihr Reformvorhaben die Erlaubnis durch das

Baseler Reformkonzil. Die neu ausgearbeitete Gottesdienstordnung, die für Bursfelde und die sich anschließenden Klöster Gültigkeit haben sollte, wurde 1445 durch das Konzil bestätigt. In einem zweiten Schritt wurden 1446 die Reformklöster von Bursfelde im Verband des Benediktinerordens als eigene Kongregation anerkannt. Unter der Leitung des Bursfelder Abtes sollte jährlich ein besonderes Kapitel abgehalten werden. Diesem war die Neugestaltung des monastischen Lebens übertragen. Die Reformklöster erhielten das Zugeständnis der freien Abtswahl. Sie durften eigene Visitatoren bestellen und hatten die Möglichkeiten, innerhalb ihrer Kongregation nach eigenem Ermessen die Disziplinargewalt gegen solche Klöster auszuüben, die erneut von der *Regula Benedicti* abwichen. Diese Privilegien wurden noch mehrfach bestätigt. Die Visitationsreisen des Kardinallegaten Nikolaus von Kues (1401–1464) in den Jahren 1451/52 taten ein Übriges, die Reformkongregation zu stärken. Mit den neuen Gottesdienstordnungen des *ordinarius divinorum* und dem von Nikolaus von Kues 1451 approbierten *liber ordinarius*, die den Ablauf der Messen regelten, erhielten die Reformklöster eine gemeinsame Grundlage für die Organisation ihres monastischen, insbesondere ihres liturgischen Lebens.

Nach der Bestätigung als Kongregation musste es darum gehen, die angestrebten Reformen in allen angeschlossenen Klöstern durchzusetzen, immer wieder neu über Art und Inhalte der Reformen gemeinsam nachzudenken und Erreichtes zu festigen, zu überprüfen und gegebenenfalls zu verändern. Dazu bedurfte es straffer institutionalisierter und nicht nur auf mündlichen Absprachen beruhender Organisationsformen ebenso wie eines für alle Reformklöster verbindlichen Schriftgutes.

Für die Äbte aller angeschlossenen Klöster war die Teilnahme am jährlichen dreitägigen Generalkapitel verpflichtend. Die auf den Versammlungen diskutierten und niedergelegten Statuten wurden für alle Klöster rechtsverbindlich, wenn sie dreimal hintereinander auf den Generalkapiteln angenommen und bestätigt worden waren, frühestens also nach drei Jahren. Der Präsident der Kongregation berief zu jedem neuen Kapitel ein. Definitoren wachten über den ordnungsgemäßen Ablauf der Versammlung, Kollektoren regelten die finanziellen Angelegenheiten des Kapitels und Visitatoren wurden Jahr für Jahr für die vorzunehmenden Kontrollbesuche neu bestimmt. Die Statuten regelten die allgemeine Organisation und Struktur des klösterlichen Lebens. Die durch das Bursfelder Generalkapitel von 1497 in Auftrag gegebene und von Johannes Trithemius, Abt von Sponheim (1462–1516), sowie dem damaligen Abt von Bursfelde, erstellte Kompilation aus verschiedenen Werken, *de triplici regione claustralium et spirituali exertitio monacorum*, über die drei Bereiche der Klausur und die geistigen Übungen der Mönche, wies in ein korrektes mönchisches Leben ein. So wurden die Klöster dieser Kongregation durch ein Geflecht von festen monastischen Lebensformen und geistig religiösen Antrieben zusammengehalten. Gemeinsames und individuelles meditatives Gebet waren dabei wichtige Stützen im sich unendlich wiederholenden Tagesrhythmus.

3. Kritikpunkte

Invenimus dictum monasterium in spiritualibus ab observancia regulari in multis declinasse et in temporalibus notabiliter defecisse: Wir befinden dieses Kloster auf geistigem Gebiet in vielen Dingen abweichend vom Gehorsam gegenüber der Regel und auf weltlichem Gebiet auffallend vernachlässigt. So lautete vielfach das Fazit von Visitationsberichten aus der zweiten Hälfte des 15. Jahrhunderts.

Welche Missstände aber lagen überhaupt vor? Was war reformbedürftig? Visitationsberichte, Wirtschaftsbücher und chronikalische Berichte zeichnen für viele Männer- und Frauenklöster im 15. Jahrhundert ein desolates Bild.

Die Klausur, essentieller Bestandteil des monastischen Lebens in kontemplativer Abgeschiedenheit, wurde kaum mehr eingehalten. Stattdessen verließen viele Konventsangehörige nach Art der Kanoniker ihr Kloster zu jeder ihnen beliebigen Zeit und auf unbestimmte Dauer, um Freunde oder Verwandte zu besuchen oder sie empfingen unbegrenzt Gäste. Dormitorium und Refektorium, die das gemeinschaftliche Leben unterstützten und individuelle Lebensgestaltung vermeiden helfen sollten, waren privaten Haushalten gewichen, in denen Knechte und Mägde für alle Annehmlichkeiten und einen reich gedeckten Tisch entgegen allen Verpflichtungen zur monastischen Askese sorgten. Der regelmäßige Wechsel zwischen Gebet und Kontemplation bzw. geistiger oder handwerklicher Arbeit, der den klösterlichen Tagesablauf bestimmen sollte, war gestört. Insbesondere die Regelmäßigkeit und die korrekte Durchführung der liturgischen Feiern war nicht mehr gewährleistet, da die Kenntnisse des Lateinischen, sogar die Lesefähigkeit, dramatisch zurückgegangen waren und damit auch das Wissen um die Bedeutung vieler liturgischer Handlungen. Die Beichte wurde nur unregelmäßig abgenommen. In der Tat waren viele Klöster zu Beginn des 15. Jahrhunderts ihrer gesamten gesellschaftlichen Aufgabe – die Übernahme von Gebets- und Erinnerungsleistungen – zu großen Teilen verlustig gegangen. Auch ihrer Funktion als standesgemäße Versorgungseinrichtung für solche Kinder, für die die Erbgüter oder andere weltliche Positionen nicht ausreichten, konnten sie häufig nicht mehr gerecht werden, da die Bauten marode, die Güter heruntergewirtschaftet waren, Bauern keine Abgaben mehr leisteten und auch die sonstige finanzielle Situation immer schlechter wurde.

Armut im Kloster bedeutete allerdings nicht, dass die Insassen und Insassinnen bereits am Hungertuch nagten, sondern dass ein standesgemäßes Auskommen, wie es sich für Angehörige des Adels oder der stadtbürgerlichen Führungsgruppen geziemte, vielfach nicht mehr gewährleistet war. Anstelle von Weißbrot und Wein gab es nur noch Schwarzbrot und Bier. Der Katalog der Reformforderungen beinhaltete die Wiedereinführung des regelmäßigen gemeinsamen Chorgebetes, tägliche Tisch- und Kapitellesungen, denen die Psalmen, die Bücher der Propheten, die Briefe der Apostel und der Evangelien zugrunde liegen sollten, die Wiedereinführung der geregelten Klausur, des gemeinsamen frugalen Tisches sowie der einheitlichen und einfachen Kleidung und der Selbstdisziplinierung durch Einhaltung des Schweigegebotes.

4. Die Praxis der Reformdurchführung

In den Männerklöstern wurden die Reformen in vielen Fällen ordensintern durchgeführt, in den Frauenklöstern oftmals aufgrund des Drucks der geistlichen und/oder weltlichen Landesherren. Die Maßnahmen, die zur praktischen Durchsetzung von Reformen ergriffen wurden, sahen jedoch ähnlich aus: In einem reformwilligen oder von oben zu reformierenden Kloster nutzte man als Erstes die Vakanz des Abtstuhles – in selteneren Fällen wurden der amtierende Abt bzw. die Äbtissin abgesetzt –, um eine Reformdelegation mit einem reformbereiten Vorstand in den Konvent zu senden. Den übrigen Konventsangehörigen wurde es freigestellt, die anstehenden Reformen zu akzeptieren oder nach Zahlung einer Abfindung das Kloster zu verlassen. In extremen Fällen konnte auf diesem Wege ein ganzer Konvent personell ausgetauscht werden. In einer zweiten Phase galt es, Formen und Inhalte wieder zur Deckung zu bringen. Das hieß, dass „Reparaturen" auf allen Ebenen gleichmäßig vorgenommen wurden: Der Wiedereinführung des regelmäßigen Chorgebetes entsprachen die Reparaturen an der Klostermauer und dem Kirchendach. Klausur und Chorgebet sowie gemeinsamer Tisch erhielten ihren alten herausgehobenen Stellenwert, parallel dazu wurden die Breschen in der Mauer geschlossen, das Kirchendach repariert, die Wirtschaft und die Wirtschaftsbücher in Ordnung gebracht.

Liturgisches und pragmatisches Schriftgut hielt wieder Einzug in Skriptorium und Kanzlei; die Abschriften der Klosterregeln finden sich ebenso wie das neu angelegte Besitzstandsverzeichnis, der Memorienkalender mit einer neuen Zählung der Äbte bzw. Äbtissinnen, die mit den Reformen begannen, und die Klosterchronik, die die Reformen beschrieb und das Bewusstsein des Neuanfangs reflektierte. War ein Kloster erfolgreich reformiert worden, konnte es selbst wiederum Delegationen in reformbedürftige Klöster entsenden. Auf diese Weise bildete sich ein Netzwerk von Klöstern gleicher geistiger Grundlage aus.

Reformen wurden durchaus nicht in allen Klöstern umgesetzt und dort, wo man sie anstrebte, trafen ihre Initiatoren sowohl auf passiven wie aktiven Widerstand. Viele der Mönche und Nonnen beharrten auf ihren alten Privilegien oder verteidigten zumindest ihren Anspruch auf die Versorgungsleistungen, die ihnen mit dem Eintritt in das Kloster lebenslänglich garantiert worden waren. Für diejenigen Klöster, die die Reformen annahmen, konnte dieser Anspruch zu einer erheblichen finanziellen Belastung werden. In einigen seltenen Fällen kam es gar zu gewaltsamen Übergriffen, wenn die alten Insassen und Insassinnen mit Unterstützung ihrer Familien das Reformkloster für sich zurückzugewinnen suchten.

5. Zusammenfassung

Die monastischen Gemeinschaften folgten im 15. Jahrhundert keiner einheitlichen Linie. Auf der einen Seite gab es eine Reformbewegung, die durch innere und äußere Erneuerung die Klöster in ihre kirchliche Funktion und zu gesellschaftlicher Akzeptanz zurückführen wollte. Dies geschah mit landesherrlicher und bischöflicher Unterstützung sowie über inhaltliche Ebenen, wie die Wiedereinführung des regelmäßigen Chorgebetes und des gemeinschaftlichen Lebens und über formale und institutionelle Ebenen, wie die gesicherte Versorgung der Klosterangehörigen einerseits und die Manifestation der erreichten neuen Position in der materiellen Kultur der Klöster, vom geflickten Dach bis zur neuen Kirchenausstattung durch namhafte Künstler, andererseits.

Auf der anderen Seite beharrten viele Mönche und Nonnen auf der Offenheit eines adeligen oder patrizischen Lebensentwurfes, der zwar an die Institution des Klosters gebunden sein mochte, nicht aber an den Ort bzw. an einen Raum hinter Mauern, die eine Grenze zogen zwischen Kloster und Welt. Das Kloster sollte vielmehr große Freiräume für die eigene Lebensgestaltung mit Blick auf Haushaltsführung, Ernährungsgewohnheiten und gesellschaftliche Aktivitäten bieten.

Die Kritik der Laien an der klösterlichen Welt und ihrem immer weniger überzeugenden Vorbild christlicher Lebensführung im Sinne eines Lebens in Armut, Demut, Keuschheit und Gehorsam fand ihren Ausdruck zum einen in den volkssprachlichen Geschichten und Schwänken, die die angeblichen oder tatsächlichen Laster von Mönchen und Nonnen in stereotypen Vorwürfen aufs Korn nahmen. Zum anderen aber, und dies dürfte langfristig die bedeutendere Auswirkung gehabt haben, entwickelte sich aus dieser Kritik eine Frömmigkeit, die auf der einen Seite geradezu mess- und zählbar war – in der Summe der gestifteten Fenster, Altarausstattungen, Pfründen etc. ebenso wie in der Anzahl der gesprochenen Gebete –, auf der anderen Seite aber die Teilhabe an Glaubensfragen erheblich vergrößerte. Letzteres wurde möglich durch die sich verbreitende Lesefähigkeit und durch das Flugblatt als Massenprodukt, das ja nicht nur politische Schriften, sondern auch religiöse Aufrufe beinhalten und in der häufigen Kombination von Text und Bild – wie schon auf den Kirchenwänden und -fenstern – Literate und Illiterate ansprechen konnte. Des Weiteren banden qualitativ einfache wie erstklassige Kunstwerke immer stärker die zeitgenössische Lebenswelt in die Übermittlung von Inhalten der Glaubenslehre ein, bis die bekannte Umgebung der Betrachter – z. B. angedeutet durch erkennbare Stadtsilhouetten – nicht mehr nur den Hintergrund für ein biblisches Geschehen bildete, sondern sich dieses Geschehen auf Tafelbildern und Altaraufsätzen in der eigenen Gegenwart der Gläubigen ereignete.

In der Reformationszeit schließlich wurde die monastische Lebensform Kloster insgesamt in Frage gestellt mit der bekannten Konsequenz der freiwilligen wie oktroyierten Auflösung zahlreicher klösterlicher Gemeinschaften. In der Gegenreformation erinnerte man sich dann jedoch erneut der Kraft, die einer solchen Gemeinschaft innewohnen konnte; der von Ignatius von Loyola gegründete Jesuitenorden war in diesem Sinne noch einmal ein überzeugendes Beispiel.

XIV. Klöster und Orden im Mittelalter – Resümee

Klöster und monastische Lebensweise erwiesen sich das gesamte Mittelalter hindurch als eine Kraft, die auf den verschiedensten Ebenen Einfluss ausübte. Die Bereitschaft und Fähigkeit, immer wieder neu sich verändernden Bedingungen anzupassen, bescherten dem Mönchtum und Ordenswesen einerseits Dauerhaftigkeit, andererseits eine sich stets erweiternde innere Differenzierung.

Die Mitglieder einer klösterlichen *vita communis* verstanden sich als eine besondere Gemeinschaft, die sich auf mehrere Arten von den üblichen Verstrickungen des weltlichen gesellschaftlichen Lebens abgrenzte und dabei trotzdem einen wichtigen und allseits anerkannten Platz in eben dieser Gesellschaft einnahm.

1. Erste Annäherung

Bereits die ganz reale Annäherung an ein Kloster und seine Angehörigen machte diese Abgrenzung deutlich: Durch die Klostermauern schottete sich die Gemeinschaft nach außen ab, definierte sie sich als eigener geistiger, sozialer und rechtlicher Zusammenhang, in dem der Klausurtrakt mit der Kirche als dessen Mittelpunkt das herausragende Zentrum bildete. Aber auch alle anderen Gebäude standen, wie es das Vorbild des St. Galler Klosterplanes seit dem Beginn des 9. Jahrhunderts für die Klöster der alten Orden, der Benediktiner, Zisterzienser und Prämonstratenser darbot, in einer funktionalen Ordnung zueinander, die alle geistigen und körperlichen Bedürfnisse der Bewohner berücksichtigte – von der Schreibstube bis zum Wärmeraum. Die Klostermauer diente dabei nicht so sehr der militärischen Sicherung wie bei einer Burg, nicht der Verteidigung oder Kennzeichnung eines anderen Rechtsraumes wie bei der Stadt, sondern sie war v. a. das äußere Zeichen für den Rückzug der Mönche und Nonnen in eine kontemplative Innerlichkeit; sie bot Schutz vor äußeren Feinden, aber auch vor den weltlichen Anfechtungen, denen man u. a. auf diese Weise zu begegnen trachtete.

Jedes einzelne Mitglied dieser monastischen Gemeinschaft setzte sich durch seine Kleidung bereits rein optisch von der Welt ab und dokumentierte gleichzeitig durch die Übernahme der einheitlichen Tracht beim endgültigen Eintritt in diese Gemeinschaft bei der Profess den neuen sozialen und geistlichen Stand. Die Ordenszugehörigkeit von Mönchen und Nonnen ließ sich durch ihre jeweilige Tracht erkennen. Die Farben ihrer Gewänder konnten zu Synonymen ihrer Orden werden. Wenn Chronisten von den schwarzen Mönchen sprachen, meinten sie die Benediktiner, wenn sie über graue oder weiße Mönche berichteten, waren die Zisterzienser angesprochen. Einige Charakteristika sind allen Ordensgewändern gemeinsam: Sie sind in erster Linie körperverhüllend – also nicht körperbetont –, die Nonnentracht verdeckte alle weiblichen Merkmale und Reize, einschließlich der Haare. Gleichzeitig waren sie – oder sollten sie es zumindest sein – aus eher grobem Tuch, einfach geschnitten und vor allem funktional der Witterung und der jeweils ausgeübten Arbeit anzupassen.

Ein Kloster bzw. die in ihm lebenden Mönche und Nonnen waren also sowohl als

Institution als auch als einzelne Mitglieder dieser Institution durch sichtbare Zeichen deutlich erkennbar.

2. Soziale Zugehörigkeit

Wichtiger aber war, dass sie sich durch ihre Tätigkeiten und Funktionen von der übrigen Bevölkerung absetzten. Sie gehörten zur Elite der mittelalterlichen Gesellschaft, mit Blick auf ihre soziale Herkunft, ihre Möglichkeiten politischer, wirtschaftlicher und kultureller Einflussnahme und ihr Tun. Die vollberechtigten Konventsmitglieder entstammten in der Regel den führenden Gruppen der Bevölkerung. Im frühen und hohen Mittelalter waren dies die adeligen Familien. Seit dem hohen Mittelalter erweiterte sich dieser Kreis um die Familien aus dem sog. Ministerialenadel, deren Angehörige aus abhängigen Dienstverhältnissen zu einem territorialen Fürsten in vererbbare Ämter aufgestiegen und zu sicherem Besitz gelangt waren. Im 14. und 15. Jahrhundert strebten auch Familien aus dem sich ausdifferenzierenden städtischen Lebensraum danach, in Positionen vorzudringen, die bislang dem Geblüts- und Ministerialenadel vorbehalten gewesen waren. Sie erreichten dies u. a. durch den Eintritt männlicher und weiblicher Familienmitglieder sowohl in die neuen, ohnehin städtisch geprägten Bettelorden als auch in die alten, eher landsässigen Orden der Benediktiner, Zisterzienser, Prämonstratenser und Augustiner Chorherren. Schenkungen und Stiftungen an Kirchen und Kapellen der direkten Umgebung ebenso wie an städtische und ländliche Klöster taten ein Übriges, die städtischen Oberschichten fest mit kirchlichen Positionen zu verbinden.

3. Funktionen

Im 7./8. Jahrhundert hatten Klöster sich im Zuge missionarischer Tätigkeit zu Zentren der Glaubensvermittlung entwickelt. Gleichzeitig waren sie durch die herrschaftliche Übertragung von großen Landbesitzungen und weiterer damit verbundener Privilegien zu politischen Stützpunkten und funktionierenden Wirtschaftskomplexen aufgestiegen, die ihrerseits als Grundherren Herrschaft ausübten. Sie beeinflussten damit wesentlich die geistige und kulturelle Grundlage der mittelalterlichen Gesellschaft. Im frühen Mittelalter waren sie als Missionszentren die herausragenden Stätten der Schriftlichkeit in einer ansonsten schriftlosen Umgebung, fungierten als Multiplikatoren der christlichen Glaubenslehre ebenso wie als Bewahrer und schöpferische Rezipienten antiken Wissens. Dieses wurde nicht nur tradiert, sondern Mönche und Nonnen erarbeiteten philosophische Ansätze auf christlicher Grundlage, indem sie sich darum bemühten, dieses Wissen und die christliche Glaubenslehre miteinander kompatibel zu machen. Die christliche Lehre bestimmte ebenfalls die künstlerischen Aktivitäten, die in den Klöstern mit ihrem Bedarf an illuminierten Texten und liturgischen Gegenständen eine bedeutende Heimstatt hatten.

Nachdem zunächst mit den Kathedralschulen im 10./11. Jahrhundert, dann mit den Universitäten seit dem 12. Jahrhundert das Wissensmonopol der Klöster gebrochen war, verstanden es die Orden jedoch seit der 2. Hälfte des 13. Jahrhunderts, Teile dieser sich vermännlichenden Domäne zurückzuerobern, indem ihre Mitglieder, allen voran Franziskaner und Dominikaner, die theologischen und philosophischen Lehrstühle besetzten und damit die Richtung des Denkens und die Methoden der Wissensvermittlung mitbestimmten. Die Kenntnisse klösterlicher Spezialisten auch auf dem Gebiet der Agrartechnik machten sich zahlreiche Fürsten im hohen Mittelalter des 12./13. Jahrhunderts insbesondere bei Maßnahmen des inneren und äußeren Landesausbaus zu Nutze. Vor allem der effektive Umgang mit Wasser, sei es bei der Trockenlegung von Mooren und Sümpfen oder beim Betreiben von Wassermühlen, wird eng mit dem Orden der Zisterzienser verknüpft. Als politische Ratgeber agierten zahlreiche Äbte in unmittelbarer Nähe der Fürsten.

4. Anpassungsfähigkeit und Differenzierung

Wenn Klöster und Orden den jeweils neuen, an sie als einer zentralen gesellschaftlichen Kraft gestellten Anforderungen gerecht werden und nicht als Anachronismen ihrer Zeit untergehen wollten, bedurfte es regelmäßiger Reformen. Man kann die Geschichte des Mönchtums getrost als eine Geschichte sich wiederholender Erneuerungsbewegungen begreifen. Dabei richteten sich die Reformforderungen zwar in aller Regel nach innen, auf das Selbstverständnis und die Lebensweise innerhalb der Klöster, und mündeten nach den immer gleichen Vorwürfen von Verfall und Niedergang zumindest im hohen Mittelalter in die Gründung neuer Orden. Gleichwohl resultierten die Kritiken an bestehenden Verhältnissen aus veränderten gesamtgesellschaftlichen Bedingungen bzw. neuen Forderungen auf Seiten der Laien an die kirchlichen Institutionen und entsprachen auch die Neugründungen einer Anpassung an geänderte Umstände.

In der Reformbewegung des 10. Jahrhunderts konnten mehrere Klöster, allen voran Cluny, Hirsau und Gorze, Reformkräfte konzentrieren, auf andere Klöster ausstrahlen und zum Mittelpunkt eines Klosterreformverbandes werden. Zu Beginn des 12. Jahrhunderts reagierten sowohl Mönche als auch Laien auf die Auseinandersetzungen zwischen Kirche und Welt um Unterordnung oder Gleichrangigkeit der beiden Bereiche, wie sie im Investiturstreit ausgebrochen waren. Der Vorwurf der Verweltlichung, der aus den eigenen Reihen gegen das Mönchtum und insbesondere gegen das alte Reformzentrum Cluny erhoben wurde, fand eine positive Auflösung in den praktisch gelebten Gegenbeispielen, wie sie die Gemeinschaften der Zisterzienser und Prämonstratenser boten.

Die Kreuzzüge brachten die ritterlichen adeligen Teilnehmer in den Konflikt, Kampf und Dienst an Gott in Einklang bringen zu müssen. Die Lösung fand sich in der von ritterlicher Seite selbst vorgeschlagenen und von kirchlicher Seite unterstützten Konzeption des Gotteskriegers, der durch die Disziplinierung im Rahmen von Ordensregeln beiden Aufgaben gerecht werden konnte: dem Krieg und dem Gottesdienst.

Eine noch viel weiterreichende Reaktion erforderte die stetige Urbanisierung in einigen Teilen Europas. Zum einen konzentrierten sich religiöse Bedürfnisse, der Wunsch nach geistigen Gnaden, in einer großen Bevölkerungsmenge auf kleinem Raum, zum anderen wuchsen in den Umbrüchen städtischer Entwicklung kritische Überlegungen zum Monopol der kirchlichen Institution als Vermittler zwischen Himmel und Erde. Dominikaner und Franziskaner sowie die Orden mit besonderen karitativen Aufgaben wie die Antoniter antworteten auf diese Bedürfnisse und Kritiken durch die aktive Teilnahme der Ordensmitglieder am urbanen Leben; sie sicherten so die geistliche Versorgung der städtischen Bevölkerung und entzogen vielen Kritikern des Mönchtums auf diese Weise ihre Argumente.

Die Reformen des 15. Jahrhunderts strebten die Rückkehr zu dem monastischen

Ideal der Übereinstimmung von Form und Inhalt geistlichen Lebens an. Sie standen jedoch auch im Zeichen landesherrlicher Reformanstrengungen zu verdichteter Herrschaft und waren damit Teil einer Bewegung, die nach den Funktionsverlusten geistlicher und weltlicher Institutionen im 14. Jahrhundert nach neuen Ordnungen und Perspektiven suchte.

5. Das Verhältnis zur Institution Kirche

Die Orden waren Teil der Gesamtkirche, aber das Verhältnis zwischen Welt- und Ordenskirche war nicht immer konfliktfrei. Alle Ordensregeln bedurften der päpstlichen Bestätigung; die Vorsteher klösterlicher Gemeinschaften, die ja eben nicht nur kleine Grüppchen weltabgeschiedener Beter waren, sondern auf unterschiedliche gesellschaftliche Bereiche Einfluss nahmen, konnten zwar aus dem eigenen Kreise vorgeschlagen werden, benötigten aber ebenfalls die Zustimmung übergeordneter weltlicher Instanzen. Insbesondere Nonnenklöster konnten aus diesem Grund zu einem Instrumentarium fürstlicher Politik werden, da die Bindung an den Orden, dessen Regeln sie befolgten, weder von Ordens- noch von fürstlicher Seite als Hinderungsgrund angesehen wurde, um Frauenklöster nach eigenen Interessen zu kontrollieren. Auf der anderen Seite konnten gerade in Reformzeiten die mönchischen Kreise Einfluss auf die Weltkirche nehmen, wie es z. B. einige Päpste, ehemalige Mönche, im 11. Jahrhundert während der Auseinandersetzungen im Investiturstreit zeigten, als sie die Ideen, welche sie in den Reformklöstern zu ihren eigenen gemacht hatten, in päpstliche Politik umsetzten.

6. Die innere Gemeinschaft von Mönchen und Nonnen

Die Entscheidung für ein Leben im Kloster wurde von vielen Söhnen und Töchtern adeliger und patrizischer Familien wohl vielfach nicht nach individueller Gewissensbefragung getroffen. Entgegen allen Bestimmungen, dass die Profess nur unter freiwilliger Zustimmung der Betroffenen abgelegt werden dürfe, muss man davon ausgehen, dass Kinder im Rahmen familiärer Interessen zum Aufbau weltlicher und geistlicher Netzwerke zu Mönchen und Nonnen bestimmt wurden. Es gab sicherlich Fälle, dass Kinder mit geistigen oder körperlichen Defiziten ins Kloster abgeschoben wurden; viele junge Männer und Frauen werden sich nur unfreiwillig dem Gebot ihrer Familie unterworfen und ihr Klosterleben als Gefangenschaft empfunden haben. Doch es gab wohl auch andere Sichtweisen: Ein Kloster bot seinen Insassen materielle Sicherheit, die Möglichkeit der Bildung und der Ausbildung von intellektuellen Fähigkeiten und Fertigkeiten, dazu eine hohe soziale Reputation und das Selbstverständnis, durch Gebet und *memoria* eine wichtige gesellschaftliche Aufgabe zu erfüllen.

Das Leben innerhalb dieser Gemeinschaft dürfte oftmals schwierig gewesen sein. Wie alle anderen Lebensbereiche war ein klösterlicher Konvent hierarchisch gegliedert, weniger nach Herkunft oder Alter, sondern, neben den Ämtern, nach der Dauer der Zugehörigkeit zur Gemeinschaft – so sahen es jedenfalls die Lebensregeln vor. Der dem Mitglied im Chorgestühl zugewiesene Platz markierte die Position innerhalb des Konventes. Wenn man die Ordensregeln strikt befolgte, lebte man dicht nebeneinander in permanenter Nähe. Konkurrenzen, Animositäten und Generationenkonflikte dürften das Miteinander ebenso bestimmt haben wie das Bewusstsein, sich gegenseitig Hilfe und Stütze sein zu können, und das Selbstverständnis, einer herausgehobenen Gemeinschaft mit besonderer Nähe zur verehrten Gottheit anzugehören.

7. Klöster in der mittelalterlichen Gesellschaft

Die Klöster der Benediktiner, Zisterzienser, Prämonstratenser und Augustiner, in ihrer Prägung den alten kontemplativen Orden zuzurechnen, ebenso wie die Häuser der Dominikaner, Franziskaner und Antoniter, die seit ihrer Entstehung im 13. Jahrhundert vor allem durch die Laienseelsorge und karitative Tätigkeiten in urbaner Umgebung hervortraten, waren fest in der mittelalterlichen Gesellschaft verankert. Die landsässigen Klöster waren in die grundherrschaftlichen Strukturen eingebettet, die städtischen Klöster reagierten auf die Bedürfnisse einer urbanen Bevölkerung. Mönche und Nonnen leisteten in den früh- und hochmittelalterlichen Jahrhunderten als professionell Betende einen Beitrag zur Aufrechterhaltung einer – idealiter gedachten – funktionalen Dreiständeordnung und entwickelten im hohen und späten Mittelalter neue Formen der Annäherung an die christliche Gottheit über rationale Wissenschaftlichkeit einerseits und die Betonung einer Einheit von Körper und Seele in mystischen Bildern andererseits, wie sie auch von Laien rezipiert wurden. Die Angehörigen monastischer Konvente mögen oft hinter Mauern verborgen geblieben sein. Die Institution Kloster war in allen Jahrhunderten des Mittelalters in unterschiedlichen Formen omnipräsent.

Auswahlbibliographie

Überblickswerke

Angenendt, A.: Das Frühmittelalter. Die abendländische Christenheit vom 400 bis 900, Stuttgart u. a. ²1990. *Überblickswerk zur politischen und mentalen Geschichte mit Schwerpunkt auf kirchengeschichtlichen Entwicklungen.*

Angenendt, A.: Heilige und Reliquien. Die Geschichte ihres Kultes vom frühen Christentum bis zur Gegenwart, München 1994. *Fruchtbare Einführung in ein für viele Leser fremdes Thema.*

Angenendt, A.: Geschichte der Religiosität im Mittelalter, Darmstadt ²2000. *Behandelt aus kirchlichem Blick in stark differenzierender Gliederung Glaubensvorstellungen und Praktiken der Glaubensausübung.*

Binding, G./Untermann, M.: Kleine Kunstgeschichte der mittelalterlichen Ordensbaukunst in Deutschland, Darmstadt ³2001. *Zeigt die wichtigsten baulichen Veränderungen in den Entwicklungen der verschiedenen Orden auf.*

Brooke, Ch. N. L.: Die große Zeit der Klöster: 1000–1300, Freiburg/Breisgau u. a. 1983.

Constables, G.: Christliche Mystik im Abendland. Ihre Geschichte von den Anfängen bis zum Ende des Mittelalters, Paderborn u. a. 1994.

Duby, G.: Die Zeit der Kathedralen. Kunst und Gesellschaft 1080–1420, Frankfurt 1980. *Überzeugende Darstellung einer langen Zeit des Umbruchs. Ein reich bebildertes Lob auf monastische Kultur.*

Frank, K. S.: Geschichte des christlichen Mönchtums, Darmstadt ⁵1996. *Chronologischer Überblick über die Ordensentstehungen.*

Fuhrmann, H.: Deutsche Geschichte im hohen Mittelalter: von der Mitte des 11. bis zum Ende des 12. Jahrhunderts, Göttingen ³1993.

Grundmann, H.: Religiöse Bewegungen im Mittelalter. Übersicht über die geschichtlichen Zusammenhänge zwischen der Ketzerei, den Bettelorden und der religiösen Frauenbewegung im 12. und 13. Jahrhundert und über die geschichtlichen Grundlagen altdeutscher Mystik (1935), Darmstadt 1977. *Immer noch ein lesenswerter, wenn auch mittlerweile vielfach korrigierter Überblick.*

Legner, A.: Reliquien in Kunst und Kult zwischen Antike und Aufklärung, Darmstadt 1995. *Fragt nicht so sehr nach dem theologischen als vielmehr nach dem historischen Hintergrund.*

Prinz, F. (Hrsg.), Mönchtum und Gesellschaft im Frühmittelalter, Darmstadt 1976. *Detaillierte Schilderung mit zahlreichen Exemplifizierungen.*

Wollasch, J.: Mönchtum des Mittelalters zwischen Kirche und Welt, München 1973. *Älteres Standardwerk zur Einführung in verschiedene Fragestellungen.*

Quellen

Acta Sanctorum, hrsg. von Joanne Carnandet, Neue Ausgabe 1863–1875. *Nach Monaten und Tagen geordnete lateinische Heiligenleben.*

Briefe des Bonifatius und Willibalds Vita Bonifatii, hrsg. und übersetzt von Reinold Rau (FSGA, A, Bd. 4 b), Darmstadt 1968. *Fast unverzichtbar für einen Einblick in frühmittelalterliche Kommunikationsstrukturen.*

Die Benedictusregel: lateinisch-deutsch, hrsg. im Auftrag der Salzburger Äbtekonferenz, Beuron 1992.

Bernhard von Clairvaux. Sämtliche Werke lat.-dt., hrsg. von Gerhard B. Winkler, Bd. 1–5, 7.9, Innsbruck 1990–1998. *Grundlegendes Quellenmaterial.*

Lagleder, G. T.: Die Ordensregel der Johanniter-Malteser: die geistlichen Grundlagen des Johanniter-Malteserordens, mit einer Edition und Übersetzung der 3 ältesten Regelhandschriften, St. Ottilien 1983.

Die Legenda Aurea des Jacobus de Voragine, aus dem Lateinischen übersetzt von Richard Benz, Darmstadt ¹²1997.

Literatur zu einzelnen Kapiteln

I. Die Anfänge

Kosinski-Blumenfeld, R./Szell, T. (Hrsg.): Images of Sainthood in Medieval Europe, Ithaca/London 1991. *Erläutert Konzeptionen von Heiligkeit.*

Lohse, B.: Askese und Mönchtum in der Antike und in der alten Kirche. München/Wien 1969. *Älterer, gut brauchbarer Überblick.*

Prinz, F.: Askese und Kultur. Vor- und frühbenediktinisches Mönchtum an der Wiege Europas,

München 1980. *Detailreiche Darstellung, Schwerpunkt auf den Organisationsstrukturen und Errungenschaften des frühen Mönchtums.*

Zeddies, N.: Getrennte Räume – Gemeinsames Leben? Von der räumlichen Trennung zwischen Klerikern und Frauen in der Spätantike und im frühen Mittelalter, in: Hubrath, Margarete (Hrsg.): Geschlechter-Räume. Konstruktionen von „gender" in Geschichte, Literatur und Alltag, Köln/Weimar/Wien, 2002, S. 9–22.

II. Asketische Heimatlosigkeit

Bieler, L.: Irland. Wegbereiter des Mittelalters, Olten/Lausanne/Freiburg i. Br. 1961. *Ältere Darstellung mit dem Schwerpunkt auf irischen Klostergründern.*

Bitel, L. M.: Isle of the saints. Christian community in early Irland, Ithaca – London 1990. *Gibt einen Überblick über die Ausbildung und Organisationsformen der frühen christlichen Gemeinden in Irland und die Verehrung der irischen Heiligen.*

Löwe, H. (Hrsg.): Die Iren und Europa im früheren Mittelalter, 1. Teilbd. ,Stuttgart 1982. *Bietet verschiedene Aspekte der kulturellen Entwicklung.*

Richter, M.: Irland im Mittelalter. Kultur und Geschichte, München 1996. *Bezieht sich nur in Ausschnitten auf das irische Mönchtum, ist dort aber sehr erhellend.*

III. Lebensregel, Lebensgewohnheit, Lebensort

Heidebrecht, P./Nolte, C.: Leben im Kloster: Nonnen und Kanonissen. Geistliche Lebensformen im frühen Mittelalter, in: Weiblichkeit in geschichtlicher Perspektive. Fallstudien und Reflexionen zu Grundproblemen der historischen Frauenforschung, hrsg. von U. J. Becker und J. Rüsen, Frankfurt a.M. 1988. *Bietet einen guten Einstieg und thematisiert verschiedene Aspekte klösterlicher Lebensweise.*

Hecht, K.: Der St. Galler Klosterplan, Sigmaringen 1983. *Unverzichtbar für die Überlegungen zum Lebensort Kloster.*

Schilp, Th.: Norm und Wirklichkeit religiöser Frauengemeinschaften im Frühmittelalter. Die „Institutio sactiomonialium Aquisgranensis" des Jahres 816 und die Problematik der Verfassung von Frauenkommunitäten, Göttingen 1998. *Beschreibt den schwierigen und nicht immer gelungen Anpassungsprozeß der Lebenswirklichkeit an die klösterlichen Lebensregeln.*

IV. Wirtschaftsunternehmen, Herrschaftsträger und Stätten der Erinnerung in adeliger Welt

Geuenich, D./Oexle, O. G. (Hrsg.): Memoria in der Gesellschaft des Mittelalters, Göttingen 1994.

Oexle, O. G. (Hrsg.): Memoria als Kultur, Göttingen 1995. *Stellt die verschiedenen Formen und Funktionen von erinnerndem Gedächtnis vor.*

Wollasch, J./Schmid, K. (Hrsg.): Memoria. Der geschichtliche Zeugniswert des liturgischen Gedenkens im Mittelalter, München 1984. *Begründet die Notwendigkeit der Memorialforschung.*

V. Heiligenverehrung, Hagiographie und Historiographie

Bauer., D./Herbers, K. (Hrsg.): Hagiographie im Kontext. Wirkungsweisen und Möglichkeiten historischer Auswertung, Stuttgart 2000. *Zeigt neue Fragestellungen und Resultate der Hagiographieforschung auf.*

Goetz, H.-W.: Geschichtsschreibung und Geschichtsbewußtsein im hohen Mittelalter, Berlin 1999. *Klassifiziert Typen historiographischer Werke und fragt kritisch nach ihren Aussagenmöglichkeiten.*

Graus, F.: Volk, Herrscher und Heiliger im Reich der Merowinger. Studien zur Hagiographie der Merowingerzeit, Prag 1965. *Zeigt die Verflechtung zwischen politischer Geschichte und hagiographischem Schreiben auf.*

Heffernan, Th. J.: Sacred biography: Saints and their Biographers in the Middle Ages, Oxford 1988. *Exemplarische Auswertung von Viten.*

Nahmer, D. von der: Die lateinische Heiligenvita: Eine Einführung in die lateinische Hagiographie, Darmstadt 1994. *Übersichtliche Einführung.*

Pernoud, R.: Die Heiligen im Mittelalter: Frauen und Männer, die ein Jahrtausend prägten, Bergisch-Gladbach 1984. *Leicht zugängliche Interpretation von Heiligenviten an einzelnen Beispielen.*

Röckelein, H.: Zur Pragmatik hagiographischer Schriften im Frühmittelalter, in: Bene vivere in Communitate. Beiträge zum italienischen und deutschen Mittelalter. Hagen Keller zum 60. Geburtstag, hrsg. von Th. Scharff und Th. Behrmann, Münster u. a. 1997, S. 224–238. *Fragt nach Einsatzorten und Einsetzbarkeit dieser Textsorte.*

VI. Worte, Texte, Bücher, Bibliotheken

Bibliotheca Apostolica Vaticana. Liturgie und Andacht im Mittelalter (Ausstellungskatalog) Stuttgart 1992. *Insbesondere durch die Erklärung liturgischen Schriftgutes sehr hilfreich.*

Manianci, M.: Ancient and Medieval Book material and techniques, Citta del Vaticano 1992. *Sammelband zu einer entsprechenden Tagung, fragt nach dem Material, weniger nach den Inhalten von Manuskripten und Büchern.*

Parkes, M.: Scribes, scripts and readers. London 1991.

Sauer, Ch.: Studium – Lektüre – Andacht. Zur Handschriftenproduktion im 13. Jahrhundert. Begleitbuch zu einer Ausstellung illuminierter Handschriften der Württembergischen Landesbibliothek Stuttgart vom 25. Januar bis 30. März 1996, Stuttgart 1996. *Besonders durch die Verbindung mit den Ausstellungsexponaten lehrreich.*

Trost, V.:, Skriptorium. Die Buchherstellung im Mittelalter, Stuttgart 1991. *Sehr guter, leicht verständlicher und reich bebildeter Überblick.*

VII. Monastische Reformen im frühen und hohen Mittelalter

Cramer, H. (Hrsg.): Cluny: Architektur als Vision, mit Texten von Ulrich Best, Heidelberg 1993.

Constable, G./Melville, G./Oberste, J. (Hrsg.): Die Cluniazenser in ihrem politisch-sozialen Umfeld, Münster 1998, darin bes.: Ioga-Prat, D.: Cluny comme „système ecclésial", S. 13–92; Poeck, D. W.: Abbild oder Verband: Cluny und seine Klöster, S. 93–120 und Constables, G.: Commemoration and Confraternity at Cluny during the Abbacy of Peter the Venerable, S. 253–278. *Der Aufsatzband behandelt verschiedene Reformaspekte nicht nur aus kirchlicher, sondern aus sozialgeschichtlicher Sicht.*

Monastische Reformen im 9. und 10. Jahrhundert, hrsg. von R. Kottje und H. Maurer, Sigmaringen 1989. *Beschreibt die verschiedenen Aspekte der Reformen mit kirchengeschichtlichem Schwerpunkt.*

Poeck, D.: Cluniacensis Ecclesia. Der cluniacensische Klosterverband (10.–12. Jahrhundert), München 1998. *Zeigt die Vielfältigkeit der Verflechtungen von Cluny auf.*

Tschudy, J. F., Renner, F.: Der heilige Benedikt und das benediktinische Mönchtum, St. Ottilien 1979. *Vom Orden genehmigte Darstellung mit den Schwerpunkten Biographie, Regelerklärung, Missionsbeiträge der Benediktiner, Kulturarbeit, Askese als Lebensgrundsatz, Gemeinschaftsleben.*

Wollasch, J.: Cluny. Licht der Welt. Zürich 1996. *Auch für Laien gut lesbarer, teilweise suggestiver Überblick.*

VIII. Neue Orden unter veränderten Bedingungen – zum Beispiel die Zisterzienser

Bredero, A. H.: Bernhard von Clairvaux: zwischen Kult u. Historie. Über seine Vita u. ihre historische Auswertung, Stuttgart 1996. *Biographie in großem Rahmen.*

Die Zisterzienser. Ordensleben zwischen Ideal und Wirklichkeit. Eine Ausstellung des Landschaftsverbandes Rheinland, Rheinisches Museumsamt, Brauweiler in Aachen, Krönungssaal des Rathauses 3. Juli–28. Sept. 1980, Köln 1980. *Stellt die verschiedenen Aspekte des Ordens in übersichtlichen Beiträgen vor.*

Die Zisterzienser. Ordensleben zwischen Ideal und Wirklichkeit. Ergänzungsband, hrsg. von K. Elm, P. Jörissen, Köln 1982 (Schriften des Rheinischen Museumsamtes 18).

Dinzelbacher, P.: Bernhard von Clairvaux. Leben und Werk des berühmten Zisterziensers, Darmstadt 1998. *Historische Einbettung des Theologen.*

Duby, G.: Der hl. Bernhard von Clairvaux und die Kunst der Zisterzienser, Paris 1981. *Beschreibt in eindringlicher Sprache die Spannungen zwischen Cluny und Clairvaux sowie die Idee, die den zisterziensischen Bauwerken zu Grunde lag.*

Elm, K. (Hrsg.): Bernhard von Clairvaux. Rezeption und Wirkung im Mittelalter und in der Neuzeit, Wiesbaden 1994.

Knefelkamp, U. (Hrsg.): Zisterzienser. Norm, Kultur, Reform – 900 Jahre Zisterzienser, Berlin u. a. 2001. *Differenziert bisherige Sichtweisen auf einige Aspekte des Ordenslebens und stellt Beispiele aus den nordwestlichen und östlichen Regionen vor.*

IX. Templer, Johanniter, Deutschherren – die großen Ritterorden

Armgart, M.: Deutscher Orden 1190–1990, Lüneburg 1997. *Einstieg in die Gesamtgeschichte des Ordens.*

Boockmann, H.: Der deutsche Orden. Zwölf Kapitel aus seiner Geschichte, München 1999. *Lose zusammenhängende Beiträge.*

Demurger, A.: Die Templer: Aufstieg und Untergang 1118–1314, München 1991. *Standardwerk zur Geschichte des Ordens.*

Fleckenstein, J.; Hellmann, M. (Hrsg.): Die geistlichen Ritterorden Europas, Sigmaringen 1980.

Militzer, K.: Von Akkon zur Marienburg: Verfassung, Verwaltung und Sozialstruktur des deutschen Ordens 1190–1309, Marburg 1999. *Jüngster Überblick zur Frühgeschichte des Ordens.*

Nicholson, H.: Templars, hospitallers and teutonic knights. Images of the military orders,

1128–1291, Leicester 1993. *Beschreibt vor allem die den Ritterorden zu Grunde liegenden Vorstellungswelten.*

Riley-Smith, J. S. Ch.: Hospitallers, the history of the Order of St. John, London 1999.

Sarnowsky, J.: Macht und Herrschaft im Johanniterorden des 15. Jahrhunderts: Verfassung und Verwaltung der Johanniter auf Rhodos (1421–1522), Münster 2001. *Institutionen- und wirtschaftsgeschichtlicher Zugang zur Geschichte des Ordens.*

X. Grundlegende Veränderungen im 12. Jahrhundert

Isenmann, E.: Die deutsche Stadt im Spätmittelalter: 1250–1500, Stuttgart 1988 *Hervorragendes Nachschlagewerk.*

LeGoff, J.: Wucherzins und Höllenqualen: Ökonomie und Religion im Mittelalter, Stuttgart 1988. *Wirft ein breites Schlaglicht auf die Veränderungen des religiösen Denkens im hohen Mittelalter.*

XI. Armut und Predigt – die Bettelorden

Basill, G.: Das Leben des Franz von Assisi in Fresken von Giotto, Freiburg 1999.

Berg, D.: Armut und Geschichte: Geschichte der Bettelorden im Hohen und Späten Mittelalter, 2001. *Jüngster Überblick, der nicht nur die religiösen Aspekte, sondern insbesondere die Verflechtungen des Ordens mit der urbanen Gesellschaft und seinen Einfluss auf die Universitäten behandelt.*

Brooke, R. B.: The Coming of the Friars, London 1975. *Übersicht zu den Anfängen des Ordens.*

Charon, J.-M.: Claire d'Assise: Feminité et spiritualité. Beauport (Quebec) 1998. *Geht dem Leben der Heiligen gemäß frauen- und geschlechterspezifischem Ansatz nach.*

Dieterich, V.-J.: Franz von Assisi. Reinbek bei Hamburg 1998 (rowohlt-Biographie).

Feld, H.: Die Eingeschlossene von San Damiano. 800 Jahre Klara von Assisi 1193/1993, Tübingen 1993. *Biographie mit Schwerpunkt auf ihrer religiösen Existenz.*

Feld, H.: Franziskus von Assisi und seine Bewegung, Darmstadt 1996. *Einstieg und Überblick.*

Grübel, I., Bettelorden und Frauenfrömmigkeit im 13. Jahrhundert. Das Verhältnis der Mendikanten zu Nonnenklöstern und Beginen am Beispiel Straßburg und Basel, München 1987. *Untersucht das Spannungsverhältnis zwischen Orden und religiösen, insbesondere weiblichen Laienbewegungen.*

Kreidler-Kos, M., Klara von Assisi: Schattenfrau und Lichtgestalt, Tübingen 2000. *Untersucht Klara von Assisi in ihrem Einfluss auf die franziskanische Spiritualität.*

Melville, G. (Hrsg.): In proposito paupertatis: Studien zum Armutsverständnis bei den mittelalterlichen Bettelorden, Münster 2001. *Diskutiert den zentralen Begriff franziskanischen Denkens.*

Schenkluhn, W.: Architektur der Bettelorden. Die Baukunst der Dominikaner und Franziskaner in Europa, Darmstadt 2000. *Verweist auf Vorstellungswelten und ihre Umsetzung in Architektur.*

XII. Beginen, Laienschwestern und Mystikerinnen

Beutin, W.: Anima. Untersuchungen zur Frauenmystik des Mittelalters. Teil 1: Probleme der Mystikforschung – Mystikforschung als Problem, Frankfurt a. M. u. a. 1997. *Diskutiert verschiedene Ansätze zur Mystikforschung und gibt dabei einen Überblick über den Forschungsstand.*

Bürkle, S.: Literatur im Kloster. Historische Funktion und rhetorische Legitimation frauenmystischer Texte des 14. Jahrhunderts, Tübingen 1999. *Bietet eine differenzierte Auseinandersetzung mit dem Forschungsstand aus germanistisch-historischer Sicht und eine Neuinterpretation bekannter Texte auf der Grundlage der Einbindung von Texten in lebenspraktische und institutionelle Zusammenhänge*

Gilchrist, R.: Gender and Material Culture. The archäology of Religious Women. London/New York 1994. *Diskutiert die Möglichkeiten des noch jungen Forschungszweigs der materiellen Kultur.*

Hamburger, J.: Nuns as Artists. The Visual culture of a medieval convent (University of California Press), 1997. *Provokante Analyse von Texten und Bildern aus einzelnen Frauenklöstern*

Hamburger, J.: The Visual and the visionary. Art and female spirituality in late medieval Germany, New York 1998.

Lehmijoki-Gardner, M.: Workly Saints. Social Interaction of Dominican Penitent Women in Italy, 1200–1400, Helsinki 1999. *Exemplarische Interpretation von Heiligenviten, zusammenfassende Darlegung des derzeitigen Forschungsstandes in der Einleitung.*

Lewis, G. J.: Bibliographie zur deutschen Frauenmystik des Mittelalters. Mit einem Anhang zu Beatrice van Nazareth und Hadewijch von Frank Willaert und Marie-José Govers, Berlin 1989.

Opitz, C.: Erziehung und Bildung in Frauenklöstern des hohen und späten Mittelalters (12.–15. Jahrhundert), in: Geschichte der Mädchen- und Frauenbildung, 2 Bde., hrsg. von E. Kleinau, C. Opitz, Bd. 1: Vom Mittelalter bis zur Aufklärung, Frankfurt a. M., New York 1996,

S. 63–77 u. S. 548. *Knappe, gut lesbare Übersicht.*

XIII. Kirche und Orden
   zwischen Niedergang und Neubeginn:
   Konzilien und Ordensreformen
   im 15. Jahrhundert
Bäumer, R. (Hrsg.): Die Entwicklung des Konziliarismus im Spätmittelalter, Darmstadt 1976. *Fragt nach verschiedenen Ausprägungen konziliaristischer Vorstellungen.*
Brandmüller, W.: Papst und Konzil im Großen Schisma (1378–1417). Studien und Quellen, Paderborn, Müchen u. a. 1990. *Annäherung an das Thema von ganz verschiedenen Seiten.*
Elm, K. (Hrsg.): Reformbemühungen und Observanzbestrebungen im spätmittelalterlichen Ordenswesen, Berlin 1989. *Standardwerk zum Thema.*
Elm, K. (Hrsg.): Verfall und Erneuerung des Ordenswesens im Spätmittelalter. Forschungen und Forschungsaufgaben, in: Untersuchungen zu Kloster und Stift, hrsg. vom Max-Planck-Instituts für Geschichte, Göttingen 1980. *Grundlegend für das Thema.*
Flaskamp, F.: Anna Roedes spätere Chronik von Herzebrock. Eine westfälisch-mundartliche Quelle der Osnabrücker Klostergeschichte, in: Jahrbuch der Gesellschaft für niedersächsische Kirchengeschichte 68 (1970), S. 75–146.
Helmrath, J.: Das Basler Konzil 1431–1449. Forschungsstand und Probleme, Köln 1987. *Grundlegend für Fragen zum Konzil.*
Hlava∂ek, I./Patschovsky, A. (Hrsg.): Reform von Kirche und Reich zur Zeit der Konzilien von Konstanz (1414–1418) und Basel (1431–1449), Konstanz 1996. *Aufsatzsammlung mit verschiedenen Themenzugängen.*
Schreiner, K. (Hrsg.): Frömmigkeit im Mittelalter. Politisch-soziale Kontexte, visuelle Praxis, körperliche Ausdrucksformen, München 2001.
Schreiner, K.: Dauer, Niedergang und Erneuerung klösterlichen Observanz im hoch- und spätmittelalterlichen Mönchtum. Krisen, Reform- und Institutionalisierungsprobleme in der Sicht und Deutung betroffener Zeitgenossen, in: Melville G. (Hrsg.): Institutionen und Geschichte. Theoretische Aspekte und mittelalterliche Befunde, Köln/Weimar/Wien 1992, S. 295–342. *Beschreibt anschaulich die verschiedenen Umgangsweisen mit monastischen Reformen.*
Schreiner, K.: Mönchsein in der Adelsgesellschaft des hohen und späten Mittelalters, in: Historische Zeitschrift 248 (1989), S. 557–620. *Plaziert das Mönchtum in seinen sozialen Hintergrund, sehr anregend.*

Personen- und Sachregister

Die fett gesetzten Seitenzahlen verweisen auf Inserte.